アメリカのユートピア

アメリカのユートピア
二重権力と国民皆兵制

フレドリック・ジェイムソン ほか著
スラヴォイ・ジジェク 編
田尻芳樹・小澤央 訳

書肆心水

AN AMERICAN UTOPIA
by Fredric Jameson, edited by Slavoj Žižek

Japanese translation published by arrangement with
Verso Books through The English Agency (Japan) Ltd.

目次

凡例

- 本書は Fredric Jameson, *An American Utopia: Dual Power and the Universal Army*, edited by Slavoj Žižek, London: Verso, 2016 の全訳である。
- 訳注は〔 〕で付けた。引用文中の〔 〕は訳者による補足、(…) は引用者自身による中略である。
- 引用は、既訳の書誌情報を明記した場合はその既訳を使用したが、若干の変更を加えた所もある。
- 索引は書肆心水が作成した。

アメリカのユートピア
二重権力と国民皆兵制

序　言　われわれの夢を検閲する必要

スラヴォイ・ジジェク

フレドリック・ジェイムソンの『アメリカのユートピア』は、解放された社会に関する左翼のスタンダードな観念を根底的に問い直す。その際、社会の共産主義的な再編のモデルとして、とりわけ、国民皆兵制を唱え、羨望と敵意を共産主義社会の中心的問題として完全に認定し、仕事と快楽の分割を乗り越えるという夢を拒絶する。社会を変えるには、解放された社会に関する夢を変えることから始めるべきだという格言に従ったジェイムソンのテクストは、グローバル資本主義へのありうる、また想像可能なオルターナティヴに関する討論を引き起こす理想的な位置にある。

この本は、今回特別に改訂されたジェイムソンの先駆的テクスト、ジェイムソンのモチーフと関わるキム・スタンリー・ロビンソンのオリジナル短編、哲学者や政治と文化の分析家によるジェイムソンへの応答、ジェイムソンの短いエピローグを収録している。応答はしばしばジェイムソンに対して批判的だが、左翼のプロジェクトを根底的に再考する必要に関してはどれも一致している。

　間違いなく、多くの左翼（とりわけいわゆる「左翼」）が、この本で出会うものにぞっとするだろう――有名な映画のタイトルを引くなら、流血があるだろう《ゼア・ウィル・ビー・ブラッド》。だが、左翼にもう一度チャンスを与えるためにはそのような（イデオロギー的）血を流さねばならないとしたら？

1 アメリカのユートピア

フレドリック・ジェイムソン

1

ここ数十年間で、新しいユートピアの生産はめっきり減少した（その一方で、ディストピアは圧倒的に増大し、あらゆる種類のものが構想されたが、そのほとんどは退屈なくらい似通っている）。こうした変化は何らかの仕方で時代と結びつけられるだろうか。私はいつも、アーネスト・カレンバックの偉大な『エコトピア』（一九七五年）〔ユートピア小説、邦訳『緑の国エコトピア』、三輪妙子、前田公美訳、ほんの木、一九九二年〕とともにユートピア生産は終わったと考えたい誘惑に駆られてきた。今日から見て同書の最も重大な欠落は、電子あるいは情報テクノロジーである。となると、おそらくユートピアという形式はそのようなテクノロジーを統合できないか、あるいは、ユートピア幻想を生み出す利用可能な衝動の多くをインターネット自体が吸い尽くしてしまった、ということになるかもしれない。それともユートピア思考の終わりをもたらしたのは、一九七〇年代終わりから一九八〇年代初めのレーガン＝サッチャーによる規制緩和の勝利なのか。それは同時に、あらゆる実行可能なオルターナティヴはもちろん、あらゆる想像可能なオルターナティヴに対してすら後期資本主義が勝利したことを確定したように見えたのだが。

実際、ユートピア思考の可能性はつねに、権力に関するより一般的関心（強迫観念とまでは言わずとも）の消長と結びついてきた。そして権力についての省察はそれ自体つねにあいまいなプロジェクトだった。一九六〇年代、このプロジェクトはユートピア的で、特に権力以前の社会という形で、権力なき社会を思考し想像し直すことが問題だった。そこではレヴィ＝ストロースによるルソー再評価が、初期ボードリヤール、『石器時代の経済学』のマーシャル・サーリンズ、ピエール・クラストルらのユートピア的ヴィジョンを生み出し、そしてあの究極のユートピア的ヴィジョン、コリン・ターンブルの『森の民』をも生み出したのだった。

けれども、ある時点で、権力なき社会の探究は、原始社会における権力の発生に関する探究に転化し始める。そしてこの理論的問題は、左翼における反制度的、アナキスト的傾向の優位という形で、徐々に現実政治とつながるようになる。その優位の原因は、六八年五月の失敗と旧共産党への幻滅から、アフリカの脱植民地化への幻滅まで――第三世界主義とアルジェリアからヴェトナムに至る勝ち誇った民族解放戦争の哀れな運命は言うまでもなく――明らかに多様である。そのような一般的状況で、権力への考察は、グーラグに関する「発見」に強化され、ミシェル・フーコーたちの仕事の中にそのイデオロギー的基礎を獲得し、ディストピア的強迫観念となる。それは、あらゆる形態の政治、社会組織――何らかの種類の政党の形成においてであれ、現在のものと根源的に異なる未来社会の構築についての思弁においてであれ――に対する疑似パラノイア的恐怖である。そこで左翼が自由とか民主主義とかいう用語を必死に振りかざすことになるのだが、彼らはもっと分別を持って、こういう言語は西洋の「民主主義」すなわち後期資本主義による疑似的専有物であることをかみしめるべきなのだ。いずれにせよ、ユートピアという領域におけるこうしたなりゆきは、あらゆる種類の左翼の現実政治が事実上消滅したことと連関しているように見えた。私があるプロジェクトを提案したいのはこういう状況の中でである。私が提案するのが政治的プログラムなのかユートピア的ヴィジョンなのかははっきりさせられない。私の考えではいずれももはや不可能なはずなのだ。

なぜ不可能なのか。左翼にはかつて革命という政治的プログラムがあったが、今や誰もそんなものを信じているようには見えない。それは、革命をもたらすはずのエージェンシーが消滅したからであり、覆そうとしたシステムがあまりに遍在してしまってもはやそれを置き換えることが想像不能になったからであり、また、革命と結びついた言語そのものが建国の父たちのそれと同じくらい古臭く時代遅れになったからでもある。誰かがかつて言ったように、資本主義の終わりを想像するより世界の終わりを想像する方が簡単だ。それとともに、資本主義を転覆する革命という観念は消滅したように見える。いや、公平になろう。それをどう考えるかは別として、左翼は確かにもう一つの政治戦略を持っていた。それは改良主義であり、ときどき革命的共産主義と区別して「社会主義」と呼ばれた。だが残念ながら、こちらを信じる者ももはやいない。

改良主義あるいは社会民主主義政党は完全に崩壊している。おそらく、本当に破局的な、あるいは修復不能な損害をもたらさないよう資本主義を規制することを除いて、いかなる価値あるプログラムも持ち合わせていない。これらの政党とシステム全般に腐敗が遍在し、システム転換と本当に呼びうる何かをもたらすのはもちろん、システムを改善する決定的介入すらできないくらい、そのシステムはどのみち巨大で複雑なのだ。社会民主主義はわれわれの時代に決定的に破産しており、共産主義は死んだように見える。そういうわけで、グラムシの有名な選択肢——機動戦と陣地戦〔まず陣地戦によってブルジョア文化のヘゲモニーに対抗するプロレタリアート文化を形成し、次いで革命のための機動戦を開始する〕——の両方が現在の状況に対してもはや理論的にも実践的にも適切でないように見えるのだ。

幸いなことに、資本主義から抜け出す第三の道がある。それは議論されることはもちろん認知されることもあまりないが、歴史的に「二重権力」と呼ばれたものである。実際、二重権力こそ私の政治的プログラムであり、私のユートピア的提案を導き出すものなのである。これからそれを示してみよう(1)。

二重権力という語句はもちろん、レーニンが一九一七年のケレンスキーの暫定政府とソヴィエトあるいは労働者／兵士評議会の共存を記述するときに使ったものだ。もし歴史上本物の過渡期なるものがあったとしたら、この時期こそそれだった。だが二重権力は、今日のわれわれにとって興味深い他の数多くの形態でも存在してきた。その中で私が特に取り上げたいのは、かつてのブラック・パンサーや今日のハマスのような組織が、公式の中央政府には軽視されている分野で日常的サーヴィス——炊事、ゴミ収集、健康管理、水質調査など——を提供する仕方である。(最近のフーコー的ジャーゴンがお好きなら、これを「主権」と「統治性」の緊張関係、さらには対立として記述できるかもしれない。)そのような状況では、権力は、日常生活における実際的支援とリーダーシップを提供してくれるネットワークへ移行する。それは、表面上の法的構造に公式に挑戦することなく、代替的政府に事実上なるのである。いつ対決と移管が生じるか、いつ公式政府が「衰滅」し始めるか、いつ革命的暴力が現れるかは、もちろん、全体的な政治、文化的コンテクストによって異なる。

過渡期における共存というこれら変則的構造の歴史的事例をカタログのように提示する必要はないだろう。それらは、ある時期の教会と国家の二重性から、フランス革命の地域的コミューンの共存（とりわけ、ダントンのまだ非公式の権力を支持した最初のパリ・コミューン）まで幅広い。もっと有益なのは、逆に、二重権力の意味ある例としては考えられないような出来事や構造を明示することだろう。たとえば、チアパス〔メキシコ南東部の州〕やエコトピアのような飛び地《エンクレーヴ》、あるいは逃亡奴隷の自由地帯は、支配する国家から空間的に分離され、独自の地理的自律性を持っているので当てはまらない。また、アラブの春からウォール街占拠までの今日的大衆蜂起もまた二重権力とは言えないと思う。これら二つの革命的現象のうち第一のもの、つまり飛び地《エンクレーヴ》は一種の国家内国家であり、第二のもの、つまり蜂起は、政治組織の代わりとして情報テクノロジーを開拓する空間的出来事である。（とはいえ、あれやこれやの地域的武装蜂起やゲリラ戦が残存していることを軽視するわけではない。ただそれらはおおむね戦闘的イスラムによって再占拠された領域であり、彼らは旧第三世界における過激な、あるいは革命的な世俗的運動が大規模に破壊されてできた空白を埋めているのである。）

旧来の政党、米国民主党やさまざまなヨーロッパの社会民主主義政党のようないわゆる進歩的政党からは、もはやほとんど何も期待できない。それらはせいぜい一時しのぎの作業をやるだけだが、最悪の場合は他の手段による資本主義的目標の追求が行われる。たとえばNAFTAやあらゆる種類の新しい国際協定がそれであり、これらの究極の目標と効果は、自由貿易の「向上」とそれによる新たな独占の構築、そしていわゆる自由市場の永続化にある。その意味で、代表制民主主義は修復不能なほど腐敗し、その約束を果たす（「その概念のレヴェルにまで上昇する」とヘーゲルなら言ったろう）ことができない。そして左翼政党は権力を握るといつも抵抗をやめてしまうのだ。
とはいえ、それらはまったく何の機能も持たないわけではない。一種のユートピア的人類学が盛んだったころの前権力的社会の民族学者によれば、そのような部族社会でもすでに族長やリーダーが存在していたが、後に国家が誕生してから彼らが獲得した護衛、従者、聖職者たちがいなかったため、彼らの役割は、小集団やセクトのレヴェルの力関係を除いて、われわれから見てかなり異なる、おそらく今では想像不可能なものだった。なぜならそういう原始社会においては、族長はたった一つの機能しか持たなかったからだ。それはすなわちひたすら語るという機能であり、それに対して部下であるはずの者たちは単に馬鹿笑いしたり、相談し合ったりしたのである。族長は、発言のために立ち上がり、長々としゃべり、集会を確実に開催するという純粋に儀式的機能を持つだけの無力な人物だった。独裁的、カリスマ的雄弁家でも、指令と宣告を告げる秘密で不吉な源泉でも決してなかった。[2]
われわれの政党の機能もそんなものかもしれないが、そこには有益なひねりが加わり、また状況はかなり異なっている。「言説闘争 discursive struggle」という啓発的な表現を創始したのはスチュアート・ホールだったと思う（ここで彼の思い出と、彼の並はずれた理論的、教育的達成に敬意を表しておきたい）。言説闘争――サッチャー時代の敗北と、それにまつわる問いかけに由来する表現だ――は、スローガン、概念、ステレオタイプ、旧来の知恵が、支配をめぐって、つまりあの時代の古めかしい表現で言えば、ヘゲモニーをめぐって闘争し合う過程だ。ホールによれば、あのサッチャーの勝利において作動していた根本的戦略の一つは、敵の言語の非適格化、戦後の労働党のヘゲモニーと結びついた国営化のようなスローガンすべてに対するあくなき信用失墜である。そしてこれは少なくとも相対的には、イデオロギーともプロパガンダとも異なる過程であり、政敵からその概念的武器を奪い取って、一撃で敵のプログラムを古びさせ、退屈で、時代遅れで、モダンでない、使い古された、ありきたりの、過去の遺物にしてしまう。自由市場のレトリック（そして「モダン」のレトリック）が遍在し、事実上誰もがサッチャー氏とともに代替案はないと信じていることがその証明になっている。実際、今日多くの人々、おそらく大多数が、自由市場が永遠であり現に存在していると信じている。

古い社会民主主義的、リベラル政党がまだ機能を持つかもしれないのはこんな状況の中でである。つまり、これまで抑圧されたり否定的な烙印を押されたりしてきた改革的政策を再び公的に適格化するための媒体や台座として奉仕するという機能である。たとえば、（ブレヒトと並んで現代の数少ない偉大な政治的劇作家の一人である）ジョージ・バーナード・ショーの戯曲が、戦間期イギリスという史上まれにみる徹底的に反動的で貴族的な時代に果たしたのはそのような機能だった。ショーは、彼のすべての客間喜劇に脇役を、つまり社会主義の運転手や従僕を巧みに挿入したのである。彼らは正当に左翼的な言説を行使することによって、徐々にそれを、恐れを抱いた上流階級にとって尊敬できるものにし、その戦後の勝利を受け入れやすいものにしたのだ。だから今日、他の点では無力な社会民主主義政党が再び「社会主義を語る」こと、そしてサッチャー氏の息という毒ガスの勝利によって枯渇してしまったスローガンに生命を吹き込むことが必要不可欠なのだ。（実際、バーニー・サンダーズは今日そのような機能を果たし始めたように見える。）

これはもちろん個人のレトリックというより集合的レトリックの問題であり、独自の複雑性と、テクノロジー的、集合的目新しさを持っている。また今それらについて探求するつもりもない。しかし、言説闘争におけるそのような実践の最も重要な課題は、明らかに、国営化を復権させること、さらに、「大きな政府」というあまねく嫌われるターゲットを、集合的コミットメントのもっと心を動かす現実で置き換えることである。それは、「官僚制」というさらに強烈に嫌悪を起こさせる社会的実体の復権でもある。この後者を復権させるには、初期第三共和政フランスにおける偉大な識字率向上運動、組合化のための闘争、迷信深い聖職者的学校の撤廃に向けての教員たちのコミットメント、あるいはイギリス、カナダにおける国民保健サーヴィス制度初期の社会主義者の医師たちによる自己犠牲において、官僚が果たした輝かしい役割を歴史的に思い出せばよい。要するに、どんな時代でも福祉事業に従事する公務員の運動の中にわれわれが歴史的に目撃してきた利他的情熱と犠牲を再認識すればよいのである。

そのような仕方で流布され、再び適格化されるべきテーマのうち、明らかに最も現実性があるのは、金融の国営化、つまり、あらゆる銀行、保険会社、投資機関の国営化である。とはいえ、もっと最近、特に気候変動を考えるとさらに直接的に差し迫ってきたように見える課題は、あらゆるエネルギー源の全体的奪取、油田と炭鉱の専有化、それらをコントロールする巨大な多国籍企業の弱体化である。もちろん、人々の日常生活が直面するその他の緊急課題を軽視するわけではない。たとえば、大企業に対する（直接の専有化ではないにせよ）厳しい課税、富の漸進的再配分（遺産相続の最終的廃止をも排除しない）、年間最低賃金保証の確立、NATOの解体、メディアの人民による支配、最も有毒な右翼的宣伝の禁止、ワイファイの遍在化、教員の給料の実体的値上げを含む自由で万人向けの公教育の再構築と授業料の廃止、医療の無料化、完全雇用などである（順不同）。

政党は、これらの実質的政策を表面上支持し、メディアの自己検閲によってこれらから注意深く切り離されている公衆を教育しようと願うかもしれない。しかし、そういう政策以外にも、サッチャー的「言説闘争」に暗黙のうちに含まれている、言葉や用語の政治があるのだ。これは、政策と関係しているが前途有望なもう一つの闘争領域を提示する。たとえば、「緊縮」という言葉は、政治デモのための凝縮されたスローガンと標的のみならず、新保守主義的経済理論の全体をもその内部に宿している。他方、もっと肯定的な方向では、ウォール街占拠運動で劇的に現れたように、「負債」という言葉が、肯定的、実質的な実践政治のプログラムのみならず、資本主義についての新しい理論的視野をも、突然結晶化した。実際、「負債」は、同時に多くの異なる政治戦略を動員することができる「空虚なシニフィアン」に急になりおおせた。ここで次のことを理解するべきである。現在の代議制政府のシステムの下では、政党は先に挙げたような実質的政策のどれも決して達成できないが、これらについて語り、これらを再び思考可能にし、種子をまくことで未来の実践を想像する可能性を再燃させることはできる。そして公的領域内の正統な場でこれらのテーマを再確立することができるのだ。

2

こうした巨大な変化の実現こそ、まさに二重権力の仕事である。ここで、二重権力の可能性を測定し、その媒体となりうる既成の機関はどれかを見定めるため、今日あるがままのわれわれの社会を検証すべきである。もちろん伝統的には、左翼がいつも自分の基盤および自然な支持者として眼を向けたのは労働組合である。農民の農園労働者への変容により、低賃金のサーヴィス産業により、また今や巨大となった政府の官僚制におけるホワイトカラーにより、プロレタリアートの性質自体が変容し拡大した。他方、みなが知るように、労働の本来の産業的性質自体が情報テクノロジーによって縮減され、組合の力は大いに縮小した。いずれにせよ、伝統的に、異なる目標を持つ組合と政党の間にはいつも緊張があった。また、ニューディールの解体の間、つまり、冷戦期全体にわたって、反組合宣伝が成功したことを過小評価してはならない。その成功は、マフィア、腐敗、そして「特別利益団体」（米国ではロビー団体のことをこう言う）という烙印との関係が疑われたためにもたらされた。近年で最も元気が出る政治運動の一つがあったウィスコンシンの敗北〔二〇一一年二月、州職員の団体交渉権を奪う法案の審議に激しい抗議が起こったが、法案は通過した〕は、この種の反組合的偏見がまだそのまま残っていることの悲しい証明である。というわけで、組合は二重権力への実効的可能性をもはや持たない――かつて持ったことがあるとしてだが。

しかし、新しい組合化運動でさえ、ポストモダン時代には、新たな、そして大きな構造的難題に直面する。第一に、この新しい時代には、単一の企業はもちろん、単一の職種でも安定した雇用などはない、とみなが確信をもって言う――そもそも雇用があると仮定しての話だが。実際、われわれは大規模な構造的失業の時代に入りつつある。そこでの組織をめぐる根本的な問題は、単一の場所に集められた労働者をまとめ上げて、明確な労働過程をめぐる関心を共有することではもはやなく、むしろ、仕事場や作業場を共有しないばかりか半永続的な住居さえないかもしれない失業者たちを組織化することなのである。失業者たちは、手順も優先事項も共有しておらず、お互いのコミュニケーションすらなく、彼らを集会に集める合図も特にない。せいぜい、無料食堂と安宿によって一体化するだけで、それも毎晩同じということすらない。

第二の問題は、この新しい失業時代における支配的雇用様式が、「灰色の市場」と呼ばれてきたものだ、ということである。これは、犯罪とか麻薬の密輸と分配のような意味での違法労働ではなく、仕事や場所を変えるその場限りの労働のことで、移動食料供給車とか、非公式の自動車修理を自分の小型トラックでして回るようなこととかを思い浮かべればよい。小ビジネスは今その方向に向かっている。（たとえば）クリーニング店やファストフード店が無理やり押し込まれているあれらの大きな一枚岩的ネットワークに完全に吸収されないなら、小ビジネスは反対に個人のサーヴィスへと縮小する。そして、それはすぐに見るように、別の種類の独占に直面する。いずれにせよ、小ビジネス（すでに組合化には向かない）がそうした個人的サーヴィスの提供へと変容すると、多数の人々にとって、組合組織は、自己保全と連帯の根本的に経済的な形態ではなく、政治的なものしか意味しなくなる。おそらく、現代社会では、すでに存在する二重権力の最も示唆的な例がマフィアだと結論づけるべきだろう。けれども、ナショナルな文脈ではマフィアの有効性も組合の有効性と同じくらい明瞭に弱化したように思える。

実際、ロベルト・サヴィアーノの『ゴモラ』（世界経済を牛耳るマフィアに関するノンフィクション小説、邦訳『死都ゴモラ』、大久保昭男訳、河出書房新社、二〇〇八年）のような本によれば、ビジネスとしては、マフィア（包括的な意味でこの語を使う）自体が、グローバル化によって変容し、組合と違って、トランスナショナルな機構らしい多くの特質を帯びているのである。これは世界政府のモデル（万能の国連が、アメリカの地方組織を破壊するために黒いヘリコプターを準備するというパラノイア的幻想と関連づけてもよい）を示唆しているかもしれないが、ナショナルな文脈では、犯罪を起こすローカルな力が、組合と同じくらい深刻に、効力を弱めたことを意味している。

おそらく、ギャングと麻薬取引の浮上は、組織のこうした弱体化の徴候であり、またそれへの補償である。犯罪のグローバル化は、ローカルな真空を生み出し、そこへいろいろな種類の小集団が流れ込むのである。つまり、その真空は、新しいエスニック路線、あるいはアイデンティティ・ポリティックス路線で組織されたギャングとミニ集団で埋められる。これはもっと一般的なパターンを表してもいる。国民国家のよく知られた「弱化」が、二項対立の新しい編成と、調整されているが両極性を持った趨勢の新しい集合とを生み出すという弁証法のことである。

グローバルとローカル。この馬鹿げた公式は、新しいがまだ理解不能な動向を指示する真新しいステレオタイプを提供することに、並はずれた、そして世界規模の成功を収めたのだが、これは、経済と社会から文化と個人存在に至るまでのあらゆる想定可能なレヴェルのポストモダニティにおいて実現された、空間の弁証法のカリカチュアに過ぎない。これらすべての次元において、どこか「実生活より大きい」、したがって個人存在という形態では表象不可能な実体（見たところ組織のようなそれ）は、人間の経験というミクロレヴェル――そこでは、すべてが時間的コンテクスト抜きの現在に還元されたかに見える――からますます遠ざかる。「グローバル」は想像不能になり、「ローカル」は思考不能で、身体的感覚と経験にのみ触知可能になる。これは、歴史に敏感な哲学的定式に残像を残した二項対立の再編成である。つまり、普遍的なものと、もはや特殊とは言えず単独的と言った方がいいものの間の、見たところ新しいが非常に古くもある闘争という形で再編成されたのである。かつては、普遍性と特殊性の間のヘーゲル的「総合」だった個別性というカテゴリーが完全に溶解し、われわれは新しい用語と意義素の複合体に直面する。そこでは特徴的なことに、第四のポジションが謎で空白のまま、神秘的で、推測と哲学的思弁の対象のままなのだ。

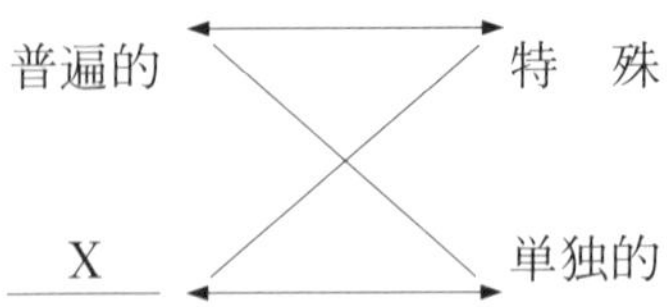

ここで私は、特殊ではなく反単独的でもある状態を同時に表す空白のXに、まったくの平準化と書き込むことを、あくまでも暫定的にだが、提案してみたい。それはつまり、もはや何ら特別あるいは特殊なものを持たないが、単独性という意味でユニークとも言えない、（マルクスの意味で）等価な実体の生産である。それはもはや何物をも組織するように機能しないが、理性と感性の双方にとって同じくらい接近不可能な、普遍性のグロテスクな影である。無味乾燥でかつ思考不能なのである。

お望みならばまだマルクスの商品分析との関連で考えることができるこの新しい平準化は、デカルト的延長をも思い出させる。つまり、カントの「物自体」でもスピノザの属性でもないが、「物質」という不定形な概念と違って、その本質と実存において歴史的な、ある種の基底的実質である。それは、ヘーゲルの『論理学』によって予期され、デリダの疲れを知らぬ精神修練によってあらゆる可能な組み合わせにおいて再演された、差異の同一性である。ちなみにデリダの唯一の欠点は予言の欠如だった。なぜなら平準化は歴史的に予言され、事後に、実現された予言として再確認されるに値する何かだったからだ。

これを空間と呼ぼう。そして、歴史的、政治的診断としても意図されていたポストモダニティの記述における、空間による時間の地位簒奪に対する診断を完成しよう。それは、今や政治との関係で劇的に表現できる展開である。なぜなら、それは政治そのものの進化によって印象的に確証されていると私は言いたいからである。つまり、政治が歴史を通じて持っていた並はずれた真実性は、今日、それ自体が、ほとんどグローバルなスケールで縮減され平準化されてしまったように見えるのである。ここで私は非常に単純な問題提起をしてみたい。今日、あらゆる政治は不動産に関するものだ、というのがそれである。ポストモダンの政治は、グローバル、ローカル両方のスケールにおいて、本質的に土地の収奪の問題である。パレスティナの入植やキャンプ、原材料の採取を考えようとも、エコロジー（と熱帯雨林）や連邦制、市民権、移民の問題を考えようとも、あるいは、郊外の格安住宅地、スラム街、黒人居住区だけでなく大都会における住宅の高級化と、そしてもちろん土地を持たぬ者の移動を考えるとしても、今日ではすべてが土地をめぐる問題である。マルクス主義の用語で言えば、これらすべての闘争は、土地の商品化、封建主義と小作農の最後の残滓の消滅、それらが産業的農業あるいは農業ビジネスと農場労働者に取って代わられたこと、に起因するのである。

こうしたすべてにおいて時間はどこにあるのか。それは、携帯電話による文字通信が可能にした、突然現れる新たな群衆の中に見出される。シアトル、東欧、タハリール広場〔カイロにある広場、二〇一一年ここからエジプト革命が生じた〕、ウィスコンシン、ウォール街占拠の新しい大規模デモの中に、である。これらは、私の友人マイケル・ハートとトニ・ネグリが「マルティチュード」と呼ぶものの出現を真に印づけている。あれらはもはや持続の政治ではなく瞬間、現在の政治であり、構成された権力に対する、構成的権力とネグリ自身が呼んだものである。ポストモダニティ一般がこの新しい種類の現在時によって、つまり身体への還元によって特徴づけられる。遍在する空間と、生きたあるいは現世的な現在のこの新しい弁証法において、歴史、歴史性、歴史感覚は敗者となる。過去は去り、もはや未来を想像することはできない。空間にはすぐに別の文脈で立ち戻るつもりである。しかし、歴史の、歴史性あるいは歴史意識のこの衰退が、システムの根源的な変化にまだコミットするわれわれに、いくつかの非常にリアルな政治的問題――とりわけ、ここでは二重権力として構想されている新しい仕方で革命を考えねばならないという義務――を突きつけているのは明白である。

3

こうしてわれわれは、既存の国家内部に、二重権力状況を生み出す、あるいはせめて可能で想像しうるものにする組織を探し求めるよう導かれた。そしてわれわれは意外にも、そういう事態に求められる、歴史的に新しい前提条件を定式化する可能性に到達した。言うまでもなく、グラムシの古い双生児的革命概念の消滅でできた隙間を、二重権力という革命的概念が埋めることの必要性は、冷戦の終わりだけでなく、グローバルな階級闘争がそれまで――政治実践とイデオロギーの双方において――戦われてきたやり方に終止符を打ったあのグローバル化に関係していた。そこで始めから、われわれの探究を次のように定式化してもよかったのだ。グローバル化した新しい世界において、二重権力状況はどのような形態をとりうるのか。資本のコミュニケーション化、金融資本と新しい種類の収奪的新帝国主義のグローバル化、資本主義のヘゲモニーによって気まぐれにコントロールされるポスト・ナショナルな世界において。

しかしここでもう一つの特質を付け加えてもよかろう。なぜなら、グローバル化は空間の優位を招来し、われわれの概念枠組みはこの根本的要素を検討課題の中に含めるよう拡大されねばならない、ということをわれわれは悟ったからだ。けれども同時に、われわれの当初の枠組みからグローバル化が抜けていたのは、この問題をアメリカ合衆国の文脈に限定して考えようという意図的試みのせいである。したがって、そのアメリカ合衆国という文脈において、空間というテーマを新しいポストモダンの問題として再定式化する必要がある。そこで私は主張したいのだが、アメリカの空間（それをノン・ナショナルな現実としても特徴づけたい）のユニークな特質はアメリカ合衆国憲法によって歴史的に構築された。それゆえ、合衆国における政治的可能性を問う者は誰でも、あの憲法という反革命的文書――それは連邦制の一形態であるとも自己主張する――が提起する独特の問題に必然的に直面せねばならないのである。実際、連邦制は、今日のユートピアの立案にとって、根本的な理論的問題であり続けることを予期しなければならない。私は別の所で、ソ連の崩壊は社会主義の失敗ではなく連邦制の失敗の結果である、そして、カナダからスペイン、タイからチアパスに至る世界中のさまざまな連邦制の危機もユーゴ内戦も、すべて、連邦制が政治理論一般にとって本質的に解決不可能なディレンマであることの徴候である、と論じた。

いずれにせよ、この三重の問題――グローバル化、空間、連邦制――を意識しながらわれわれは、二重権力状況において決定的役割を果たすことができるアメリカの組織を不完全ながら列挙するという作業に戻ることになる。

では、私がこれまで想像してきたような、国家と並び立つが国家ではない権力の役割を果たすどのような候補があるだろうか。それらのほとんどすべてが後期資本主義に特有の制度的衰弱をこうむっている。たとえば郵便局を例にとってみよう。ヨーロッパではこれは一種の貯蓄銀行でもある。ここ米国でもそれは人口調査と似たものを提供し、おそらく、自動車代理店とともに、投票権を保障するだろう。それは老齢年金と社会保障の小切手を分配し、どうやらかつての大敵、インターネットともある種の制度的関係を築きつつあるようだ。切手という形で貨幣を鋳造しもする。また、昔は、特に、できるだけ目立たずにシステムから脱落しようとする者たちにとって、重要な就職口だった。そして、たいてい徒歩による配達によって、都市空間と自然の独自の、ユートピア的でさえある経験を、またコミュニティがまだあるところではそのコミュニティとの同じくらい独自の関係を、提供する。ところが、ここでもまた、情報テクノロジーが、この独自の関係システムに基づいて想像されたかもしれないようなユートピア一切との絶対的な歴史的断絶として今立ち現れている。その関係システムに関しては、『国家と革命』の中でレーニンが、共産主義に対するパリ・コミューンの教訓として受けとめた。「全国民経済を郵便にならって組織すること、しかもそのさい、技術者、監督、簿記係が、すべての公務員と同じく、〔中略〕「労働者の賃金」以上の俸給をうけないように組織すること」〔宇高基輔訳、岩波文庫、一九五七年、七四頁〕。

専門職がもっと有望というわけではないようだ。たとえば、法律専門職は、そもそもそれ自身が国家である限りにおいて、国家とはほとんど競争ができないし、われわれの時代の司法システムの自立性の喪失によってそれは確証されているように見える。ただし、法律家や医師のような専門職は、一定の状況では別の支配機構を提供することができるきわめて複雑な下部構造を持っている。実際、アメリカにおける司法システムはすでにそのような機構になる寸前まで来ているとさえ主張してもよい。立法に関して広範囲な拒否権を持つし、刑罰機構によって事実上人口抑制を行っているし、またさまざまな警察権力とも近接している。論理においてと同様、このシステムは判決という行為を中心に組織されており(カフカの作品は、この意味での判決が根本的現実であるような世界のカリカチュアないし残像のようなものである)、このことは、次のことについて省察する機会を与えてくれる。つまり、もしあらゆる哲学的および実際的な意味における判決が、人生や経験が知覚され組織化される際の焦点になるとき、人生や経験のいかに多くが排除されるかについてである。実際、こうした事情は、軍事的なものの月並みなイメージによって投影されるのとは異なる一種のディストピアである。なぜなら、ここでは権力と支配が判決に取って代わられ、その結果、他者の恒久的現前が、懸念と不安のはるかに中心的(また解決不能)な源泉となるからである。

高齢化する社会にとって、医療専門職はもっと有望に見えるかもしれない。その物質的利得と必要は、プラトンが哲人王に付加しようとした種類の道徳的権威によって倍化されるからだ。しかし病院の私有化と私立の医療従事者の制度化は、そのオーラを剥ぎ取りそうであり、医師たちは大体において保険会社と巨大製薬会社の経済力に屈してきた。過去において、全米ライフル協会と同じような強力な反政治ロビーとして機能した全米医師会のようなギルドは、もはや大した力を持たないように見える。

しかし、健康の規範と入手可能な薬と食品の生産を中心に組織される社会は確かに構想可能である。法律家のユートピア(カレンバックは彼のエコトピアにおける訴訟好きの恩恵を強調したがった)よりもはるかに高い度合いで、そういう社会は哲人王たちからなる規範的エリートを必然的に前提とするだろう。

決定を行うのには高度に専門的な知識が必要だからだ。他方、そのような生－社会（この今日人気のある「生」という接頭辞が、今述べているような体制においてほど適切に見えるところはない）は、すぐに腐敗と不平等に向かうように思われる。今日の保険会社との共生や、闇市場での臓器移植とその分配に基づいた犯罪組織をめぐるSF的幻想が、それを示唆している。金と富がそういう幻想の核心にあり、そのため医療専門職を独自の構造として区別できないくらいになっている。それでも、ある種の疫学的二重構造において、内科医がかなり重要な社会権力を発揮することができるような危機的状況を想像するのは不可能ではない。

次は教会だ。多くの教会が国民を持つ国家として確かに機能し、後期資本主義によって疎外された家族に慰めと有名な「心なき世界の心情」〔マルクス『ヘーゲル法哲学批判序説』〕を提供している。またロベスピエールが、ジャン＝ジャック・ルソーにならって、国家宗教――ある種の理性の世俗宗教――を求めたのは誤りではなかったと私は思う。二人とも社会を必然的に結び合わせるものに関して他の概念を持ち合わせていなかったからだ。ただし、社会の結束が可能だった事例において、それを提供したのは、宗教それ自身よりもむしろフェティッシュの存在だったと私は思う。アメリカ合衆国憲法、フランス人の共和国の理念、日本の天皇制、抑圧された国語――これらは、愛国主義や王朝継承の通常の形態よりも成功したフェティッシュの例である。そして、第一の確立された公式権力システムと並んで第二の権力システムが登場する可能性は、まさにそのようなフェティッシュの力に依存する必要があるだろう。ところで、このフェティッシュなるものは、フィクションとして考えられるべきなのか。あるいはもう一つの「かのように」、母のファルス――ファルスそのものももちろんだが――として考えられるべきなのか。これは信仰や宗教の一形式なのか、いやそれどころか、すべての宗教そのものの土台、それが他のすべてをまとめるとしてもどうにかして避けねばならない狂信の基盤なのか。フェティッシュは、それを意識すると、旗のようなひからびた紋切型の儀礼に成り果て、明らかに最も危険な分子である真の信者にとって以外は無意味になるのではないだろうか。言い換えるなら、フェティッシュの真実とは何か。それ自身が不可能なシンボルに過ぎず、何かリアルなものにではなく不可能性にわれわれを送り返すだけであることを思い出させてくれる、内省的なモダンアートのあの両義性とともに考えてもよいのか。あるいは多数性のための単一のフェティッシュが可能で、それは、すべてによって崇拝され続けながら、ローカルな意味をいくらでも帯びることができる空虚なシニフィアンであるはずではないのか。

しかし、宗教は明らかに、二重権力のすべての候補の中で最も危険である。宗教はカントが虚偽の陳述と呼んだかもしれないもの、つまり、上部構造を土台と間違えることに基づいているからだ。実際、啓蒙主義のターゲットは宗教というよりも聖職者だったのだし、必要なのは宗教の根絶と完全な世俗化というよりも、さまざまな宗教運動の恒常的監視である。コーネル・ウェストが指摘したように、宗教自体はアメリカ大衆文化の根源的構成要素である。それは小さなグループやコミュニティを組織する場であり、また、個人的、集合的双方の性質を持ったあらゆる種類の熱狂、幻想、願望充足を奨励する口実でもある。異なる種類の社会ではこれら両方のための場があるが、それらは文化の領域に限定されるべきである、と私はすぐに述べるつもりだ。

4

しかし、ビジネス、専門職、宗教、そして労働組合すら（郵便局やマフィアは言うまでもなく）が、二重権力の担い手として不適切であるなら、後期資本主義の中で、並行する、究極的に革命的な二重権力——それだけがラディカルな社会変化を起こしうる——を担うことができる既存組織として何が残るだろうか。

ここで最後の候補について、そのような真に革命的な仕方で機能しうる、唯一残ったサブシステムについて、述べるべきだろう。それが私に最初に思い浮かんだのは、かなり昔、私たちの最も偉大な風刺漫画家の一人が描いた漫画を見たときに違いない。アイゼンハワーの、選挙運動中ではなかったにせよ、政権第一年目だったはずだ。ニューディールの最後の痕跡が、イギリス、カナダをモデルにした医療国営化に向けたトルーマンの不運な運動の中にまだ残っていた時期だ。きらびやかな軍服を着たアイクが、大統領執務室のデスクの端に気楽に腰かけ、くだけた調子で述べるのだ、「医療国営化が必要なら、私がしたように軍隊に入りさえすればいいのさ」。

これこそまさに私が提案する戦略であり、新しい形の二重権力のための処方箋である。実際、その確証が遠い未来から、テリー・ビッスン〔米国のSF作家、一九四二―〕によるニュース・レポートの形で私たちにやって来ている。「二〇七六年八月三日。新しい退役軍人の日です。総司令官としての権力を行使してジャンニ大統領は、二億二千八百万人の「召集兵」を州兵として兵役に就かせます。彼らの二十四時間後の名誉ある除隊は、退役軍人管理局を通して全アメリカ人に医療を保障することになります。[3]」この速報は、緊急時の権力が、議会での議論と承認の必要なくしてすでに大統領の手にあることを示している、とまず指摘しておきたい。また、これは、先の漫画と同様、われわれの提案への最良のアプローチは、まさにこの医療の問題であって、軍隊のもっと明白な軍事的機能ではないことも示している。退役軍人の病院は、それらを取巻く巨大な私立医療機関の組織と一切関係のない、国営医療のシステムとして（サンダーズ上院議員によって）すでに最近論じられている。それらの悲しむべき状況と嘆かわしい資金不足は、すべてを抱き込む後期資本主義システムの内部にある社会主義的、さらには公的な飛び地《エンクレーヴ》の運命のもう一つの例証（例証はもう十分にあるのだが）となっているわけだ。しかし、今日でさえ、根底的に異なるシステム内の、異なる種の医療実務がどんなものか知るにはキューバを見るだけで十分だ（大災害が起きた非社会主義の隣人を助けるためにキューバが医療チームを送るとき――ハリケーン・カトリーナのときに実際そうしようと申し出た――新聞がそれを重視することは決してない）。

ともあれ、そして元の話題に戻るなら、医療というこの特定の問題は、軍隊こそ私が想像してきた二重権力の出現のための有力な候補であると十分に示しているだろう。これはユートピア的計画ではなく、すぐれて実践的かつ政治的戦略なのである。けれども私は警告しなければならないだろう、ラディカルな社会変化を口にし、革命と呼ぶにまったくふさわしいものを記述しながら、われわれは、実践的企図が必然的にユートピア的計画に変容する瞬間に最終的に近づくであろうと。

余論I　政治理論の衰滅について

私は、脱差異化というポストモダン状況において哲学の古臭い派生物――倫理とか美学――が再生しているのをしばしば嘆いてきた。脱差異化の状況では、むしろ逆に、そういう分野のさまざまな下位領域はお互い同士が折り重なって消滅する（そしておそらくそれらとともに哲学それ自体も消滅する）よう要請されるべきなのである。だから、政治理論もそれらの仲間に加えられるのは喜びだ。国家の衰滅は不可避的に、本質的に国家そのもの（ポリス）を対象とする思考の衰滅をもたらす、というのは明白なはずだ。

実際、この新たな軍隊――国民皆兵制――を正しい仕方で見るには、それは、これから述べるように、政府の新形態ではなく、むしろ新しい社会構造、もっとうまく言えば新しい社会＝経済構造であるということを理解する必要がある。過渡的段階――つまり二重権力の段階――では、古い国家と新しい国家の共存が、実際に政治権力のライヴァル関係のように見えるだろう。しかし、現実に「政府」で「衰滅する」運命にあるのは古い国家であり、新しい構造は本当は社会一般なのだ、ということが少しずつ理解されるだろう。後者は、ヘーゲルが彼の時代に、単に私生活およびビジネスと商業の領域と見なしたあの「市民社会」の完成態と言ってもよい。この過程と似た興味深い状況が古代にあった。たとえば、アウグストゥスがローマ帝国を創立したとき、注意深く共和国の制度をそのまま残した。元老院は存続し、集まって熟議し、すでに触れた前権力的族長たちのような長たらしい演説をしてそれと同じ効果を得た。他方、古代はまた、集合性が個体化からかくも完全に切り離されているわれわれのような生物種において不可避的に生じる、独裁への恐れに対処する方法も提供してくれる。実際、この独裁 dictatorship という言葉そのものが、あの価値ある古代の制度に由来している。その制度によれば、危機的状況において、ある個性的才能を持った個人が、限定された期間、例外的権力を与えられ、その後では一般人と同じ地位に格下げされる（あるいは、もっとよくあったのは、単に追放される）のだ。危機それ自体は、もう一つ別の古代の制度、すなわちヤヌスの神殿によってわかりやすく印づけられる。神殿の扉は危機の初めに儀礼とともに開かれ、正常への回帰と危機の終結を知らせるために再び閉じられるのだが、これは、カール・シュミットが「例外状態」として有名な理論化を行ったものを制度化しようとする試みである。そのような状態はしばしば、ウィリアム・ジェイムズ〔一九〇六年の講演「戦争の道徳的等価物」において、戦争を予防するため戦争の代わりとなる訓練や労働の必要を主張〕のいかにもアメリカ的誤解との関係で考えられる。なぜなら、第二次世界大戦という大いなるアメリカのユートピアが目撃したように、アメリカでは、戦争こそが、集合的行動の道徳的等価物であるから。後期資本主義の経済的無秩序と、現代産業の搾取による自然に対する取り返しのつかないエコロジカルな損害という双生児的状況（これらの同時性は偶然ではない）において、われわれは戦争が提供するものよりもましな、危機の世俗的モデルを、長期のものも短期のものも、創出せねばならない。

われわれはまた、政治的に考える癖を直さねばならない。なぜなら政治とは権力の、そして国家の技術だからだ。もし国家が事実上衰滅するなら、それとともに政治理論も衰滅すると自信を持って期待せねばならない。私はこれからずっと政治理論を攻撃し、それを正しくユートピア的な理論で取って代えることを主張し続けるので、ここで私自身の根本的立場を説明しておきたい。それはつまり、政治理論の本質は、何千年も前にポリュビオスが、政府（あるいは国家）の三形態とその堕落形態を分類したときにすでに確立されていた、ということだ〔古代ギリシャの歴史家ポリュビオスは『歴史』において統治形態を君主制、貴族制、民主制に分類〕。それ以降のすべては（マキアヴェリも含めて）、存在論として、すなわち所与の前提として受けとめられたこれら三形態にふさわしい統治術の創出を設計してきたに過ぎなかった。他方、ルソーの『社会契約論』におけるこの図式の消去は、そのユートピア的結論に至るまで考え抜かれることはまれだった。

政治理論の対象は解決なき問題である。それに対しユートピア的思弁の対象は問題なき解決である。前者は、存在の限界と、現に存在する現実の限界の内部で作用する他ない存在論を構成する。それに対し後者のねらいは現在とシステムの根本的変容である。その点で後者は革命的思考の兄弟であり、グローバル化とポストモダニティ、そして世界規模での金融資本という転換の中からからまだ完全に再出現していない革命政治の場を今日占めている。ユートピア思考はグラムシの有名なスローガン〔知性の悲観主義、意志の楽観主義〕の修正を要求する。つまり今や、知性のシニシズム、意志のユートピアニズム、と言うべきなのだ。

ある一般化されたシニシズムは、実際、現代の、あるいはポストモダンの社会の政治的透明性を特徴づける一つの方法である。そこでは「人々は自分が何をしているか知っているが、とにかくそれをやる」。そこではみながマルクス主義者であり、資本主義の力学と略奪行為を、それを変えることが可能だと感じないまま理解しているのだ。

代表制システムの問題は、政治的思考自体の性質に深く埋め込まれている。政治的思考《ポリティカル》とは、その名前自体が、奴隷制に基づいた政治機構の特別な形態――すなわちポリス――との関係を隠している。私がここで本当はもっと詳しくやりたかったのは、政治哲学それ自体の批判的検討である。もちろんそれは、マルクス主義が社会的、政治的解釈を、経済と階級に再び基づかせようとしたやり方にすでに暗黙に含まれている。しかしわれわれは、反対側から同じことができる。つまり、すべての政治理論が自らの対象、すなわち集合的なものそれ自体を構成するのに失敗したことを指摘するのである。われわれは、個々の主体を思考する適切な方法はないということに人々が進んで同意するような地点に哲学的に到達した。そこではまた、さまざまな哲学の流派が、いわゆる中心化された主体というイデオロギー的概念を払いのけようとし、多元的な主体のポジションから、自己や個人のアイデンティティのさまざまな観念と意識自体を根本的に分離することまで、説得力のない代替案をいろいろ提案してきた。

それゆえわれわれは、思想家たちがほぼ同じような仕方で集合的実体を概念化するのに失敗してきた、その失敗のあらゆる形態に関して、主体の場合と同じことを進んでするべきなのである。私はここで哲学的な主張をしたい。それはある種のこと（人間の哲学者が誰も記述できたためしのない、意識と呼ばれるあの奇妙な物自体のように）を考えることの不可能性をはらんでいるのでカント的と言ってよかろう。これは集合的現実に関しても同じだと私は思う。つまりそれは、生物学的個人としてのわれわれの個体化のせいで、概念化することが不可能なのである。これはルソーが『社会契約論』で、「一般意志」におけるある種の思考不可能で、表象不可能な「統整的理念」を提案することで主張しようとしたことである。そしてカントが成文憲法の出現を称賛したとき、彼はあるタイプの政府や国家を支持したりではなく、集合性が「成熟」（あるいは個人が未成年状態から解放される成年）に達する瞬間を選び出したのである。また、その到達は、意図的で集合的な行為として新しい社会の形成を自分たちの手中にすることによってなされるのである。

しかしここで私は立ち止まって、カントの定式が永続化しがちな誤解を正さねばならない。なぜなら、集合性を思考することのディレンマは、近代において通常、ある受け入れがたい結果につながったからである。つまり、アリストテレスからカント以降に至るまで、政治理論の究極目的と終点は憲法の起草にあり、また憲法起草は革命の神格化ではなく革命の終結として考えられているのである。私は、構成された（憲法上の）権力の到来が、有権者が自由になる短い瞬間、権力を構築する短い瞬間を閉ざしてしまうありさまに関するトニ・ネグリの見事な分析を好む。けれども、国民皆兵制という企図の強みは、それが合衆国憲法をまったく新しい仕方で超えていることである。憲法を無効化することなくその境界と、注意深く設定された限界を侵犯し、その地図をそのまま残したままま ったく異なるトポロジーを創造するのである。

だが、集合的なもの（定義上名指せないし、まして概念化などできないものに対する最も中立的な用語だ）に関する私の議論に戻り、その表象不可能性についてのテーゼを追求しよう。さまざまな候補――部族、氏族、集団、共同体、ゲマインシャフト、ゲゼルシャフト、暴徒、群衆、民族、国民、民主制、共和国、協同組合、さらにはマルティチュードまで（社会階級という概念はこの種の概念ではないことを付け加えねばならない）――を並べてみるだけで、これらがみな長い目で見れば欠陥を持つと同時にイデオロギー的であることが分かるだろう。多元的なもの、複数的なものを「理性」が思考できない、まして名指せないということに、私はカント的批判の立場をとる。これは普通、あのもう一つの名づけ得ない現実――民衆――が、そのスキャンダラスな現前を不可避だが名指しえないものにするとき初めて視野に入ってくるディレンマである。「来たるべき民衆」はドゥルーズがこの表象の不可能性を賢明に表現したものであり、どんな名前も、そのようなものがすでに存在していたと示唆することにより、抑圧となるし、規範的あるいは抑圧的イデオロギーとなることを暗示している〔『シネマ2』、宇野邦一ほか訳、法政大学出版局、二〇〇六年、三〇九頁〕。こういうわけで複数的なものは多数派でも少数派でもありえないのだ。またこういうわけで政治理論は独立した分野になりえないのである。

ここで政治理論の不十分さの例を手短に挙げておく。最近、低開発という古くて無効な概念――ローベルト・クルツ〔ドイツのマルクス主義哲学者、一九四三―二〇一二〕が示したように、開発といわゆるモダニティがまだ可能だと暗示しているから不十分なのである――が、「失敗国家」という新しいスローガンによって継承された。これは、今日あらゆる外交政策の基礎なのでネオコンのせいにはできない疑似概念である。この表現は、今日、アメリカ合衆国を好例としてあらゆる国家が失敗国家であるという事実に照らすなら、ますます馬鹿げている。どんな国家も機能しておらず、プロパガンダというものバンドエイドをもってしても手当てできない。最近目撃したように、独裁でさえもはや機能しない。そこでわれわれは、乗り気であるかどうかを問わず、サミュエル・ハンティントンのスキャンダラスな結論へと連れ戻される。つまり、民主主義が増大すればするほど、国家は統治不能になる――実際、真の民主主義は統治不能で、資本主義と両立不能である、というのである。けれどもわれわれは彼とは正反対の結論を導き、その結果、統治を完全に放棄しなければならない。

事実、失敗したものであろうとなかろうと、もはや誰も国家などほしくない。あらゆる党派が国家の告発において団結している。だが、国家は政治理論の特権的主題であるため、われわれは政治理論をも放棄しなければならない。それゆえ私は、概念的かつ社会的スキャンダルなのは民衆であるという命題に戻る。近年現代思想にとり憑いているあの「他者」という哲学的に恐ろしいものは、現実には複数的であり、他者性を構成しているのは民衆そのものである。マルサスが考えたような人口過剰でも、二十世紀始めのフランス人（と、今日の他の国々）が考えたような人口不足でもない。単なるまったくの複数性と多数性である。

リアルなもののこのスキャンダルは、ミクロ集団や幻想的エスニック氏族にノスタルジックに後退することによって逆方向に回避されるべきでもない。そういう今日の政治の小集団は、現在のアメリカ政治のいわゆる「文化戦争」の想像上のプレイヤーになっている。これらの単独性は、実践においても理論においても、それらが転覆するはずの普遍性と同じくらい無力である。だが、それらはまた、後期資本主義が、集合生活の初歩すら提供できないことの貴重な徴候でもある。それらは、マルクスによる宗教と教会についての古い記述を借りれば、心なき世界の心情である。国民皆兵制が要請されるのは、こうしたすべての想像された、あるいはもっとよい言い方をすれば、想像上の、コミュニティとミクロ集団に取って代わるためではない。だが、それらに身の程を思い知らせる（そして好きなように繁栄させる）よりよいやり方があるように私には思える。というわけで、政治と政治理論の代わりにユートピア的思考を置くよう導かれるのである。

これはまた、われわれが具体的な政治プログラム――全人口を何らかの名誉ある国民軍へ徴兵すること

——から、ユートピアを想像するというあのかなり違った事柄へと移行するように見えるときでもある。そしてここでもちろんわれわれは無人地帯（二重権力のそれでもある）に入る。そこでは現状の査定が、あらゆる種類の個人的、私的ヴィジョンに道を譲り、また、革命のための合理的な計算が必然的に、われわれの偉大なユートピア思想家だった奇人変人のものも含む幻想に道を譲るのだ。したがってここでわれわれは、冷静な分析の代わりに、各自の私的なユートピア的偏向と妙案を打ち出しながら、みながバラバラになり始めていいのだ。

5

ところがわれわれはまだそこまで行っておらず、さしあたり凡庸な歴史的、政治的現実とともにあるほかない。われわれが現在持っている軍隊は、いわゆる義勇軍、すなわち商業的な報酬をあてこんだ職業の一つに過ぎない。ギリシャ人からマキアヴェリまでの、そしてフランス革命を重要なものとして含む市民軍の歴史を思い出してもらう必要はおそらくないだろう。徴兵に基づいたこれらの軍隊は、とりわけ近代においては、ときには国語（それ自体が新たな国民国家の政治的創造物だ）さえ話さないさまざまな地域、僻地の住民から国民を創り上げるという政治的使命を持っていた。もちろん今日ではメディアがすでにそれをやり遂げたとは言え、このアナロジーの有益性は、われわれの連邦制において、軍隊は、州の法と境界の支配権を超える事実上唯一の制度であるという事実に存している。そういう境界区分は、合衆国憲法自体に埋め込まれた最も重要な反革命的原則であり、そもそも合衆国憲法がこれまで考案された反革命的システムのうち最も成功したものの一つである。なぜなら憲法の廃止なしにはいかなる真のシステム変革もこの国では起き得ないからである。すでに主張したように憲法は、国家創設の基礎となるフェティッシュであり、基本的人権保障条項がもたらすさまざまな保護のせいで、左翼も右翼同様失うのを嫌がるだろう文書である。システムとしての軍隊の目立った利点は、それが憲法を捨てることなく超越すること、また、それが異なる空間レヴェルで憲法と共存し、それによって二重権力樹立のための並はずれた道具になる潜在性を持つことである。

徴兵制に関して言うなら、ニクソンがヴェトナム戦争に対する市民の、特に学生の抵抗を終わらせるために徴兵制を終わらせたことはきわめて象徴的である（すでにジョンソンが、徴兵制の持つ政治的インパクトを限定するため、多くの階級的、人種的免除を設けて徴兵制を修正していた）。もっと最近では、イラク戦争の時期、あるいはラムズフェルド時代と呼んでいい時期に、この職業的軍隊はさらに私有化されたーー強調しておきたいが、この私有化という言葉は、レーガン＝サッチャー時代に世界中で始まったさまざまな他の経済的あるいは自由市場的私有化との関係を明確にするので重要である。ラムズフェルドは、このすでに専門化され給料制にされた私的な軍隊をさらに私有化したのだ、その機能の多くをブラックウォーター型の私企業に外注することによって、そして、軍隊の労働力のその他の部分を不要にする、すなわち機械化によってそれらを縮小する（すでにマルクスが『資本論』で記述した過程だ）ために複雑な先端技術を導入することによって。近代の軍隊の歴史におけるこの非常に重要な時期は、単にそれが現代の後期資本主義らしいビジネスのやり方を翻案したという以上の政治的目的を持っていた、と私は言いたい。その目的とは、ウェーバーの言う暴力の独占をするこの小さな職業集団（現在、全人口の〇・〇五％だ）を民主的大衆運動のいかなる可能性からも切り離し、警察力の構造へとさらにそれを同化することである。実際今やそれはグローバルな規模で警察力となったように見える。

そこで私のユートピア的提案の最初のステップは、国営化のための他の社会主義的可能性（そのいくつかはすでに触れた）の線に沿って、いわば軍隊を再国営化することである。徴兵制を再導入して、現在の軍事力をあの一般大衆の力に再び変容させることによってそうするのである。その一般大衆の力は、ますます非代表的になっている「代表制政府」とうまく共存でき、それを代表制的なものでなく大衆的民主制の媒体に変えることができるのだ。

軍隊は、近年のすべての戦争だけでなく、現代において世界中で起きたさまざまなクーデタとも引き続き結びつけて考えられるだろうから、すぐに私は上記の過程における最も重要な段階を具体的にしておきたい。まず第一に、資格のある召集兵の総数は、十六歳から五十歳まで、あるいはお望みなら六十歳までの全員――つまり事実上全人口――を含めることにより増加するだろう。そのような管理しようのない多人数は、それ以降、外国での戦争はできないだろうし、まして、クーデタを成功させることなどできないだろう。この過程の包括性を強調するために、障がい者も全員がこのシステムに適切な場所を与えられ、平和主義者と良心的徴兵拒否者は武器の開発や保管などを任せられるようになる、と付け加えよう。

ここで軍隊システムの幅広さ、とりわけラムズフェルド時代以前のそれを思い出していただきたい。[4] すでに医療、特に退役軍人用病院については述べた。後者は、合衆国で私立の病院それ自体が大企業化している現在、ひどい苦境にある。われわれの新しい国民皆兵システムにおいては、もちろん、軍隊病院は、万人に開かれた無料の国営医療サーヴィスとなろう（誰もが今や兵士か退役軍人なので）。そして国民皆保険制の全重心が、医薬品の生産、病気の管理、新薬の実験と生産とともに、軍隊内部において再編成され位置づけられるだろう。

また軍隊主催で教育の再検討も想定してよい。それもこの国民兵士の子供に対する教育だけでなく、さまざまな上級の学位も考えてよい。このシステム内では、おそらくビジネススクールのそれを除いて、あらゆる高度な訓練が必要とされるだろう（軍隊の技術者集団は明白な例である）。また、われわれの状況のモデルとして、社会主義国（あるいは元社会主義国）を考えてもよい。そこでは、さまざまな軍隊の機能には、衣料の製造、映画の製作、自動車の生産、そして（中国におけるように）作家組合すらも含まれていたのである。作家組合では知識人、作家、芸術家たちが自らの空間と収入を見出した。軍隊はまた、悪名高いことに、災害救助、インフラの修理と構築などのための労働力の源泉でもある。食糧供給の問題により、この機関（軍隊をまだこう呼べるとして）は直ちに食糧生産の秩序と供給を管理する任務に就くだろう。つまり、それはあの栄養と農学に関わる基本的活動をも統制する立場に置かれるのだ。

6

実際、ユートピアの伝統には、未来の、あるいは少なくともよりよい社会構造を、集合的組織としての軍隊から構想するさまざまな例がこれまであった。もちろんプラトンの『国家』（と古代世界に取り憑くスパルタのイメージ）に始まり、中世の僧院システム（その軍隊へのおおっぴらな同一化はロヨラによって詳細に暴かれた）を豊かにした伝統である。これらの思考実験はすべて、度合は異なるが、規律とヒエラルキー――近代の同種の思考実験にもほぼ残っている問題だ――を強調しているように思われる。しかし銃火器を備え、（マウリッツ〔オランダの将軍、一五六七―一六二五〕とともに）規律が新しいいわばデカルト的ないし合理的教練に変容した近代的軍隊の出現により、この伝統的な記号論を修正する新しい問題が導入された。それは、一般市民との関係であり、言い換えれば、市民軍（マキアヴェリ）を、あるいは後にはその事実上のクライマックスであるフランス革命時の武装した国民を、常備軍に代えることである。それはあたかも古代ギリシャの都市国家が再登場し、近代性それ自体によって政治的問題に変容したかのようである（これは、中世イタリアにおいて都市国家が、後に輝かしい未来を持つ「コミューン」という意味深長な語とともに再登場しなければ、考えられなかったことである。

これが意味するのは、新しいユートピア国家と軍隊あるいは軍隊組織の連携はこれ以降、二つの方向に作用しうるということだ。まず、近代の軍隊がヒエラルキーを機能の差異化へと翻訳し始める中、それは新しい形態の社会秩序として役立ちうる。他方で、それは軍隊それ自体を民主化し、市民社会と、その只中に治外法権的存在として現れたこの異物との間の新しい関係を創出することを目標にすることができる。エドワード・ベラミー〔ユートピア小説『顧みれば』（一八八八）で知られる米国の作家、一八五〇―一八九八〕と彼の「産業軍」〔産業全体を軍隊的階層秩序で組織化する〕を、これら二つの傾向のうち第一のものの最も劇的な例証だと捉えるなら、問題の社会秩序は、多数の機能や作用を持つ産業の発展それ自体によって歴史的に押し付けられたということがより明確になるだろう。二番目の傾向に関して言えば、第一次世界大戦の直前のジャン・ジョレス〔フランスの社会主義者、一八五九―一九一四〕による「新しい軍隊」の提案がおそらく最も明確である。そのころ、一八七〇年の普仏戦争敗北とアルザス・ロレーヌの喪失の後で、フランス人は軍事的に洗練された強力な隣国との衝突の可能性をひどく意識していた。ツィンマーヴァルト会議〔一九一五年九月に開かれた社会主義者の国際会議。第一次大戦勃発による戦時国債など各国のナショナリズムに基づく戦争政策を国際反戦主義の立場から批判〕と未来の共産主義運動にとって重要だった、戦時国債のあの国際主義的拒否に対して、この神話的衝突は文化的限界を設定するが、それを査定しようとするよりもむしろ、次のことを強調しておくのが正当である。つまり、ジョレスが本質的に防御的戦争の追求を主張したこと、そしてこの前提条件が彼を予備軍とその用法の問題に導いたことである。予備軍は地域的でなければならず、その地域社会に統合されねばならない。地域住民を居住空間から切り離し、彼らに新しい国家的枠組みと国語を意識させることが意図されていた国民徴兵制の当初の機能とは異なり、ジョレスの提案の目的は、予備軍がその地域の土地と社会生活にコミットすることを強調することだった。つまり、古いスタイルの敵軍の侵攻を地上で阻止しようとする地域住民の抵抗を予期していたのである。この提案の中には、ナポレオンに対するスペインの抵抗から今日のジハーディストに至るまでの市民軍の伝統とゲリラ戦の進展を読み込むことができる。「ゲリラは水の中の魚のように動かねばならない」と毛沢東は言った。それは同一性と同じくらい差異を強調し、もはや軍隊と人民の同一性ではなく、むしろ職業的革命家の出現を肯定する定式である。キューバの「拠点《フォコ》」理論（レジス・ドゥブレによって理論化された〔『革命の中の革命』、谷口侑訳、晶文社、一九六七年〕）においてのみ、二つの実体は新しい種類のユートピア的融合を知るのだが、これは都会と田舎（ブルジョワと農民）双方を超えた空間――マエストラ山脈〔キューバ南東部〕――においてである。ポスト革命社会において、パルティザンや革命家の家族とその子孫の一種の貴族政が世代を超えて出現することは、未来の社会主義者とポスト革命国家にとって、中世における封建領主の出現と同じくらい不吉な事象である。

　市民軍の伝統よりも現代的なトロツキーの軍事民主制は、ベラミーのモデルに戻っていることになるが、それは、絶対的危機の状況、つまり包囲されたソヴィエト国家の戦争共産主義の只中においてなのである。彼による規律の攻撃的な擁護は、カウツキーと社会民主主義者の、またメンシェヴィキとその追随者の吐く民主的な常套句に対する歓迎すべき解毒剤である。そして今日それは、代表制政治システムに対する一般化された左翼の攻撃という文脈の中で取って代わられるべきである。そういう左翼の攻撃は、私が思うに、「プロレタリアート独裁」というさらに挑発的な用語――いくらその精神は肯定すべきでも――

の放棄によってよりよく達成できる批判である。アメリカの外交政策一般のいわば私有財産になっている民主主義のような用語は、それらをすでに触れたサミュエル・ハンティントンの意味――つまり、民主主義と資本主義は両立できない――で把握するのでなければ、力を取り戻すことはない（大企業は、予算と経済政策が人民の投票で決定される状況では機能し得ない）。

トロツキーは実際、こういう文脈での「自由」は賃労働という基本的意味を持っていると非常に強力に思い出させる。「自由主義者にとって、結局のところ、自由とは、労働力の自由な取引なのである」[5]。自由とは何か永久的な形而上学的、プラトン的概念ではなく、歴史的に決定されたものであり、その根本的指示対象は、人間の時間性の経験、すなわち労働に根ざしている。

歴史は、奴隷制・農奴制・中世職人ギルドの縛られた労働を経験してきた。今日世界は、賃金生活者で満ち、これをあらゆる国の赤新聞の記者たちが、自由の最高の形態として、ソヴィエトの「奴隷制」に対立させている。われわれは、反対に、経済計画に基づく社会的に規制された労働、すべてのものにとって義務的な、したがって国の全労働者にとって義務的な労働を、資本主義的奴隷制に対立させる[6]。

労働から形而上学的なものへとつねに変容してしまう疑似概念「自由」の持つこの両義性は、反ユートピア主義（そして反共産主義――反ユートピア主義はつねに反共産主義に翻訳される）の根本要因の一つである。自由というそのような形而上学的概念の超越論的内容は、それ自体がもちろん歴史的である。だが、それは経験的な政治、社会的指示対象よりも変化が遅い。経験的な政治、社会的指示対象は、超越論的内容の別の次元（社会のヒエラルキー、ビジネスの自由、銃保持など）であり、また、それと混同されるもっと高邁な概念によっていわば立派にされ、何か永遠の哲学的価値を持っているような外見を与えられるのである。（フーコーは実際、そういう両義性を「経験的＝超越論的二重体」として理論化した、おそらく彼はその出現を十九世紀の歴史主義と緊密に結びつけ過ぎたのだったが。）

しかし、ここでトロツキーによる「軍国主義」をもっと詳しく引用すべきであろう。

メンシェヴィキの弁士たちの一人は、たまたま、私を軍国主義一般の弁護人扱いしようとした。彼の情報によると、私がドイツ軍国主義そのものを擁護しているのが明らかだとのことだ。ドイツの下士官は自然の驚異であって、その行うことは真似ができないと、私が証明したというのだ。だが、本当は、私は何と言ったのだろうか？　ただ、次のように言ったに過ぎない。社会の発展のすべての特徴はその最も完全な、最も截然とした、また最も尖鋭な表現を軍国主義のうちに見出すが、軍国主義は二つの観点から見ることができる。第一は政治的もしくは社会主義的観点からで、この場合、いかなる階級が権力を握っているかという事実に一切はかかっている。第二は、義務の厳格な配分・厳密な相互関係・絶対の責任・厳正な実行、の制度としての組織の観点なのである。ブルジョアジーの軍隊は、労働者に対する無慈悲な弾圧と抑圧の機関だ。これに反して、社会主義の軍隊は、労働者の解放と防衛の武器なのである。だが、部分が全体に無条件的に従属をするということは、いかなる軍隊にも見られる共通の特徴だ。厳格で壊すことのできない内部的体制、これは軍隊組織の特徴だ。戦争においては、いかなるなげやりも、軽率も些少な過ちでさえも、大損害の原因となることは稀ではない。このことから、軍隊組織では、種々の関係と責任の最大限の明瞭・厳密が期されるのだ。このような「軍隊式」特質は、どの分野でも貴重だ。いかなる階級でも、その構成員で、他の条件が同じである場合、軍隊の規律を経験してきたものの方が役に立つと判断する、と私が言ったのはこのような意味でだった。たとえば下士官の資格で兵営生活を経験したドイツの富農は、軍事訓練を受けていない同じ農民に比べて、ドイツの君主制にとってはずっと貴重だったし、今でも、エーベルトの共和国にとってそうなのである。ドイツの鉄道機構は、運輸部の管理面の部署に下士官や士官を雇ったおかげで、著しく改善された。この意味では、われわれは軍国主義に学ぶべきたくさんの事柄がある。わが労働組合の第一級の指導者の一人ツィペロヴィッチは、ここで、何年間かにわたって軍隊の規律を経験し、たとえば連隊政治委員という重要な部署についたことのある組合員は、組合活動の点から見て、劣りはしなかったと、認めた。彼は、プロレタリアートのための戦いを終えてから、徹頭徹尾かつてと同じプロレタリアとして組合に戻ってきた。だが、彼は、責任の重い地位についてきたので、鍛えられ、前よりも自主性に富み、前よりも断固とした強者となって帰ってきたのだ。彼には、その大半が農民からなり、階級意識の程度を異にした何千もの赤軍兵士を指揮する機会があった。彼らとともに、勝利と敗北を経験し、前進と退却を知った。指揮官の裏切り、農民の暴動、兵士たちの間の恐怖といった事件があったが、彼は部署にとどまり、階級意識の低い大衆を団結させ、指揮し、みずから、模範を示して士気を鼓舞し、裏切者や臆病者を罰した。それは、貴重で偉大な経験なのである。したがって元の連隊政治委員が組合に帰ってきて、悪い組織者となるはずがないのだ(7)。

ここには二つの異なるテーマがある。第一のものは、軍隊が、生産する社会のより複雑になったらしいメカニズムと構造的に類似していることである。軍隊は社会の縮小版なのか、それとも単にその社会の有機的構成部分で、緊急時に社会の他の機能を果たすよう要請されるものなのか。トロツキーがこのパンフレットを書いている状況は、緊急事態に対応しているが、社会の「軍事化」についての彼のもっと一般的な立場は、もちろん、軍隊は社会の縮小版であるというものである。もっとも、ここでの軍事化は、またしても、戦争でも武装化でもなく、軍事教練ですらなく、むしろ、社会の存在に必要な機能が徴兵制のようなものによって確実に確保されるための規律を指している。

しかし上に引用した箇所にはもう一つ別のテーマも流れていて、それは実際われわれがここで参照しているすべての「軍事化」の理論家たちの中に暗黙に存在している。それは、この過程における教育のことで、それは事実上自動的に推進されていく。新しい社会的機能を実行するためには、訓練兵、新兵、徴集兵、元市民たちは教育されねばならないし、新しい義務を果たす仕方を教えられねばならない。それは、新生ソヴィエト連邦のような状況では、読み書き能力と同じくらい広く普及する可能性のある教育である。しかし、一度会得されると、新しい仕事は、その教育の高いレヴェルへと人々を押し上げ、さらに新たなスキルが獲得されると、それがまた社会を複雑にしていく、という具合に自動的に推進されていくのだ。

これはそれ以来「文化革命」と呼ばれるようになったものであり(この用語は実はレーニンが発明した)、最初は、そこらじゅうで農民を産業労働者に、前資本主義的社会を資本主義(そしてこの場合は社会主義)に変容させた識字率向上運動を指していた。このカテゴリーについてはもう少し述べる価値がある。それは主体性の変容として抽象的に記述できるけれども、明らかに教育に、したがって文化一般に関係している。「精神生活」が貴族的有閑階級の遊具や(アリストテレスにおけるように)文字通りの娯楽ではもはやないとき、知識とそれに付随する文化は、応用に向かっての情け容赦ない進化を開始する。これが意味したのは、純粋あるいは思弁的科学の衰退だけではなく、形而上学的衝動の、モダニティおよびポストモダニティにおける根絶あるいは窒息、商業的、装飾的目的を除いた芸術生産の漸進的消滅（投資のための「偉大な芸術」の使用ですら、人文学の周縁化と、その砂場のお遊びじみたものへの変容によって脅かされている）だけではない。社会主義の社会で、この過程が加速するのは自然だし、実際不可避的でもある。さまざまな分野と知の実践が、その社会的価値に関してこれまでになく分かりやすく判定され、社会へのコストという点で査定されるだろうから。ある種の社会編制によって軍隊の内部に取り込まれた専門機関があれば、科学であれ哲学であれ芸術であれ、まったく余計な営みと見なされるものをも保護できる、などということはありそうもない。

私は別の所で述べたが、われわれは「社会主義リアリズム」の古い伝統を、単なるスタハーノフ法〔能率を上げた労働者に報酬を与えて生産力を向上させる〕のためのプロパガンダだと誤解している。逆に、社会主義リアリズムの使命とは、いかなる社会主義社会とそれに不可避的に随伴する構造にも作動する最も危険な傾向、すなわち官僚制を容赦なく批判することにある。今付け加えるなら、モダニズムとそれに付随する美学は、大概いわゆる「芸術の自律」の擁護を軸に組織されるのだが、それらは逆説的にも、社会主義社会への芸術の統合の最強の通路を提供するのだ。なぜならそのような擁護論のすべてが否定としての芸術の機能を主張するからであり、芸術という職業は、現に存在するすべての社会とその実践の否定を軸として組織され弁護されねばならないからである。権力の場におけるオンブズマンと同様、芸術の存在は、その否定的、批判的機能の必要性によって正当化されることになる。その機能は、社会の内容そのものから、知覚自体の実践（抽象芸術におけるように）と日常生活の振る舞いにまでわたる。文化革命——教育は新しい制度においてはこう呼ばれるべきである——は、単なる新たなスキルの獲得としてだけではなく、これらのスキルと、それらが不可避的に構築してしまう実証主義的で経験主義的世界に対抗して鍛えられるべき、無慈悲でときには耐え難くさえある否定性の経験としても、必然的に把握されねばならないのだ。となるとこれは、サミュエル・ディレイニー〔米国のSF作家、一九四二―〕のユートピア／反ユートピア都市における「無認可地区」に事実上対応するだろう（詳しくは後で述べる）。そして、プラグマティズム、実際的なもの、社会的に有用なもの、合法的で規範的なもの、習慣的なもの、法と秩序、そして社会再生産のあらゆるお行儀のよい伝統的な教義――そこにはもちろん、軍隊生活の最も深いディストピア的恐怖を構成するあの「規律」も含まれる――に対する永続で、つねに激化する非難として屹立するだろう。不満――ぶつぶつ言うこと――は、ドゥルーズがかつて述べたように、近代生活の最も根本的な特権である。それがこのように制度化されるか否かは、あらゆるユートピア的構築にとってまったく中心的な難題なのだ。その構築のこの意味での成功は失敗なのだから、その失敗が成功となるような方法を緊急に見出さなければならない。

7

しかし、アメリカのユートピアの想像／構築のために軍隊が持つ利点は空間的である。ここで、もっと限定された、具体的な方法でそのテーマに戻る必要がある。それはまた、革命的変革（右からのも左からのも）に抵抗することを本義として作られた州という政治組織におけるアメリカ合衆国憲法の意味を、もっと直接的に査定することを含むだろう。この点での当憲法の根本的な特徴は、よく知られた三権分立よりも、軍隊の文民統制の肯定という異なる種類の権力分立であると、実際これまで言われてきた。私が空間的に把握したいのはこれである。

地理的に制約され、植民にまつわる偶然性にとりつかれていた原初の米国東部植民地の歴史的起源が何であれ、個々の州という形態こそが、社会的、政治的変革に対する最大の障壁を象徴しているのは明らかであろう。経済発展に対する障壁では必ずしもないにしても（最高裁の第一の機能は、基本的経済活動の応用可能性――「心ある」企業の行為者としての統一性など――を州の境界を超えて保障することにあるのだから）。

州（私は"state"という語を、「国家」ではなく「州」という単位、地方、区域等々のアメリカ特有の意味で使っている）という形態は、一九六〇年代の根本的対抗運動の成果の一つ――ジョエル・ガロー〔米国のジャーナリスト、米国の新たな分割を提唱、一九四八―〕の『北米七国家』、後に『北米九国家』に改訂――が主張したように、もはや地理的ではない。そのような単位の境界が本質的に地理的な実体――特定地域の日常生活の存続の固有のパターンと、最終的にはその個別的形態を決定するような実体――と対応するときにのみ、連邦制のディレンマと矛盾が現れ始める。そのときには、集団レヴェルにおける（ラカン派の言う）享楽の盗み、あるいは伝統的心理学が単に羨望と呼ぶものが現れる。それが最もはっきり目立つのは、特別な鉱物採掘権や、肥沃な土地を所有しているかどうかが問題になるときである。肥沃な土地によって、繁栄する農業と、見込みがなく厳しい農業との間に差がつくが、農業の条件が厳しい場合、まさにその理由で、人々がめざましく勤勉になり始める。このような集合的な、また文化的でさえある羨望は、一見否定的に見える特徴に向けられることもある。つまり、ゆったりと生きることに慣れている人たちが、産業に携わる人たちの自己規律と犠牲を不愉快に思うにもかかわらず、そういう人たちを羨望することがあるのだ。（私はもっと後でこれらラカン派の概念の政治的使用を擁護する。）

連邦制は、まさに、こうした反発し合う衝動の衝突であり、微妙な調整である（ちょうど個人レヴェルでフーリエ主義――これにも後で触れる――が、似たような解決を提案するように）。連邦制とは、だから、ユートピアの衝動、ユートピアのディレンマそのものである。モアは、自分のユートピアを同一の郡に分割することによってこれを器用に回避した（もっとも、それらの郡は彼の時代の現実のロンドンやイングランドにあった根本的な差異や多様性にアレゴリカルに対応しているのだが）。しかし、連邦制はそういうディレンマの解決としてよりは、矛盾の受諾として、矛盾の不可能性と否定性に喜んで溺れることとして、理解されねばならない。

しかし、アメリカ合衆国憲法、あるいはその最終的進化形態としての州システムの発展は、まさにそのような矛盾を抑圧するようにデザインされている。その画一性は、中心化に向かういかなる政治的企図をも排除することによって、純粋に否定的機能を果たす。州法の、油断なく保護される自律性（すでに注意したように、経済実践は別だ）は、集合的衝動、実践、政治運動の廃滅を確実なものとする。

類似的形態としての軍隊の際立った利点はここにある。それは、州の境界を無視する仕方で、また、個々の州法とは両立しない次元において、地理的広がり全体にわたって飛び地《エンクレーヴ》のように配備されている。したがってそれは二重権力の可能性を予想させる。実際、二重権力は、人種隔離的、ジム・クロウ法〔米国南部にかつて存在した人種差別的州法〕的規制を軸にまだ厳密に組織されていた州をまたいで軍内の差別撤廃が起こったときのように、いくつかの歴史的事例によって先取りされている。国民皆兵制（あるいは軍事的民主制）のネットワークとは、都市から村に至るさまざまな集合的単位をかつての州の境界を超えて繁栄させるような、新しい種類の脱中心化を許すものである。それぞれの州はみな、インターネットの真にユートピア的性質によって結び合わされる（インターネットのユートピア的能力は、純粋に観念的で反制度的な仕方で称えられることが多過ぎる)。実際、レイモンド・ウィリアムズはかつて言った、社会主義は資本主義より単純ではなく、はるかに複雑であろう、と。

二つの別のシステムのこの重なり合いにおける限界点が、不適切にも州兵《ナショナル・ガード》制と呼ばれる制度の存在にあるのは明らかである。それは個々の州の知事がコントロールする一種の二次的軍隊である。たとえば、国家規模の軍の動員が、個々の州の地域的利益を擁護する州兵部隊と対立することがありうる。後者は、「軍事的民主制」そのもののレヴェルでの、もっと広範で統一された革命的政策に対して、構造的また実質的な抵抗をするかもしれない。この種の危機は、二重権力という概念とその実践=政治的戦略としての有効性の実態を明白に示すだろう。しかし、ここでもまた、われわれは、政治的戦略それ自体の問題から、そのような革命的実践の中で現れると期待されるもっとユートピア的な企図へと移行し始める。なぜなら、革命的事件そのものと、そこから現れると期待される新しい革命的秩序(いくらこの秩序が永続的革命とか不断の革命的変革とかと再コード化されたにせよ)の間に強固な——イデオロギー的ではあるが——区別があったこれまでの革命と異なり、ここに提案する移行は、いかなる革命後の社会においても「軍事的」特徴が残存することを保証せざるを得ないからである。(トロツキーの議論は、この連続性を認め、さらにそれを受諾し擁護するところに最も近づいている。)したがってわれわれは、ここでギアを変え、政治的提案からユートピア的提案へ移らねばならない。

8

けれどもまずは、ユートピアという概念、いやユートピアという名称までもが近年こうむった変容を強調しておくべきだろう。「どこにもない場所（U-topia）」と「よりよい場所（eu-topia）」という二つの含意の両方が、近年はもはやほぼ失効してしまっている。フランス革命で「歴史」という概念そのものが出現し、社会を意図的に、実践的に変える可能性が初めて現実化した後、ユートピア的意志は、実践＝政治的運動にとっては、おおむね、非実践的で実現不可能なものを意味するようになった。マルクスもこの意味でユートピアという語を使ったのである。とはいえ、ロバート・オーウェンの真に革命的な社会実験と、フーリエのような心理実験または思考実験は例外とした（エンゲルスはフーリエを社会風刺家同様に見なした。オーウェンに関して言えば、レーニンは晩年彼に回帰した）。実際、（たとえば『共産党宣言』にあるような）ユートピア的社会主義へのマルクスの批判は、ユートピア運動の政治的性格の増大と、真に社会主義的または共産主義的政治のどんなものに対してもそれらが持つであろう競合関係を認知したがゆえのものと考えてもよいのである。

それゆえ、ロシア革命そのものが起きた後で、こうしたユートピア的思弁の機能にさらなる転換が生じるのは不可避だった。そこではさまざまなユートピア主義（たとえばボグダーノフ〔ロシアの革命家、思想家、ユートピア作家、一八七三―一九二八〕のそれ）が、ボルシェヴィキの政策の方向性に実践的影響を与える可能性が証明されたのだ。その間、現代のすべての革命的変動が、（フロレンスキー〔ロシアの神学者、思想家、一八八二―一九三七〕の星間移動する霊魂の不死性のような）最もグロテスクな形態のものを含むあらゆる種類のユートピア的衝動を解放した。ここで、ユートピア・システムに対してどんなアプローチをするにしても、（理解可能な集合的言語を話さねばならない政治的計画や提案そのものとは別の）主観的白昼夢と根深い個人的単独性の刻印を考慮することが肝要である。つまり、実践的査定を要求する政治パンフレットと対立する、一定量の個人的幻想を必然的に認知せねばならないのだ。しかし――これこそわれわれの時代のユートピア思想の帰趨を特徴づけるのだが――個人的幻想と集合的実践を区別するのがますます困難になっていることも同時に認識しなければならない。政治はやはり個人的幻想に点火することから出発せねばならない一方、「ユートピア的」という語がまたしても特定の政治実践を指示するようになった政治的時代に、われわれは生きているのだ。

現に、冷戦期には、「ユートピア的」という語が特定の政治実践を指示するようになった。さまざまな種類の独裁の間の類比関係が、「全体主義」というイデオロギー素を生じさせたのだ。とりわけソ連の崩壊以降、ユートピア的なもの自体に全体主義の種子を探知し、「完全なものは善の敵である」という格言の古めかしい知恵を反ユートピア的立場に変換することが流行した。そういう立場に立つなら、ラディカルな変化(それは、不完全で、罪深くさえあるわれわれには、始めから実現不能と定義される)を求める政治は不可避的に暴力につながる、なぜなら「人間性」が不自然な鋳型に容赦なくはめられ、ユートピア的、超人間的次元を無理やり帯びさせられるからだ。反ユートピア主義はこうして、反共産主義および一般化した反ラディカリズムの媒体に変質し(ナチズムはもはや「革命的」綱領として使えないし、ジハード主義の宗教的性質は世俗的ユートピア主義と明らかに衝突する)、ユートピア主義の政治的使用も無効になることが望まれるのである。

けれども、もっと最近では、ユートピアはまたしてもその意味を変えて、左翼と進歩的勢力のスローガンとなり、今や若干汚れた言葉ないしプログラムである社会主義や共産主義と事実上同意語になった。言っておかねばならないが、これは全般的な変化であり、一九九〇年代に成人した世代の社会的、政治的、経済的態度における全体的変容を反映しているように見える。一九九〇年代には、伝統的左翼運動の崩壊により、資本主義は歯止めがなくなるといかに強引になるかがはっきり分かったのだった。この世代は、資本主義と選挙による政治の間には本質的な区別はないと理解した世代であり、また、資本主義は真の大衆民主主義とは相容れないというハイエクとハンティントンの主張は正しいと理解した世代だった。

しかし、世界中で、驚くほど多様な状況で発作的に現れ始めた、ウォール街占拠のような運動にもかかわらず、この新しいユートピア主義は、ベラミーが描いた古い十九世紀の政党のような運動ではなかった。いずれも左翼の失敗から生じたのは確かだ。ベラミーの場合はポピュリズムの崩壊から、現在の場合はリベラル、左翼、ラディカルな運動の崩壊から。また、いずれも経済危機の中で生じた。現状とは根本的に異なる何らかの社会経済的システムを探し求める動きを今日再び燃え上がらせたのが、恒常的失業の見込みであるのは明らかだ。しかし、今日のユートピア主義はさしあたり青年運動〔別の意味で〔成人による青年指導ではなく、青年による運動という意味で〕この句を使う〕にとどまっている。他の年齢層は、暫定的ではあれ異なる政治志向を持ち、また、世界の他の部分では、比較可能な青年運動は、伝統的政治イデオロギーでないなら宗教的イデオロギーによってしばしば武装され統合されている。実のところ、西洋のユートピア主義は、経済のレヴェルでは資本主義の失敗という共通了解はあるものの、組織化された運動ではまったくないし、伝統的政治イデオロギーや宗教的イデオロギー以上に体系的な文化イデオロギーによって統一されているわけでもない（つまり、それは、資本主義の否定的、批判的分析としてマルクス主義を採用するが、共産主義運動によって一世紀以上にわたって確立されてきた文化的、社会的、政治的運動にはもはや魅惑されることがない）。

であるならば、おそらく、今日のユートピア主義の課題は、別の社会システムの必要性を説くよりもむしろ、別の社会システムのもっと精巧なヴァージョンを提案することであろう。本論文ではこれからまさにそれを行う。ただし、現代のどんな政治も社会思想も何らかの形で直面し、吸収し、修正せねばならない、諸要素の大いに異なる組み合わせの可能性を、思考実験として、開いたままにしておく。

9

国民皆兵制というユートピアは、国家のみならず政治そのものの衰滅という（私見では、伝統的なユートピアすべてに共通していた）前提に基づいていた。（政治的なものについての先の余論を見よ。）これにより、社会秩序のもう二つの次元が直接、無媒介に対立することになる。すなわち生産と文化である。それは、資本主義下のわれわれの日常生活で普通、労働と余暇と呼ばれているものであり、また、マルクス主義の伝統が、自らの書物に関する最も古く、最も不名誉な紋切型として永続化してしまったもの、つまり土台と上部構造の区別、より一般的に言えば、経済的生産と最も広い意味での文化の区別である。実際、マルクス主義の理論には、権力と政治は上部構造の一部なのか、土台の一部なのかに関して、つねにずれとためらいがあった。しかし、われわれは今や政治を完全に排除することでこの問題を除去し、それによって、経済と文化（現在のわれわれの労働と余暇の区別など、この区別のイデオロギー的カリカチュアに過ぎない）の間の距離を縮めたのではなく、むしろ大いに広げたのである。

私は、独自の歴史と複雑さを持つ、土台と上部構造に関する理論的論争を追うつもりはない。ただ、これは、解決ではなく、疑問と問題への出発点として受け取れば、方法論的に有益だと感じる。つまり、土台と上部構造は、起点であって結論ではなく、実験室での実験（その結果は場合によってしばしば大きく異なる）であって、疑似宗教的信条や正統性を主張するものではない。

ここでわれわれはこの対立を一つの構造あるいは一つのユートピア的枠組みとして扱う。その場合、この対立は、あれやこれやの現象やテクストの静的な次元ではなく、必然性の王国と自由の王国の間の有名な区別に似ている。「土台」を生産と大体同一視することに問題はなかった。それはつねに、文化がおのれの上部構造を構成することができる場だった。その上部構造は論争、それもしばしば激しい論争に開かれていたが。ところが、土台という概念自体がいくつもの問題を引き起こす。まずは労働時間である。万人の必要が満たされるためには万人は何時間（通常の骨折り仕事、必要な労役などの意味で）働かなければならないのか。ユートピア的な一九六〇年代、つまり、ヘルベルト・マルクーゼとルドルフ・バーロ〔ドイツの哲学者、緑の党の理論的支柱、一九三五―一九九七〕の時代、この必要な労働時間は一日おおよそ三、四時間だと計算された。今日の、はるかに大きな生産性の時代に計算がどうなるのか私は知らないが、この問題がもはやまったく問われず、実践的にも理論的にもまったく関心を持たれないのは、症候的であり、少し悲しい事態だと考える。

もう一つの側面はまさに生産性とテクノロジーだが、そこでの発展は放っておけば（現在の資本主義のものとはまったく異なる動機付けのシステムの下で）自分で自分の面倒を見るように私には思える。真の問題は生産と生産性ではなく、むしろ分配である。ここでわれわれは、ソ連自身を含めて多くの社会実験が乗り上げた連邦制という暗礁に戻る。なぜなら、分配が個人に対してどのように計算されたとしても――あらゆるユートピアの趣味の中で最大のものに数えられる、新種の貨幣、新型の賃金、移転と流通の新技術の発明は度外視する――新たな提案がいくらでもなされるだろうから。（私自身の提案は、少なくとも過渡期においては、新たな二段階の通貨体系だ。そこでは裕福な者たち――ＣＥＯ、株主、投資家――は、使用が国内投資に限定された、別個の、いわば「海外旅行者の」通貨で支払われ、われわれ普通人は通常の現金を使い続け、通常の負債と支払いを続けるのだ。）いずれにせよ、より大きな問題は地理的、空間的不平等である。裕福で生産性の高い地域が、貧しい地域を支えるよう事実上要請されるのだが、人はそれに消極的なのは明らかだ。この重大な問題にはすぐに戻ることにする。

もう一つの種類の分配、つまり仕事と労役——必要なものであれ選択できるものであれ——の分配に関しては、今日の全般的、構造的雇用危機において、これらはもはや自由の問題ではないことは言われなくても分かっている。アーシュラ・ル＝グウィンの『所有せざる人々』では、仕事は、関係する個人の才能と能力に従ってコンピュータで割り振られる。未来においては、一生同じ仕事をし続けるのではなく、絶えず異動したり多様な活動と責任に関わったりすること——恒常的失業ではない——を期待すべきであると、ロバート・ライシュ〔米国の経済学者、クリントン政権の労働長官、一九四六—〕は述べている。われわれのユートピア・システムにおいては、完全雇用こそ最高の社会的優先事項であり、社会組織の絶対的前提であるから、仕事が必ずしも生産的ではない場合でも、すべてが完全雇用を確保するために計画されねばならない。完全雇用は生産性よりもはるかに重要なのだ。思い出してほしいのだが、中国の文革初期の、社会主義の熱気と楽観主義が渦巻いた時代には、かなり高齢だったり虚弱だったりしても朝歩道を掃くなどの最低限の職務を与えられたため、機能する社会的全体性を構成する同時性と関係性のこの想像し得ないほど複雑な集合の中で、社会全体が活況を呈したのだった。あるいは、逆に言えば、われわれが提案しようとしているユートピア的心理システムにおいては、失業という病理こそ最も有害な病理に他ならないのだ。

けれども、最も重大なユートピアの問題が生じるのは、雇用の分配においてである。問題は、専門化、革新対停滞、効率性、ヒエラルキー、独占、そして究極的には、労働と余暇そのものに関わる。この種の議論のすべての事項にとって、コンピュータ化と情報テクノロジーは中心的である。そしてすでに述べたように、コンピュータの問題（ハイデガーの古い「技術の問題」の今日的形態である）は、新しい種類のユートピア的熱狂とユートピア的幻想を活気づけたと同時に、新しいユートピアの想像と生産を事実上封じ込めてしまった。あたかも、コンピュータは一種のブラック・ボックスで、組織のあらゆる問題を魔術よろしく解決してしまうため、もはや問題を提起したり、具体的に想像したり、思考実験にかけたりすることがなくなってしまったかのようだ。こうしてル＝グウィンのユートピアでは、問題——労働の割り振り、分配、その他——がコンピュータによって解決され、コンピュータが伝統的哲人王に取って代わるのだ。

だが、この解決を受け入れたくないならば、もう一つのはるかに意外で、不穏で、逆説的な解決が存在する。複雑な現代の、そして潜在的にグローバル化された社会において、労役と商品を分配する中心的メカニズムとしてくじを考えるバーバラ・グッドウィン〔英国の政治哲学者、一九四六—〕のアイデアである。[8] これは、お望みなら、古典的解決であり、住民投票や選挙による決定のその他の形態として機能した古代社会の手続きの再生であると言ってよい。事実上、くじは、代表制「民主主義」と結びつくすべての理論的問題を無効化し回避する（政治的なものに関する先の余論を再び参照）。そして、階級とヒエラルキーを廃止するためのよく知られた社会的、革命的提案に取って代わる、平等のためのメカニズムを保証する。しかし同時に明らかなのが、新しいテクノロジーの時代において、レーニンの料理人や郵便配達人ではもはや十分に対処できないように見える、専門化と特殊技能という問題を提起しもするということだ。

専門化にまつわるある種の基本的問題は、軍隊学校における新しい形態の教育によって単純化されているだろうと見込んでもよいが、それでもなお、特別な才能についての古い観念を捨て去るのは難しく、「語学のスキル」とか「数学的才能」とか普通呼ばれるものを持たない人がそれらを要求する仕事を効率的にこなせるのか疑問かもしれない。ここで、効率性という概念そのものに反論することもできる。実際そのような反論は、いかなるまともなユートピア的「文化革命」においても中心的要素なのであり、私はこの問題をここでしばらく立ち止まって考えてみたい。

10

もちろん、どんな文化革命も必ずイデオロギー批判を含んでいるが、それらは、イデオロギー的信条とでも呼べそうなものに対する、よりグローバルな批判とはいくぶん異なると思う。イデオロギー的信条とは、たとえば、自由市場原理主義、つまり、資本主義が唯一可能なシステムで、根本的な変化は不可能だなどとする確信のことであり、それは究極的には、社会に階級は存在しない（そしてそれが存在すると主張すれば暴力を引き起こす）などという命題に行き着く。

この段階で私が念頭においている社会主義に固有のイデオロギー批判は、実践と日常生活、習慣とパフォーマンスにより多く関わっている。とりわけ、根本的価値としての効率性へのコミットメントに注目したい。つまり、おそらくは常識に基づいて、政治＝経済的プログラムとしての緊縮の根拠へと、そして時間的様式としての進歩の信仰へと展開する思い込みである。「価値」としての効率性は、資本主義の論理が帯びる形態の一つであり、たとえば、マックス・ウェーバーの基本概念たる合理化や、アドルノとホルクハイマーがそれを有益な形で明確にした「道具化」や、六〇年代の対抗文化言説の多くの中で、さまざまな仕方ですでに理論化されている。数学化、数量化などといった概念もまた、日常生活と実践のこの根本的再編成――それは、資本主義に固有のある種の「文化革命」の現象学的次元と言ってもよい――を考える仕方である。逆説的にも、これらのテーマ――すべて、資本主義がますます「現代的」に機能するために必要な手続きの、同じ一般的性格をさまざまに言い換えたものだ――は、また、強力な論争的身振りに力を貸す。つまり、啓蒙それ自体を、他の人間的能力以上に理性を評価するひからびた人間疎外の運動として、一方的に、また自己破壊的に戯画化するという身振りである。啓蒙に対するこの批判は、特に十九世紀後半の産業革命の時代に、強力な文化的、哲学的運動に発展した。その運動には、宗教の再興からあらゆる種類の生気論に至る形態が伴い、ファシズムや他の反近代的運動のいわゆる「非合理主義」の基盤となった。

「道具化」という用語――これは今われわれが明示し始めたばかりの豊かな批評的テーマを表している――にこだわるなら、この「道具化」に対するマルクス主義の批判を、啓蒙に対するこの反動的で反近代的攻撃と混同してはならない。マルクス主義は、啓蒙の拒絶ではなく、啓蒙の完成である。それは、その前にあったブルジョワ（十八世紀）啓蒙の約束を果たす、プロレタリア啓蒙だと言ってよいのである。この肯定は、十八世紀の世俗主義がとったもっと限定された形態に対する不可避の反動としてロマン主義を再評価することを付随的に含んでいる。ロマン主義が啓蒙の総体的拒絶と見なされるならば、それは明らかに、二十世紀の反近代主義と反動的運動に動員されうる。しかし、もし資本主義批判の要素を含む進歩的ロマン主義を想定できるならば（たとえば、エドマンド・バークによるジャコバン派批判は、事実上、資本主義に対する攻撃であることが十分理解されていない）、そういうロマン主義は、革命的、ユートピア的運動の建設的資源となる。

ところで、この奥深い政治的両義性は今日にまで引き継がれている。今日、革命は、「進歩」（ベンヤミン）に向けての資本主義の猛然たる飛翔に急ブレーキをかけることと見なされ、左翼のプログラムとプロジェクト自体が、保守主義の精神、つまり、古くて人間的な共同体と、後期資本主義のテクノロジーの非人間的またはポスト人間的発展に対抗して生きる仕方を保持するという精神の下に把握されているのである。これでは、あらゆる種類の科学の新しい発見と新しいテクノロジーへのマルクスの熱意や、社会主義は資本主義よりも前進した社会であるという彼の確信を忘れることになってしまう。また、野蛮な破壊への加担を簡単に非難される、非生産的な機械打ちこわし運動や、テクノロジーについて純粋に否定的な見方をするアナキズムを奨励することになってしまう。そして、われわれが古いシステムの強力な麻酔作用からさめるときに、もし、今日われわれがありがたく思って熱中するすべてのものを真のポスト資本主義社会が保持しようとしたならば、そんな社会がどのように見えるかを想像する課題からわれわれをそらせてしまう。

ともあれ、効率性というイデオロギーを体系的に拒絶することで、テクノロジーと進歩を含む複雑な概念の全体を再考する枠組みが手に入るように思われる。実際、私はさらに進んで、まったく新しい世界観がもたらされるかもしれないと言いたい。そこでは、人間性（ある種の戦略的本質主義でこの概念を再生させてもよい）は、善悪としてではなく、本質的に非効率なものとして認識されるのだ。すると、われわれが歴史的に天才として称賛してきたものは、単なる効率性の一形態ということになる。ナポレオンやエディソンのような人物は、われわれのほとんどが現在におけるその一次元的表れしか把握できない行為の、複雑に枝分かれする帰結を、何らかの精神的、社会的理由によって、効率的に見積もることができたのである。それならば、われわれは、効率性の同じように一次元的な価値を、未来を含み、倫理的、心理的というよりむしろ正しく政治的な新しい仕方で完全に再構築してもよいだろう。いずれにせよ、他のもっと進歩的な価値の名の下に効率性を拒絶することができるとき、われわれは、緊縮、人員削減、財務優先などの体制を解体し始めるのである。それは重大な再考あるいは再機能化（ブレヒトの言う機能転換）であり、道具化のような、効率性と結びついた他のイデオロギー的モチーフにも拡張できる（道具化という概念それ自体も、実は、アリストテレスの四種類の因果性〔形相因、目的因、質料因、動力因〕を、適切にも「効率的因果性」と呼ばれている単一のもの〔動力因〕を優先して焼き直したものである）。

11

けれども、たとえユートピアの不安から効率性という価値を取り除くのに成功しても、創造性というより大きな問題に依然として取り組まねばならない。効率性は、進歩と変化、発明と創意、またそれらの反対である停滞といった問題を含む、より手の込んだイデオロギー的複合体の一部なのである。その複合体は、究極的には、無意識の中心にまで到達し、システムとしての資本主義そのものへのわれわれのほとんどリビドー的コミットメントを動機づけるのである。「創造的破壊」がそれを表すシュンペーターの優れた用語だが、それはすでに『共産党宣言』の中で徹底的に記述され、称賛されてもいるのである。

もちろん、この議論は、今日（またしても）コンピュータの存在によって部分的に変容しているだろう。コンピュータは労働の性質と、労働がいわゆる創造性との間に持つ関係を完全に変えてしまう。むろん、労働はすでに、まず農業への科学的方法の応用（化学肥料）、そして工業機械による手仕事の追放によって根本的に変容していた。いずれもそれ自体で「大転換」であり、「自然」を過去に格下げすることで「自然」を生み出した（自然への回帰という幻想は、ユートピア的衝動が掻きたがる想像的発疹をいつも構成する）。しかし、封建的生産のこれら二重の修正は、ますます機能する効率性というイデオロギーを、自分で生み出したわけではないにせよ、強化しもした。ところで次の（サイバネティック、情報）革命におけるそのイデオロギーの役割はさほど明確なものではない。なぜなら、科学と「一般知性」を強調し、商品自体にある「神学的」次元のマルクスによる診断を奇妙にも反響させる、「非物質的労働」というもっと最近のイデオロギーと交差しているからである。

そもそも、効率性と知識という社会的価値がそれ自体、現在の反ユートピア的不安の中で、独創性と革新という価値に追い越されている。前者の価値が、起業家のイメージ、そして起業やそのエートスに備わる冒険、危険、「モダニティ」の魅力の中で実現されるときがとりわけそうである。

起業家は資本主義の基盤そのものではないか。いや、それは違うだろう。なぜなら、起業家の経歴は明確に二つに分かれるからだ。われわれはその二つをビジネスマンという偽の概念の中で再結合しようと試みるけれども。起業家の経歴の前半は、物、デザイン、金融の「道具」、名案、戦略、その他何であれ、を発明する者である。これは真に創造性の領域であり、人はいつもこれを人間なるものの最も感動的な化身へと持ち上げたい誘惑に駆られる。人間性などというものはなく、その種の規範や価値もないのに。（創造性の他に、たとえば、スキルというものもあり、これはかなり違う「美徳 virtue」——あるいはパオロ・ヴィルノ〔イタリアの哲学者、『マルチチュードの文法』など、一九五二—〕が適切に名づけたように、名人芸 virtuosity——である。）創造性の担い手は明らかに、奇人変人から、「天才」という語がしばしば当てられた者たちにまで広範囲に及ぶ。つまり創造性は、正確に言えば、価値というよりも生活形式と見なされるべきなのである。

残念なことに、成功した起業家の人生の後半は、ビジネスマン、すなわち発明の搾取者である。エディソンやフォード（やディズニー）がアメリカでの例だが、たとえば学問における専門化のような、労働の他の領域にもそれを応用したくなるかもしれない。これは前半とはまったく異なり、もはや自由の王国ではなく、資本の勢いへの再吸収を意味する。それは金融とビジネスそのもの（そこでも多くの創造性はありうるが)につながり、それ自身として評価されるべきではない(それ独自の創造性と発明を評価するなら別だが)。これは間違いなく非生産的帝国主義の領域である。新しい空間がおそらくそれのために開かれねばならないのだろうし、また、もし金と利潤から切り離すことができるなら、経営一般を何らかの新たな「美徳 virtue」と呼んでもよいかもしれない。いずれにせよ、今日、官僚は一つの勢力として統一されておらず、つねに何か別のもの——それが否定的なもの(私的ビジネス)であれ肯定的なもの(福祉事業であれ——に奉仕している。官僚は、アマチュア・ロック・バンドに文化省の運営を任せられないのと同様、独立した勢力として頼りにすることはできない。

実際、消費社会においては、起業家は生産者というよりもむしろ、デザイナーに近いものになりがちである。十九世紀型の発明家は、エディソンも、またフォードでさえ、そうした展開の先駆者だったが、当時はそれは明白ではなかった。なぜなら、彼らの「デザイン」は実際に新しい種類のモノ——電気とその媒体、自動車——を生み出し、それらのモノのせいで、生産の大規模な拡大、新しい産業の創造、工場における新しい空間の建築、田舎から来た労働力(もはや存在しない労働の源泉だ——移民による以外は)の雇用と訓練と変容が必要になったからだ。今日、そのような生産物は市場に飽和している。必要なのは付加的必要や欲求——たとえば、高級車のさまざまな付属品や、そもそも付属品を寄せ集めたに過ぎないスマートフォンそのもの——を提供する(いや、実際そういう必要や欲求を創造する)ようそれらをデザインし直すことだけである。そういうわけで、偉大な発明家(エディソン、フォード、ディズニー)は、資本主義の文化英雄として、偉大なデザイナーに取って代わられるのである。その後者の神話的元型になったのは、聖人化されたスティーヴ・ジョブズである。この意味での天才とは、後に見るように、帰結を予測すること、つまり先を考えて出来事の系列を見定める能力である。そうした予想の中では、ある革新が障害にぶつかる（スマホに親指を当てるのとは違う！）のだが、それはあらかじめ予測の上取り除かれるのだ。

この展開から明らかに分かるのだが、そのような新しいデザイン（あるいは機能的発明）のための空間が開かれる好機から莫大な富が得られるにもかかわらず、それらのデザインは資本主義それ自体から切り離すことができる。古いタイプの発明家が金銭的報酬を必要としなかった（すでに触れた偉大な発明家たちの経歴はいつも二つに分けられる――まず発明をし、その後で金儲けのために新製品を搾取しようとする。この後者はフォードがエディソンよりうまかった）のと同様、デザインの「天才」（それは明らかに政治的形態も帯びうる）もそれ自体で動機と満足を与えるものとして想像できるのであり、異なる種類の社会経済システムが提供するかもしれない報酬に、論理上必ずしも影響されないのである。

効率性というイデオロギーと、さらに、われわれが自由企業体制と結びつけるよう訓練されている美徳とを批判して、われわれは、前に短く触れただけの、新たな、より大きな領域に移行し始めている。それは、前に文化革命だと認定しておいた、あの心性の集合的転換のことである。イデオロギーの批判が、ブレヒトが古き良きものと呼んだものを扱うなら、文化革命自体は新しく悪いものを扱う。だが、これは複雑な過程であり、新しいものは古いものを単に退けることはできず、どうにかして古いものの内部で発展し、最後に古いやり方を（マルクスが言ったように）殻のように捨て去るのでなければならない。これは、臆見、意見と紋切型、「価値」などの平原から、もっと深いレヴェルに移行することを意味する。もはや単なる個人の心理のレヴェルではなく精神分析という構造的レヴェルのことである。（精神分析と、それが政治と社会の分析において占める役割については、後のもう一つの余論で論じる。）

もっと実際的に言えば、資本主義とそのイデオロギーの批判から、ユートピア恐怖の分析に今や移らねばならないのだ。ユートピア主義は、何よりもまず、ユートピア恐怖あるいは反ユートピア主義の診断でなければならない。われわれの現在の文化におけるディストピアの再燃は、深く根づいた不安を示している。それは、冷戦期に広く実践され、オーウェルの『一九八四年』を始めさまざまな反全体主義の書物に表現された恐怖のあおり立てなどよりもはるかに根源的である。国家と、それが不可避的にかき立てる不安についてはすでに触れた。長期的に見るなら、ここで問題なのは、単に集合的なものそのものの恐怖、何らかの巨大な集合的存在の中に個性を失ってしまうことへの実存的不安なのだ。しかし、ここでは、このより根源的な構造に重ねられる、恐怖と不安の二重構造を扱わねばならない。つまり、形式としての軍隊、あるいは軍事的なものそれ自体（これらは形式的であると同時に経験的である）にまつわる特定の実体的不安と、もっと低く一般的なレヴェルでの、ユートピアそのものへの恐怖である。精神分析家はみな、神経症患者の最良の治療法は回り道にあると知っている（どうやらフロイト自身は例外だった、彼は、自分のシステムに患者を抱きこむ過程で、問題が何かを彼らに直截に語ったのだ）。何か別のことについての調査だと思わせることでアンケート調査をする社会学者のように、患者を間違った方向に導くように見えるのがベストなのだ。そこから「自己認識」が、遠くへの一瞥や幸運な偶然のように立ち上がるのである（そもそも存在しない何か——いわゆる自己——についての認識がありうると仮定しての話だが）。ユートピアを構想する者はそのように歩まねばならない。未来の幸福のヴィジョンに専念するのではなく、むしろ、そういうヴィジョンに、また、この今や世界大になった社会における肯定的変化へのあらゆる提案に、われわれが対立させがちなあの頑固な抵抗の治療にこそ専念せねばならないのである。ユートピア的思考はまず、ディストピアの根本的治療を含まねばならない。そうして初めて、自らの不可能な夢想をつむぎ始めることができるのだ。反ユートピア主義に対して議論ではなく治療でこつこつ立ち向かうのだ。

今日、あらゆるユートピアは反ユートピア的恐怖の精神治療として、それらの恐怖を白日の下にさらさねばならない。そうすれば悲しい情念が目のくらんだ蛇のようにのたうちまわることだろう。さらに、それを甘やかせてやらねばならない、なぜなら、悲しい情念を完全に治療するには、それを情熱的に抱擁し、心から支持してやるのが一番だからである。

しかし、まずは症候学を打ち立ててテストしなければならない。恐怖や先入観がいくらでも、磁石にくっつくようにくっつく空虚なシニフィアンは「自由」という言葉だと私は考える。トロツキー（とカントの用語）に従って、私はそれが両義的表現だと述べた。つまり、「自由」という言葉においては、経験的現実（種類が何であれ拘束された労働に対する歴史的否定としての賃労働）の代わりに、意味が不確定なある種の精神的本質が措定され、その本質なるものもまたそれ自体が、意識というさらに不確定なものの代用品に過ぎないのだ。超感覚的な「価値」から労働という物質的事実が抜け落ちているために、否定的、ディストピア的である他ない幻想の投資がいくらでも起きる。

けれども、先に示したように、ユートピア主義は反ユートピア主義のこの治療と同義である。文学とのアナロジーで言えば、この種の文化革命は、自らの制作それ自体が主題となっている自己言及的作品と同じように、内容と形式が一致するのである。これは実のところ、出来事としての革命一般のユニークな性質かもしれない。日常生活や「通常の」歴史の出来事は、未来を形成したり過去を反復したりする努力のうちに自らを越えて、自らの外側に、目標を投影するのに対し、革命は本質的に、自らの可能性か不可能性自体と格闘するからである。（実際、ここでまったく異なる分野に関する無用の言及をさしはさむなら、モダニズムの作品がその自己言及性において革命のミメーシスである、あるいはむしろ理念的出来事として構想される革命の残像であるのは、この意味においてである。）

軍事に特有の恐怖は、暴力、階層秩序と訓練、統制、そして究極的には攻撃性そのもの、といった事項を含む。攻撃性は人間性あるいは人間の「本質」の根本的特質だと空想されている（攻撃性のこの観念を、フェミニズムは家父長制あるいは男性の暴力として主題化した）。ここで読者に次のことを思い出してもらいたい。ここで私が提案している国民皆兵制は、近年のどんな血なまぐさい反動的クーデタにも責任がある職業的軍隊ではもはやない。そういうクーデタの無慈悲さと権威主義的あるいは独裁者的心性は恐怖をかき立てずにはいないし、そのまだ新鮮な記憶のせいで、国家や社会全体を軍隊の統制に委ねるなどという見込みは誰をも驚倒させるに違いない。二重権力状況がなければ、そういうもっともな本能的恐怖を取り除くことこそ、どんなユートピア的治療にあっても第一の仕事となっているはずだ。しかし、二重権力状況が生じさせる新しい国民皆兵制が、国家とその公式の軍隊の傍らに並行する力として誕生し、なおざりにされた福祉事業の達成と、まったく異なるタイプの人民との共存とに、自らの第一の仕事、いや使命を見出すのである。この状況から生じる「戦闘する国民」は、何よりもまず、みなが参加する一般的人民集団であり、また、ウェーバーの言う「暴力の独占」を享受して、社会一般から独立した生を営むようになった飛び地《エンクレーヴ》に対する原理的反動なのである。（隔離された警察権力に対する現在のアメリカの反動は、すぐさまこの類例となる。）

ヴァルター・ベンヤミンの有名な論文に端を発すると私が考える近年の理論では、暴力 violence と強制力 force の区別が成立してきている。強制力とは、警察や軍隊のような実体の制度的属性であり、禁忌や指令という形で日常生活のあらゆるところに潜んでいて、物理的に顕在化しなくてもよい。強制力とは、パスカルが言ったように、暴力への恐怖と確信である。もっと最近、グラムシ論の中でペリー・アンダソンは、これを、自らが独自の価値を持つという紙幣の主張を支えることになっているあの物理的な金になぞらえた。[9]
　そうなると、暴力の方は、ほとんど定義上、物理的噴出という形をとる「不法」を前提にすることになり、その担い手は犯罪者か革命分子、あるいはいずれにせよ反社会的要素と定義されることになる。つまり、今日われわれがいわゆるテロリズムの場合に見ているように、暴力とはイデオロギーなのである（その意味には、対立項すなわち「強制力」への同意も含まれる）。この暴力という言葉を使うときには、つねにイデオロギー分析をしなければならないと私は確信している。それは、この言葉が必然的に持つことになる政治的意味――それが裕福な地域における秩序の維持であったにせよ、本質的に政治的な戦術や戦略に奉仕するための身体的危害と損傷の蔓延であったにせよ――を決定するためである。暴力のイデオロギー的機能を疑似概念として告発することは、暴力を支持することにはならない。むしろ、このように暴力のイデオロギーを暴露し異化することは、把握せねばならない状況を明確にしてくれる。
　今問題にしている国民皆兵制の暴力に関して言えば、次のことを付け加える必要があるだろう。みなが武器の使用の訓練を受けているが、限定され、注意深く特定された状況以外では誰も武器を所有できない社会は、今日われわれが生きている社会よりもおそらく安全だし、そういう社会では、（かつてのイギリスのように）警察でさえ武器を持たないという今や牧歌的になってしまった状況に戻ることも可能かもしれない。
　とはいえ、かつてアメリカの仕事がビジネスだったように、太古の昔から軍隊の仕事は戦争である。現実のものも想像上のものも、あらゆるユートピアの企てが、ウィンスタンリー〔十七世紀英国の社会改良家〕のセントジョージ丘の共同耕作地からオルダス・ハクスリーの『島』に至るまで、ユートピアを認めず消し去ろうとする隣人たちの敵意を恐れねばならなかった事実を無視して、ジョレスのように、純粋に自衛だけをする軍隊を提唱するのは不誠実だろう（『エコトピア』ではその隣人とはアメリカ合衆国そのもので、エコトピア人が核兵器を所有しているために手出しができない）。実際、ユートプス〔モア〕のユートピアの王〕自身が、狡猾できわめてマキアヴェリ的な外交政策を追求した。外国の敵を賄賂で腐敗させ、彼らを無力化するために傭兵を雇ったのだ。自衛の要求は、ギリシャ人からフランス革命を通ってスターリンまで、いつも、善意の政治組織を解体し、それらをパラノイア的で腐敗した自滅的状態に堕落させ、最後は国内外に警察とスパイの精巧なネットワークを張り巡らすことになった。実際、ユートピアがいわゆる全体主義とテロルの根本原因だと診断されるとき、本当に問題になっているのはつねに、自己保存の効果のこの危険なのである。自らの計画、いや自らの存在そのものの内在的特質としてこの外部の敵意を含まないユートピア、いわばそのようなユートピア的外交政策を欠いているユートピアは、次の二つの仕方で自らを正当化してきた。第一に、ウィンスタンリーが正しく考えたように、非ユートピアという外界にいる非ユートピア人は、新しいシステムの利点を見て、ただちに自分たちの体制と古い国家を放棄する。第二に、ベラミーがしたように、世界のその他の地域はユートピア革命を一気に同時に受け入れたので、もう「外交政策」は必要ないことを自明視する。現実世界においては、そのような飛び地《エンクレーヴ》がいかに脆弱かはキューバの状況を見ればすぐに分かる――この場合、飛び地《エンクレーヴ》とは、西洋資本主義のど真ん中にある社会主義国家という意味だ。

私はここでこれらの問題を考慮していないが、これらを括弧に入れても（核兵器などの）軍事研究という問題が残る。それに関しては、いかに多くの基礎科学的発明と発見が軍事研究と戦争状況に由来するか（一般市民、あるいはその政府は、戦争が要求するくらいの多額の税金を、平時において、純粋に抽象的で理論的な研究に費やしそうもないのもその一因である）を指摘するにとどめる。国民皆兵制ではおそらく、軍事研究か通常の研究かという分割線は消滅しているだろう。しかし、外国との戦争の問題を括弧に入れたとしても、平時の軍隊生活を構成する日常的ルーティーンがどんなものかを検討しなければならない。それは、ディストピア的恐怖を概観したときに含まれていた、あの階層秩序と訓練という問題を提起するからだ。

民兵や予備軍の場合と同様、一定量の訓練は義務になるだろう。それは、とりわけ、余暇、肥満、贅沢な消費といった問題に祝福された豊かな国民においては、予防と衛生を旨とする医療体制と結合するかもしれない。だが、今は想像力と思考実験を優先すればよいのだから、「社会主義」にはたくさんの夜を費やさねばならないなどと、オスカー・ワイルドのように恐れる必要はない。今構想しているような、最小限の生産だけする体制においては、貴重な週末を、軍事教練とその他の身体的訓練や（トロツキーの婉曲表現で言う）「自発的労働」のために犠牲にする必要はない。そういう失われた時間は、かなり縮減されるだろうし、参加者に割り当てられた（しかし参加者によって選ばれもした）専門分野に従って変動するかもしれない。

統制と訓練は、われわれのような豊かで寛容な社会にとって深刻な懸念材料であり、それらがわれわれの習慣と日常生活に対して与えるように思える脅威は、自由という概念、もしくは少なくとも自由というスローガンをめぐる例のイデオロギー的混乱によって増大するばかりである。革命や革命的変化は通常（戦争、自然災害など）破局的瞬間に起きる。そのとき、日常生活の習慣は消え、新しい生活様式、思考様式に場を譲る（それは、古い国家とその制度――すでに明らかに「無能」で国民の最も基本的な必要を満たすことができない――が「正統性」をも失ったときでもある）。社会的、経済的平等が一般化するにつれ、「生活水準」と（偏見を抱かせる形で）呼ばれるものが、特権を持つ者（裕福な者だけではない）にとって低下することの必然性は、どんなまともな人間にも理解されるだろう。たとえば、第二次大戦直後のヨーロッパは、再建が要求する労働倫理の変化が、根本的社会変化と変革への集合的熱狂と結びつくことを劇的に示した（もちろん、資本主義が元に戻るにつれ、そんな政治的希望と楽観主義は急速に衰えた）。どんな思考実験も説得力を持つにはそのような非日常的要素を考慮しなければならない。そうした難題に直面したときに労働と余暇に関するわれわれの固定観念が果たす役割は、より一般的な文化革命という大きなコンテクストで議論される必要がある。

国民皆兵制に関して言えば、軍隊一般を、人間性に、あるいはもっと限定して、ジェンダー化された人間性に深く根ざした何らかの攻撃性に結びつけるのは、別のタイプの話である。これは報復的な本質主義であり、ヴェトナム戦争への抵抗においてだけでなく、あの戦争へのわれわれの関与を、ジョンソン大統領と彼の助言者と将軍たちに内在する男性的攻撃性に帰する形で分かりやすく説明したときにおいても、最も劇的に現れた。明らかにこれは唯物論的説明ではないし、まして歴史的説明ではない。他方、非暴力という政治的戦略が広く採用されるのは、もちろん、戦術的だけでなくイデオロギー的問題関心をも指し示している。カレンバックは、彼の六〇年代ユートピアにおいて、この一般的なイデオロギー的確信を助長している。彼の社会（その政府の職員はおおむね女性だ）の男性たちが精力を発散するための戦争ゲームという毎年の行事を描いているのだ。しかし、ここでの問題が性格特性としての攻撃性だとするならば、戦士のマッチョぶりは、大ビジネスマンのそれと大して変わらないと私は思う。大ビジネスマンはかつては実際「泥棒男爵」と呼ばれていたし、今日の競争が激しいビジネスの世界（つまり、かつてよく知られた「小企業」というよりむしろ複雑な金融取引の世界）で成功しようと思う者は男性も女性も、若いときから略奪本能を磨いておかねばならないのである。今日われわれはジェンダーと人間性に関する本質主義に対してはるかに懐疑的なので、軍事行動と攻撃性がかき立てる興奮が、より経済的で一般的な性質を帯びるのは明らかだ。そういう興奮のおかげで失業した若者たちは、中東であれ北アイルランドであれ、また、ロサンジェルスのギャングであれ南米のゲリラであれ、地域の準軍事的冒険——金が手に入り尊重されるタイプのそれ——にひきつけられる。もちろん、戦争の道徳的等価物に関するウィリアム・ジェイムズの有名な見解に刺激されて多くの思想家が、失業とその退屈、自分は無価値だという感覚に対する、戦争という治療法の等価物を発明してきた。しかし、革命もまた、よく知られているように、若者によってなされるのだ。

反ユートピア的抵抗——特に軍隊、兵役などの領域におけるそれ——の最後の動機は、もっと深い場所に探し求められるべきである。それは心理学でも形而上学でもなく、サルトルの有名な結論を強力に例証するような場所だと私は思う。地獄とは他人だ、こそその結論である。この始原的トラウマは、小さなグループの機能が保護であることを説明してくれる。また、このトラウマと直接向き合う気になる者は、間違いなくわれわれの中にほとんどいない。向き合った者がしばしば達したのは、人間という種はとりわけ忌まわしい生物学的実体であり、しかもそれは個性の欠如よりもむしろ個性（と自由）のせいであるという陰気な洞察である。（人間は本性上善で利他的であるという思想は、したがって、この最初の形而上学的反応への二次的矯正策なのだ。）こういうわけで金持ちを動かす主たる動機は、権力や快楽ではなく、根本的孤立の可能性、つまり、ボディーガード、私有財産、壁などによって仲間の男たち（と女たち）から自分たちを分離する可能性なのだ。

この思弁的一般化に価値があるとすれば、これはまた、軍隊という観念そのもの、それと何らかの仕方で関わるという見込みそのものが引き起こす最も本能的な否定的反応が、戦争や身体的暴力とほとんど関係ないことを説明してくれる。つまり、そういう否定的反応の由来は、成員が強制的に、社会階級を始めとするさまざまな属性と無関係に、あらゆる人間たちと付き合わねばならない、現代社会で事実上唯一の制度が軍隊であるという事実なのだ。元来は男性だけに制限されていた、この交際の強制は、ナショナリズムと近代国民国家の時代には、ある種の集合的統一と平準化（国語の押し付けを含む）を確保するために有益なメカニズムだった。

そういうわけで軍隊は、階級なき社会の最初の一瞥なのであり、そのような新しい社会状況が歴史的に（そして不可避的に）喚起したあらゆる不安を伴っている。しかし、階級は、ジェンダー、個性の両立不可能、われわれみなが他の種類の人々とその行動に対して持つ嫌悪感など、経験のより具体的なレヴェルによって媒介されている。そのレヴェルは、最初はブルデュー的「ディスタンクシオン」で、教育的、階級的格差として経験される。明らかに、ジェンダーに関しては（というのも、われわれの国民皆兵制はもはや性的差異によっては機能しないと規定したからだが）、両立不可能は、原初的とは言わないまでも計り知れぬほど古いので、純粋に社交的なタイプの交流の強制は（たとえば男性の自我にとって）その分苦痛に感じられる。（その他の、もっと表面的な心理的両立不可能については後で再び述べる。）ここにはまた、おそらく、暴力に関する何らかの漠然とした観念が関与しており、それは後になって初めて身体なものとして再編成され、恐怖といわゆる自己保存本能の源泉となる。しかし、この乱雑な人間関係の経験は、民主主義（この汚染された語を将来は避けよう）の本義であり、またあらゆるユートピアに必ず伴うものである。マルクスの表現を使えばこれは類的存在であり、その経験を学び、その教育を受けることは、おそらく、一つの生産様式から別の生産様式への移行を意味する「文化革命」という用語の最も深い意味である。

一般に、戦争映画（と徴兵制の下でまだ行われている戦争）を除いて、アメリカ人は、ヨーロッパ人にはよく知られている軍隊のあのもう一つの機能をよく理解していない。つまり、本質的に社交的な性質を持ち、異なる階級間の親交を媒介するよう計算されている、非軍事的機能のことである。これは無階級社会のユートピアであると言ってもよいが、純粋に象徴的な意味でである。なぜなら、新しい社会構造によって社会階級が完全に廃棄されるわけではなく、兵役（あるいは戦争）の間、一時的に失効するだけだからである。こうした階級間の、あるいは少なくとも男性メンバー間の、交流の強制は、本物の無階級ユートピアあるいは共産主義ユートピアに想像していたのとはいくぶん違う効果を持つことが判明する。それはナショナルな、あるいはナショナリスト的効果である。

ヨーロッパ言語の標準化——法制、学校教育、メディアによる、地方言語と方言の排除——以前には、兵役というるつぼが公式の国語の覇権を強化し、地方言語を二次的地位と方言のレヴェルに貶めた。ブルターニュ人やシチリア人を強制的に国家の中心に移動させることで、愛国心とは言わないまでも、少なくとも権力の地理的中心に関する感覚と国家における自分たちの周縁性の感覚が教えこまれた。もちろん、このアウトサイダーの地位は、マフィアのようなネットワークを植え込むときのように、適切な状況下では、権力の源泉にもなりうる。

いずれにせよ、兵役のこの機能によって生み出されるのはネーションそのものであり、それは戦争自体とは関係がない。私の提案は、この階級間の乱雑な交流の強制が本物の無階級と社会的平準化を生み出すような、ある機能的転化——ブレヒト的再機能化あるいは機能転換——を措定しているのである。言語はこの過程の最もデリケートな側面である。地中海東部の多言語使用を見るがよい。そこには、古い国民国家の盛期に行われていた種類の大規模な方言の絶滅（あるいは言語殺し）なしに、ある種の共通語の必要性を認める多言語的存在のモデルがある。

アメリカ人にとって――彼らの方言はメディアによってすでに標準化されている――この種の社会的「るつぼ」に最も近い経験は学校、特に高校生映画というあいまいなジャンルに凝縮されているそれだろう。そこでは、多様な社会的類型が交じり合い、異性の存在が他のもっとヨーロッパ的な軍隊モデルにある男女混在性を有益にも増大させ、この究極のユートピア的フロンティアを、未解決の問題として前景化するのである。

いずれにせよ、軍隊と学校というこれらのモデル双方が明白にするのは――そしてこれはどんなユートピアの構築や想像的運営にも重要な特徴であり、社会の平和と調和の場所、闘争のない安らぎの場所としてのユートピアという伝統的な紋切型ではあまりにしばしば忘却されているのだが――無階級の、あるいは共産主義の社会における個人の生活と経験の、必然的に相互敵対的な性質である。ここでの「無階級」は集合的敵対関係の除去と、それによって不可避的に生じる個人的敵対関係の増大を意味しているのだ。標準的なユートピアの伝統において、共産主義のユートピアではどのような文学が生産され消費されるのかを想像する真剣な試みが欠けていることは、ユートピア的想像力が個人的敵対関係を考慮しないという不幸で根深い失点を証し立てている。たとえば、イヴァン・エフレーモフ〔ソ連のSF作家、一九〇七―一九七二〕の『アンドロメダ』（一九五七）では、何千もの人を乗せた宇宙船の損失のような、大きな自然災害だけが文学の素材となるし、ウィリアム・モリスの『ユートピア便り』では（ベラミーの『顧みれば』もそうだが）うまく行かない恋愛（とそこに由来する情熱的ドラマ）が、想像された世界の「最も偉大な文学的達成（原文のママ）」をほとんど独占している。しかし、ある個人が別の個人に感じることがある身体的嫌悪が、完全な世界からは消え去るなどと真面目に信じることができるだろうか。あるいは、現金と利潤の代わりにどんな報酬が得られるにせよ、ライヴァル関係が若い世代から消え去るなどと信じることができるだろうか。さらに、もっと深刻なことだが、世代間の闘争が（ユートピア的システムそれ自体の永続を含む）社会的再生産を絶えず脅かさないなどと信じることができるだろうか。そして最後に——というのも、これはここでの分析の多くにとって中心的なポイントだったからだが——羨望——「享楽」の盗みへの執着——が、われわれが現にそうであり、「天国」においてさえそうであるところの不完全な生物学的個人を悩ますのをやめるなどと信じることができるだろうか。

というわけで、高校生映画は——さまざまなグループの絆、競争、意地悪と仲間外れ、動機なき友情と敵対、カントの「根源悪」や「病理的」傾向を提示する形式などの不快にもかかわらず——最も深いユートピアの衝動と、それに結びつく現実原則の、啓蒙的な表現として認知されるようになるだろう。これは、物質的必要と欲求が何らかの形で除去され（また満たされ）た世界、そして、必要な労働が猶予された時間の苦く甘い寓話である。これは、レーニンが自分自身のユートピア、『国家と革命』で構想した社会の予兆である。そこでは「社会主義的法制」が、集合的習慣として、非公式に施行される。

なぜなら、すべての人が社会的生産を自主的に管理することをまなび、そして実際にもこれを管理し、計算を自主的におこない、寄食者・どら息子・詐欺師・およびこれに類した「資本主義の伝統の保持者」にたいする統制を自主的におこなうようになるとき——そのときには、この全人民的計算と統制をのがれることは、不可避的に、信じられないほど困難で、きわめてまれな例外となり、おそらく急速で厳重な処罰をともなうであろう（というのは、武装した労働者は実際生活の人間であって、感傷的なインテリゲンツィアではなく、したがってばかにされてなどいないであろうから）から、人間のあらゆる共同生活の簡単で基本的な規則をまもる必要はきわめてすみやかに習慣となるであろうからである。[10]

実際、モリスのヴィクトリア朝的ユートピアにおける古典的な「情熱の罪」の一時的混乱から、『所有せざる人々』におけるル＝グウィンの身体的暴力の記述（シェヴェックは、名前——いずれにせよコンピュータが決めたものだ——がよく似ているというだけで別の男に嫌われ、殴り倒される）に移行するのはちょっとしたショックである。私がこれらの例を挙げるのは、自警団や殴り合いを称揚したいからではなく、単に、（どんな形のものであれ）「ユートピア」は衝突や矛盾がない場所であるというわれわれの本能的恐怖を解消するためである。もっとも、レーニンは、当然のように「喧嘩している人々をひきわけ、または婦女子への暴行をゆるさない」「一群をなした文明人」（340〔宇高訳、一二八頁〕）の良識に触れているのは確かだけれども。いずれにせよ、私が思うに、エルネスト・ラクラウとシャンタル・ムフがあらゆる社会は敵対関係の上に成り立っているという確信を強く主張しているのは、「階級なき」ユートピアという非闘争的な紋切り型によって喚起されるその種の牧歌的な期待に対する警告としてである。そういう主張は、まったく当然のことながら、階級と階級闘争という概念そのものの拒絶として受け止められてきた。[11] おそらくここでわれわれに必要なのは、階級なき社会はあらゆる敵対関係を欠いている、つまり、他者というディレンマ自体を欠いているなどと空想されてはならないことを確認するための、敵対的敵対関係と非敵対的敵対関係の間の疑似毛沢東的区別なのだろう。

制度としての社会は根本的感情である恐怖からその正当性を引き出すとホッブズは考えた。そして、彼が生きたイギリス名誉革命に至るコンテクストにおいては、この告白が直接念頭に置いているのは、疑いなく、匪賊、略奪者などあらゆる反社会的分子によるあからさまな身体的危険の見込みである。しかし、私が思うに、この洞察のより深い意味の根源にあるのは、まさに他者へのあの原初的恐怖なのであり、とりわけ、類的乱交と群れの混乱の中で、その恐怖が他の人々という形態をとるような場合なのだ。

逆説的にも――だが弁証法的でもあるのだが――他者へのこの恐怖がとるもう一つの根本的形態は、他の人々という、他者への恐怖がとる第一の形態から自らを防御するためにホッブズが支持した実体、すなわち国家に他ならない。国家はさまざまな形態をとる。官僚制、最上級裁判所、そして、カフカ的幻想や、度合いは低いがオーウェル的幻想にも見られるように、個人を押しつぶすことに究極の享楽を見出す、むき出しの権力や一種の非個人化された歴史の主体などである。われわれの時代に権力のイデオロギーに関する議論が増殖しているのは――その道のリーダーであるミシェル・フーコーがそうであるように、これは本質的に、経済的なものをおしのけ、政治を、たぶんもっと満足はいくが不毛な方向へと逸脱させるよう計算された問題領域である――国家そのものへのそうした強迫観念の原因なのか結果なのかを言うのは難しい。二十世紀の戦争が国家のこうした恐怖の十分な説明になっているとも言われるだろうが、戦争は虚空で起きたのではない。「資本主義に言及する気のない者はファシズムについて何ら有益なことを言えない」という有名な言葉を残したホルクハイマーの態度の方が好ましいだろう。いずれにせよ、この国家に関する固定観念は、政治的なものそれ自体に関する先の余論で十分議論した。ならば、今はもう一つの余論を挿入して、個人ではなく集合体を扱うよう明白に設計されたユートピア的思弁における、精神分析の教義の援用について述べるべきだろう。

余論II　心理学と精神分析について

私はデュルケームの訓示——社会的事実が心理学的に説明されるとき、その説明は誤りだと思ってよい——を何度も引用してきたので、次のことを付け加えねばならないと思う。つまり、この権威ある宣告は、デュルケームが唱える「社会的事実」の物象化を支持するのではなく、単に、心理学の主張を、動機、習慣、心性、行動などに関する本質的に個別的な観察（神経心理学という形で復活しつつあるように見える心理‐身体的実験は言うに及ばず）の合成物だとして貶めるためのものだったのだ。集合的現象は無数の個人心理を含む容器として考えることはできないし、何らかの超個人的な「集合意識」に帰着させることもできない。他方、フロイトによるこの領域への介入の一つの試み——『集団心理学と自我の分析』——は、「同一化」のような疑わしい精神分析的仮説を用いて、ギュスターヴ・ル・ボンの保守的な群衆恐怖を嘆かわしくも強化したに過ぎなかった。心理を経験的に観察し理論化した偉大な顔ぶれ——ラ・ロシュフーコー、グラシアン、マキアヴェリ——は、実のところ、この最後の例が示すとおり、本質的に政治思想家だったのであり、彼らは、社会的計略に関与する性格類型の風刺的リストを抜け目なく作成すると同時に、軍事的、戦略的概念を社会的提案に応用する傾向があったのである。

となると、心理学はせいぜい性格学の体系として機能するのみである。科学として、占星術（もちろん心理学はこれといくらかの関連がある）よりはましだが、天文学ほど尊敬に値しない。フロイトは性格は宿命だと言った、あるいはいずれにせよ彼は性格——そわそわして怒りっぽい、ねばねばして追従的など——と神経症を明確に区別した。後者は治療できるが、前者は、おそらく極限状況の重大な衝撃や改心という世俗的奇跡を除いては残り続ける。われわれの多くにとって、ここに絶対的境界線を引くのは難しいだろう。この（心理学的、あるいは文学的とも言える）意味での性格は、当然、何らかの初期の「精神分析的」危機において地質学的に形成されたのではないか？　しかし、心理学は、せいぜいそうした今やかなり固まった形成物――それらは文化システムへと編成されるかもしれないが、しばしば科学と呼ばれるものの対象にはほとんどならない――のカタログに過ぎないだろう。日常生活（と伝統的文学）は、そういう「性格」の間の交渉に関心を持つ。精神分析は個人の欲望の構造に関心を持つ。

精神分析の理論家たちはつねに、自分たちの「科学」が心理学のそれと根本的に異なることを詳しく、またさまざまな仕方で論じてきた。ここでそういう論争を要約する必要はないし、科学の性質についてくどくどと考える必要もない。けれども、ここで依拠する言及対象や概念のほとんどがラカン起源なので、ラカン主義それ自体を支持したり擁護したりするわけではないにせよ、それらの利点を説明しておくのは有益だろう。まずは、マルクス主義には独自の心理学的概念に見えるものがあるというところから始めよう。その概念の機能とは、土台と上部構造を媒介することであり、お望みなら、経済的なもの――あるいは階級的位置《ポジショナリティ》――が文化のレヴェルで自らのダイナミクスを分節化する仕方を説明することである。この分節化を確保する支配的な実体は、明らかに、いわゆるイデオロギーである。しかし、後期マルクス主義では、(すでにマルクスによって理論化されていた) 別の力がマルクス主義的社会分析においてますます重要な役割を果たすようになってきた。それは商品化、あるいは商品の物象化である（今日の社会では、消費主義がその最も顕著な例である。労働者階級の買収というレーニンのやや性急な考えが、中毒のようなもっと臨床的な概念――それは実際、同じような「心理学的」機能を持つ――でますます置き換えられるようになる状況なのだ）。

そこで、最初の理論的問題が直ちに定立される。すなわち、イデオロギーという概念はそれ自体が心理学的概念ではないか、そして、もしそうでないなら、イデオロギーについて精神分析はどんな有益なことを語ってくれるのか、ということである。今の文脈では、第三の問題も不可避となる。すなわち、文化革命において、イデオロギーと精神分析はどんな役割を果たすよう求められるのか。

一九六〇年代（これは時系列的というよりはむしろ一般概念的な言い方である——時系列的に言うなら一九七〇年代半ばあるいは終わりまでカヴァーすることになるだろう）の理論的論争は、形而上学と観念論への二重の攻撃だったと総括できる。これら二つはもちろん関連し合う病理で、いずれもイデオロギーとしていとも便利に特徴づけられる（今は、観念論は論じないでおくことにする）。なぜなら、イデオロギーそれ自体が、その先祖である形而上学と同様、究極的には同じである二つの問題の一つに答える暗黙の、あるいは明示的な約束によって、いつも同定できるからである。その二つの問題の第一は、自然の意味についての問題であり、第二は人間性の意味についての問題である。少なくともニーチェ（とサルトル）にさかのぼる構築主義の哲学が示したように、いずれの実体も存在しない。それゆえ、いずれも意味のようなものは持たない——このように使われる意味という語に意味があるとしてだが。生物学的過程としての生命それ自体の意味についての問題は、自然についての問題の領域に属するように思われる。そして、この領域における起源の問題は、神学の崩壊以降、科学的に見えるが、まだ形而上学的次元を隠している。他方、いわゆる力への意志（あるいは、見たところ中立的な事実や理論の、社会的、実践的——イデオロギー的——使用）に関するニーチェの診断すべてを、人間の意識や行動に関するさまざまな「心理学的」発見（もちろん、いわゆる倫理的な含意のあるものも含める）の信用を貶めるために幅広く動員することができる。ところが、これらの形而上学的、イデオロギー的陳列品すべては、歴史的見地から、社会的、歴史的徴候として理解されるなら、再び生産的なものになるのだ。

そういうわけでアルチュセール派の運動の意義は、形而上学への攻撃——敵を最もありそうもない場所にまで追跡し、しばしば致命的な結果を伴う、ある種の掃討作戦——を、二つの根本的形式、すなわちヒューマニズムと歴史主義において主題化したことにある。後知恵で言えば、これらの標的は次のように見きわめることができる。ヒューマニズムは人間性という概念を指示しており、この概念は、ブルジョワ的、西洋的価値を表現する一方で——今日の構築主義に反し——この（ブルジョワ的）人間性はどこか永遠的で、人間という種そのものを恒久的に定義づけるものだと主張した。明らかに、この語は多くのものを意味し、またしばしば、関連する用法において、博愛主義や、長い目で見れば暴力を回避することに熱心な道徳主義的政治と結びつけられてきた。これらの特徴の第一のものは、ミシェル・フーコーによって詳しく論じられた。彼の平然と倒錯的な考えによれば、ブルジョワ革命以後、医学と刑罰システムにおいて、「人道的な」実践が、儀式的暴力と排除に取って代わり始めたのである。第二の特徴、つまり、ガンディーとマーティン・ルーサー・キングに結びつけられる非暴力は、階級闘争というスローガンを持つ社会的、マルクス主義的革命が、暴力と不可分であると考えられた限りにおいて、そういう革命家たちそのものへの戦略的非難として受け止められた。（サルトルのややぎこちない言明、「実存主義はヒューマニズムである」は、アメリカ冷戦期の自由選挙というレトリックから完全に切れた自由という概念を推進し、政治参加の必要性を強調するだけでなく、つい最近打ち負かされたファシズムとナチズムから左翼政治を区別することをも意図していた。この種の論争は明らかに事態を混乱させ、「ヒューマニズム」という語の本当に明晰な批判を、矛盾する潮流が出会う場にしてしまう。宗教的で右派的な原理主義もまた、「ヒューマニズム」を「神を認めない」無神論として攻撃するのに熱心だったことを考えればなおさらである。）

歴史主義に関しては、最初これは社会主義へと向かう不可避的な歴史の運動、あるいはベンヤミンが「進歩」として非難し、左翼の異端派が「歴史的不可避性」というスターリン的レトリックとして探知したものへの第二インターナショナルの信仰と結びついていたと私は信じる。そういう信仰は、受動性と党への盲目的信頼を推奨し、独立した革命運動を最大限の疑いをもって待遇し、任意参加、「悪しき自発性」――もちろん多くのそういう運動はそういう特質を持っていたのだが――として告発する傾向があった。時はまだ熟していないとか、状況は客観的に見てまだ革命にふさわしくないとかいうスローガンは、明らかに、このような態度を強化し、歴史の目的に対する批判を引き起こしたが、後知恵で言えば、この批判も欠点を持っていた。つまり、「歴史は主体も目的も持たない」というアルチュセール自身のスローガンは、党組織一般への攻撃に動員されたと同時に、（特に一九八九年以降は）歴史はどこへも向かわず、代替案は不可能であるという無意識のサッチャー的確信を強化することにも利用されたのである。後から考えれば、歴史主義へのこの攻撃は、ヒューマニズムの告発よりもさらに重大な結果を左翼とマルクス主義の理論にもたらした。ヒューマニズムの方は、私がこれから示すように、新しい、もっと歴史的な陰影に富んだ、「ポストモダン」的な仕方で再生することができるだろう。しかし、歴史主義への攻撃は、歴史的見地のいかなる形態（良心的に回避すべきあれらよく知られた「大きな物語」）の信用も貶めてしまいがちだった。そして、それによって、反歴史主義もまたそれ自体、歴史的時間性の後期資本主義的経験の徴候として捉えられ、あの「歴史の終わり」という資本主義イデオロギーの教義――それはすでに「イデオロギーの終焉」として、そして階級闘争それ自体の終焉として宣伝されていた――を支持するために用いられるという可能性に対して私たちを盲目にする傾向があったのだ。徴候として見た場合、歴史的不可避性の批判（それは最終的に、社会主義の不可避性だけでなく、その可能性にまで疑問を投げかける）は、単なる反論や歴史そのものの再肯定では適切に対応できない。資本主義とその矛盾に対するマルクス主義の分析の顕著な再生と新たな開花でさえも、眼に見える歴史的未来のない（破局だけはある）不可能な現在に奇妙にも固着している。むしろ、真に歴史的な思考は、未来への思弁的イメージと、社会変化や異なる社会の展望を刺激することによってのみ再生できるのであり、それは今のところ、ユートピア主義という旗印の下にのみ生じる。言い換えるなら、今日ユートピア主義の根本機能は、この見たところ逆説的な、未来の感覚の再生にあるのだ。逆説的だというのは、ユートピアの伝統のこれ見よがしに「非現実的な」姿勢は、そういう未来感覚と明確に対立するように見えるだろうからだ。ユートピアの政治的機能については後で戻る。

ここで主張しておくのが適切なのは、反ヒューマニズムと反歴史主義という古いスローガンはいずれも（イデオロギー的課題として）更新され、改訂される必要があるということだ。それにより、批判の根本的標的は、心理主義と文化批判と認定される。この改訂は明らかに、すでに強調しておいた土台から上部構造への移行を反映している。つまり、それは、下部構造の、そして生産様式としての資本主義それ自体――病的、破壊的矛盾に悩まされ、究極的には発展不可能だ――の矛盾した構造に対する何らかの一般的合意を暗示し、同時に、文化と主観性――それらはもっと変化しやすく、知識人の批判の標的にもなりやすいように見える――の方向への移行を提案するのだ。しかし、そういう批判が、土台そのものに戻って、反資本主義的実践が発明できる新しい方法を明確にすることがないならば、それらは不毛なままにとどまる。そして、そういう不毛性はそれ自体が、デュルケームが社会学という学問の誕生時に（マルクス主義と弁証法においては存在する類の、いかなる真の代替的分析方法も提供することなしに）指摘した根本的な哲学的欠陥――すなわち、集合的現象のいかなる心理学的分析もあらかじめ誤りであることを決定づけられている――の結果なのである。

文化批判は、実際、あれやこれやの心理的特質（「ナルシシズムの文化」）やあれやこれやの精神病理学的診断のカテゴリー（ルース・ベネディクトによるパラノイド、統合失調症などの文化の分類）を見定め、そういう根本因、「最終決定審級」を軸にして、社会を観察した結果を統合することによって形式的に構成される。つまり、社会変化は「治療」という次元にかかっているのだが、これは、疑似ユートピア的幻想（そんなものがあったとして）であり、精神分析内部でさえも熱い論争を呼んだ展望である。イデオロギーに関する伝統的観念――とりわけ、イデオロギーを真理あるいは科学（一方は実存的で、他方は認識論的であるこの二つの領域を区別することさえなく）と対立させた観念――でさえ、啓蒙の流儀で、何らかの階級的教育があれば、システムの支持者や信者の迷いを解くのに十分だと想定した。しかし、われわれの時代の一般化されたシニシズムの出現により、政治をレトリックないし説得術だとするこのような考え方は信用を失った。シニシズムという概念そのもの（やや異なる文脈で、ペーター・スローターダイクがヴァイマールに関する本〔『シニカル理性批判』、高田珠樹訳、ミネルヴァ書房、一九九六年〕の中で展開した）も、そうした心理的特質や実体に、つまり今問題にしている「文化批判」に成り下がる危険があるけれども。

ならば、どんな現代の政治分析にも有益に見えるいくつかのラカンの概念について、今、明確に述べるべきだろう。それらは、⑴他者の構造的重力、⑵享楽の盗み、⑶個人レヴェルでの社会的敵対関係の恒常性、あるいはおそらくもっとよい言い方をするなら、あらゆる正常性の概念の消失、つまり、社会は根絶不能な神経症患者の集合体であるという考え、である。フロイトにおける欲望の優位は、本質的に個人的なものにとどまり、単なる因果関係として家族の「他者性」を含んでいたに過ぎなかった。ラカンは、フロイトの欲望に関する革新的概念の中心に他者性を挿入し、他者――大文字であれ小文字であれ――が決して不在でないような欲望観を提示することができた。その結果、ある意味で、いやむしろあらゆる意味で、個人の欲望は他者の欲望となった。欲望それ自体のこの社会化は今や一撃で、フロイトとマルクスの間を、つまり、近代を特徴づける二つの偉大な科学的発見の間を架橋する試みを不要にした。今や、われわれのあらゆる社会的情熱はすでに精神に浸されているのと同様に、精神はすでに社会的であり、他者の存在はリビドーの核心にあるからだ。しかし、われわれはこの見解の独創性を、肯定的というより否定的に捉えねばならない。なぜなら、あらゆる社会生活の核心に必然的に存在する普遍的羨望は、肯定的欲望ではなく、他者の享楽あるいは満足への羨望だからだ。「羨望とは他人の善への悲しみである」とトマス・アクィナスは言った。たとえば、すでに述べた連邦制のあのディレンマにもそれが働いているのを見出すことができる。私が自分の不毛な土地と比較して他人の土地の鉱物資源と肥沃さを悲しむとき、あるいは、私が自分の富と繁栄が私の連邦の恵まれない隣人に移譲されるのをいやがるとき、問題は卑しい物質主義ではないからだ。そうではなく、物質的不平等のこれらの問題はいずれの場合も、他者による享楽の盗みについての私の深い意識によって媒介され、伝達され、それどころか始めから形成されさえしているのだ。実際、人間の前史における階級を基盤にした社会を振り返るとき、階級衝突と階級闘争において問題となっていたのはまさにこうした享楽の羨望だったことは明らかである。問題は、主人の享楽に対する私の正当な怒り、そして、私の集団的連帯、私の身体的力、大地と自然、本当の仕事、本当の人生、そして身体そのものへの私の近接性に対する、主人たちの、見たところもっと繊細な嫌悪だったのだ。

フロイトも含めた他の多くの精神分析に対するラカンの教義の根本的優位は、他者が主体性そのものに構造的に内在しているという考え方にある。こうした定式の問題はもちろん、「内在」という言葉にある。この言葉は直ちに、内部と外部、自己とその外部という、回避されるよりもむしろ始めからなしにしておくべきだった区別を元に戻してしまう。後期ラカンと欲動に到達するまで、ラカンのすべてが間違いなくここに位置づけられるべきである。つまり、ラカンがサルトルから継承し、父から言語そのものまで、社会的なものから私の最も内奥の欲望（ここで所有格をそのあいまいさとともに使うなら、それは他者の欲望である）まで、モノからこの不可能を可能にしたいという私の神経症的試みまで、すべてに具現化している、この他者のディレンマに。今はそんな複雑な体系をマッピングするのではなく、「個人」と「社会」の間の紋切型の（そしてイデオロギー的）対立はここでは成立しないとだけ述べておく。なぜなら、これら二つは、同一性と差異の解き得ない弁証法の中で不可分だからだ。方法論的に言うなら、他の体系ではコード変換という作業が不可避である——主観的あるいは心理的個人の言語から、社会的あるいは集合的なものを支配するまったく異なった語彙へと移行せねばならない（私が翻訳の過程として記述したい媒介を含んだ移行）——のに対して、ここでは、コード変換は不要で、同じコードがいずれの現実にも通用するのだ。そういうわけで、『集団心理学と自我の分析』のフロイトにとって、超自我は、独裁者や彼が構成する魅惑という形で、自己の外部にあるのに対し、ラカンの大文字の他者は主体の内部にあり、主体に影響を与えるように見えるほど完全に主体を構成しているのである。また、大文字の他者は、私自身のエディプス的トラウマを指導者が象徴的に解消してくれるとき（エリクソンの場合がそうだ）のような、私の私的欲望の投影でもない。ここでは「理想自我」と「自我理想」〔前者は幼児期のナルシシズム的全能感に、後者は超自我に似て両親や社会一般の価値への一致と関係する〕は、文法的逆転によってしか区別されない。そして、ここで私が本質的にラカン的な用語を用いて強調しようとしている二つの根本的な政治的ポイントは、個人的であると同時に集合的であり、心理学的であると同時に社会学的なのである。

心理学的には、それら二つを羨望と攻撃性と名づけてもよかったかもしれないが、すでに見たように、そう名づけると直ちに、人間性に関するある種の観念を、社会的、ユートピア的ヴィジョンに呼び戻すことになってしまっただろう。しかし、今やそのような汚染は不要である。「享楽の盗み」は、羨望という現象を一般化し、それを、他者、およびラカンが享楽と呼ぶあの「生命力」（あるいは死の欲動）との私の不可避の関係のうちに根拠づけると同時に、羨望という心理的特質の、構造的あるいは存在論的同義語として役立つかもしれないのである。(享楽という語が生気論的形而上学を再発明しているか、形而上学を完全に回避するのに成功しているかはここでは扱えない別の問題だが、ラカンの場合、哲学そのものではなく、フロイトとマルクスのように、理論と実践の統一体であるとだけ言っておく。) ここで重要なポイントは、享楽は満足させることができず、それゆえ、人間の条件の恒久的性質としてのこの欠如は、他者に対する存在論的、文化的羨望への絶えざる誘いとなるということだ。その羨望は、ゴンブロヴィッチの「青二才」(他の連中は大人なのに、ボクはまだだ) から極度に血なまぐさい内戦までさまざまな形で表現される。

この状態——それは感情でも政治的動機でもなく、構造的可能性と実存的事実である——から、「敵対関係」についてのより一般的な確信までは、哲学的にほんの一歩に過ぎない。なぜなら、敵対関係は、「治療」の可能性を、社会的なものでも個人的なものでも、端的に否定するからである。それは社会の調和——その平和的調整は、たとえば民主主義のさまざまなシステムによって約束された (しかし、ホッブズの君主によっても提供された) ——の可能性を否定する。そして、カレンバックの戦争ゲームのような機械的な仕方ではおそらくないだろうけれど敵対関係そのものを包容する、ユートピア的社会秩序の構築へと道を開く。あるいは、もっとよい言い方をすれば、先に述べたように、それは政治理論の目的と企図をまるごと排除し、人間関係が別の仕方で発展するのを許すのだ。

フロイトの治療的実践は、彼の社会内部で、そしておおむね正常に機能する人間集団の中で、精神のメカニズムが故障し統制がきかなくなって通常の生産的生活が困難か不可能になっている個人が存在している、という確信に基づいていた。そこでフロイト主義は、そのような不調の説明と、多くのあるいはほとんどの場合、それを治療する方法を提案したのだった。

一群の技術ではなく概念のシステムとしてのラカンのシステムでは、比較的正常な社会というフロイトのような考えはもはや維持しえない。われわれの一人一人を構成し、われわれの個性と、さらには意識までを保証する他者の内的現前は、そのような意味で治療できる何ものかではない。それは、われわれ一人一人が、独自の実存的方法で取り組むものである（われわれの社会と文化は、伝統的な「解決」やありきたりの倫理的ガイドラインを提案し続けるし、実施しようと試みるけれども）。つまり、誰もが精神分析的な意味で神経症患者であり、どんなタイプの社会も、さまざまな種類の神経症患者の集合体である他ないのだ。そして患者たちの共生は、何らかの調和的あるいはユートピア的方法で調整することなど決してできない。ラカンの政治――それを悲観的、シニカル、あるいは悲劇的と呼びたいとしても――はそういう確信を反映している。だから、どういう形のラカン的教義を採用するにしても、来たるべき神経症患者のどんなマクロあるいはミクロな集合からも生産性を引き出そうとする、フーリエ的、ユートピア的モデルの集合的実践を付け加えねばならないのだ。けれども、標準的な文化批判による診断がいつも暗示するのは、知識は何らかの仕方で独自の治癒をもたらし、認識論的治療を実行するだろうという密かな望みである。他者との構造的関係にはいかなる解決も不可能であるという認識は、われわれを最終的に、存在の新しい場所、今は想像不能で獲得不能な超人あるいはポスト人間の英知へと導くだろう。すべての診断の核心にあるあの密かな望みなしに生きることができるというのは、シニシズムのもたらす別種の英知であろう。おそらくユートピア主義者は、そのように生きる方法を見出してきたのだ。

12

ユートピアへのまともな異議申し立ては明らかに、高いレヴェルの、あるいは一般的なレヴェルの反軍事的偏見を多く取り入れるものであり、そういう場合、それらは主にさまざまな反社会主義、反共産主義の形をとる。バークの不朽の反革命的主張は二重の情熱によって強化されていた。まず一つは、細かく読んで検討するとはっきりするのだが、ジャコバン派とその政策への彼の攻撃は、実際には、資本主義そのものへの初期の批判である（歴史的に見て、資本主義に対する最初の力強い批判は右派、つまり敗北した貴族から生じたのであり、それが当時まだ生まれたばかりの左派によって取り入れられ発展させられたのだ）。この点は今は語らないでおく。彼のもう一つの批判意識は、純粋に人間が作ったまったく新しい制度を構築しようとする革命の試みの倨傲に対してだけでなく、時間そのものと古い伝統的制度の消滅に対しても向けられていた。現代の構築主義はこの姿勢を二つの仕方で反駁する。つまり、超越論的で非人間的な起源を持つ過去の伝統とは幻影に過ぎないと力説することによって（ホブズボームの有名な言葉で言えば「伝統の発明」）、そして、生産そのものと、自らの社会、文脈、エコシステムを創造する人間の能力を得意がることによって。この後者の自信は、人間は無能で無知であるという確信によって抑えられるかもしれないが、いずれにせよ、われわれのユートピアの中には、加速、新奇さ、創造的破壊、絶えざる運動を喜ぶだけでなく、安定と持続、ハイデガー的住まいと土地の安全に対して情熱を持つ余地も残しておかねばならない。どんなまともなグローバル・ユートピアも、たとえばニューヨークや上海のような都市の人口まるごとがしばらく家と場所を交換するような、移動のための壮大な休暇を含むべきだと私は考える（これは、今日の新しい商業主義的観光産業へのユートピア的訂正となるだろう）けれども、その場合でさえ、新奇さに惹かれがちな都会住民は、土地そのものと深い時間を味わい、自然そのものに人間が取り入れられるという形而上学的幻想に耽る余裕を心の中に保持しているべきである（自然そのものが存在しなくなったときでも）。

私が思うに、ユートピアと全体主義のイデオロギー的結合についてわれわれはこれ以上時間を費やす必要がない。はるかに深刻なのは、グローバルとローカルを結びつけようとする上記のようなどんな試み――つまり、政治理論が連邦制を構想するイデオロギー的に狭い仕方――にもつねに内在する内戦の危険である。現代における連邦制の帰趨を列挙してみれば――ユーゴスラヴィア、スペイン、カナダ、そしてソ連も――断片化と解体に抵抗しながら、同時にある一つの地方を優遇するのを避けねばならない、という均衡維持作業のすべてがいかにデリケートかを理解できる。ネーションはつねに、そういうユートピア的連邦制の失敗のしるしだった。新しい仕方でネーションや国家の境界という地理的制約を逃れるために構想した軍事的ネットワークでさえも、たとえば裕福な基地と貧しい基地のライヴァル関係によって脅かされるのは間違いない。ここでこそ、享楽の盗みというラカンの概念が、歴史の診断として介入してくる。怠惰で快楽を追求する人々を軽蔑するのと同じくらい情熱的に、人は勤勉な人々を羨望する。これに、地理と原材料というもっと深い経済的レヴェル、さらに、富の再分配への、また繁栄した地域からの税収を貧しい地域に回すことへの、もっと物質主義的な嫌悪を加えれば、解決法が即座には見当たらない多次元のディレンマに直面する。自分のユートピアのすべての部分をすべての点で平等にするというモアの解決は機械的で、市民たちが同じように機械的に均等であるかどうかについて疑問を生じさせる。連邦制はいかなるユートピアにおいても中心的な政治的問題なのである。ここでの「政治的」という語は、内的でも外的でもなく、それゆえ「存在論的」という語で置き換えてもまったく構わないかもしれない、新しい意味で使っている。

13

ここで、連邦制のディレンマへのユートピア的解決ではないにしても、たぶん――ラカン的精神で――それへのユートピア的非解決を導入すべきである。つまり、社会的なものの不可能性に関する、根本的に悲観的で、シニカルでさえあると思えるラカンの見解――敵対関係の恒久性、(存在しない)他者との存在論的に不可避な闘争――を、個人ではなく集団を重要な要素と素材とする異なる社会のヴィジョンでもって完成させるべきである。

それは、シャルル・フーリエ――壮大にして滑稽、不可能な思想の規格外の思想家――の奇矯なヴィジョンである。彼の企画の狂気――というのも、どんな真剣なユートピア思想家にも狂気はつきものだから――は、彼がラカンと共有する数学的オブセッションにある。それは、むろん、科学的客観性への、あるいは数式やマテームのイデオロギー的無垢への信仰というよりはむしろ、数学的順列を考案する無尽蔵の才能とそれによって示されるほとんど無数の集合、集団、組み合わせを特質としている。フーリエは明らかに心理学者だが、実験科学者よりもむしろラ・ロシュフーコーと同格であり、系譜学的関心なきニーチェである。あれら経験的観察者と同様、彼の心理学的観察も人間性に関する何らかの概念や本質を前提にしてはいない。もっとも、人間とその心理的構成は、それらが部分であり器官であるところの(そして、いかなるユートピア・システムにおいても、それらが理想的には所属するはずの)集団を除いてはいかなる真の本質も持たないという前提ならあるのだが。バルトは、フーリエの心理的構成を三つの類型あるいは情念に還元して、フーリエの洞察（エンゲルスは、モリエールのような偉大な風刺家の洞察になぞらえている）の感触を伝えている〔『サド、フーリエ、ロヨラ』、篠田浩一郎訳、みすず書房、一九七五年、一三九―一四〇頁〕。それらは、変動的情念（注意欠陥障害のようなもので、情熱的関心が次から次へと移り変わっていく）、秘教的情念、すなわち、陰謀をたくらみ、個人をさまざまな策謀の中で組み合わせることへの一種の喜び、そして、あれやこれやの内容ではなく熱狂そのものおよびその力強い、変転するコミットメントを支配的特質とする複合的情念である。人間の欲動のこうした記述はラカンの神経症およびリビドー的構造と組み合わせると楽しいだろうが、重要なのは、集団の組み合わせそれ自体である。あれらさまざまな情念は、そういう組み合わせと生産的に交流し、その社会的分子を形成する。フーリエによる調和の観念は、どんなに欲求不満であれ、どんなに神経症的、ヒステリー的、強迫的であれ、ある理想的な集合的組み合わせがいつも存在するだろうという確信を表明している。そこでは、悲しい情念を抱く個人、絶望的あるいは反社会的な一匹狼、欲望の拒食症者あるいは過食症者、つねに新しい実現不能な趣味や娯楽に躁病的に転向する者たちも安心することができるのだ。ちょうどベラミーが国民皆兵制とその下部構造の守護神であるように、フーリエは、自由の王国、文化とその上部構造の王国の守護神になる。私の考えでは彼は、集合性あるいは多元性がそれを構成する根深い個人性を調整する方法を発見したこれまでで唯一の思想家である。フーリエの「情念の微積分学」は、抑圧された潜在的に反社会的な欲動や感情そのものにではなく、否定的なものが生産的になるようそれらを調和させることに狙いを定めた、感嘆すべき建築術だった。最も法外な悪徳と贅沢も市場を回すマンデヴィルの『蜂の寓話』と同様、彼の体系は、市場イデオロギーの核心における一粒の真理を構成すると言ってもよかろう。つまり、フーリエの錯乱した、しかし冷静で計算高い想像力は、スピノザの「悲しい情念」でさえも、生き生きとした、つねに変化し、自己を永続化するユートピアの歯車と車輪として利用するのである。今日、トマス・モアの禁欲や、多くの近代革命の伝統が持つ左翼のピューリタニズムにつながりかねない、いかなるユートピアも実現不能である。むしろ、ユートピアは、どんな社会も秩序を持つために内在化する不可避の抑圧——安全志向のものとリビドー的なもの——も縮減することを必然的に目指さねばならない。実際、新しいユートピアは、あらゆる点において市民の最も法外な放縦と個人的自由も歓迎しなければならない。当然、その中にはピューリタニズムも含まれるし、放縦と個人的自由の嫌悪も含まれる。この不可能事をやり遂げるのはフーリエである。だから、われわれは、キム・スタンリー・ロビンソンの火星三部作の個々の都市国家のように散らばる脱中心化状態だけでなく、ポスト・フーリエ的あるいは超《トランス》フーリエ的精神で伝統的政府とその機関に取って代わり、新しい社会の上部構造的、文化的レヴェルを明確化することを運命づけられた、新しい種類の機関の誕生をも想像せねばならないのである。

とりあえず、この新しい機関を精神分析斡旋局と呼んでおこう。これは、想像できないほど複雑なコンピュータ・システムと結合して、あらゆる個人的、集合的治療とともにあらゆる形態の雇用も処理し組織するだろう。個人的なものと集合的なものの間（その間に無数のなじみの構造や集団を挿入してよい）を媒介しながら、この新しい機関は、組合と病院、職業紹介所と法廷、市場調査局、世論調査局、社会福祉センターの機能を兼ね備えるだろう。おそらく、機関としての警察に残された仕事も最終的にはこの中心的機関に吸収されるだろう。この機関は最終的に政府と政治構造にも取って代わり、それによって国家は何らかの巨大な集団治療へと衰滅するだろう。

しかし、これこそ政治的なものそのものではないか。土台と上部構造の不可避で必然的な媒介者、あらゆる種類の衝突の調停者、労働の組織者と労役の分配者、かつて官僚制と呼ばれ、今はくじ引きのおかげで、ブラックボックス——そこにはまだ、プラトンの哲人王が不滅で不可避の存在として鎮座している——となっている場所として、古い中心的国家が復活しているのではないか。

そして、いくら良性であれ、この種の統制機関を、新しい種類の非国家としての、社会の必要と機能のネットワークあるいは外骨格としての、国民皆兵制の構造と調和させることがまだ可能なのだろうか。後者は、普遍的民主主義、政党、みなが自分の官僚であるような官僚制の間のどこかにあり、いわゆる原始共産主義や部族社会における親族体系と同レヴェルの組織的枠組みである。なぜなら、親族体系もまた、個人の決定の恣意的な結果と見られたり、特権と理解されたりしないような仕方で労役を配分する機能を持っていたからである。

ある意味でわれわれはすでに土台と上部構造の根源的分裂を生きていて、それを公と私と呼んでいる。現実のユートピア的修正とすでに存在するものの象徴的複製とを区別するのは、ユートピア思考において、つねにデリケートな事柄である。アドルノは、メシア到来後の世界を記述するユダヤの格言を好んで引用した。「この世界と同じだが、ほんの少し違う」。たぶん、そういった表現が、貨幣が突然消えた社会にも当てはまるのだろう。

けれども、もっと精力的な提案を試してみる価値があるだろう。私は、社会の再生産が一日数時間だけでも仕事着を着たチームでなされるような二重生活のユートピアを思い描く。それは予備役の義務を果たすのに少し似ている。勤務時間は垂直的でも水平的でもよい。つまり毎朝か毎晩やるか、数週間集中的にやってかつて自由時間と呼んだ休みを同じくらいとるか、どちらでもよい。こうした時間的リズムは明らかにある習慣、それ自身の文化を生み出すだろうが、強調せねばならないのは、労働がどんなものであれ、物質的なものであれ非物質的なものであれ、それは何らかの仕方で集合的で、集合的企画、集合的生活、社会的存在としてのチームに関する明確な存在論を含むだろうということだ。

上部構造の世界では、そのような限定は通用しない。個人は、党員となるのと同様世捨て人になるのも自由である。趣味をやるのもカウチポテトとして存在を生き抜くのも、家庭を大事にする男や職業的母になるのも、病院でボランティアをするのも山に登るのも麻薬中毒と戦うのも、株式市場で賭けをするのもなるのも、まだ発明されるどんな地下生活を送るのも、すべて自由である。なぜなら上部構造は発明の問題(価値の競争の新たな形態が発明されねばならない)、本を書くのも、教会の儀式を執り行うのも、聖人に題だからだ。そして、まず最初に、その実行者には、最も法外な服装によって自らの選択を区別することが期待される。これは完全に世俗的な世界であり、サルトルが教えたように、すべてがパフォーマンスで、すべてが社会的構築である。われわれの実存的不安は次のような触知可能な事実に根差している。すなわち、われわれがいつも自らの選択から少し隔たっている(そしてそれをいつでも変更する自由がある)こと、そして、その意味で、われわれにのしかかったり、変更不能な単一の人格であるという安心感を提供したりする、いかなる人間性も個人のアイデンティティももはやないということ。もちろん、個人の生物学的組成や身体の多様性によって、まだ個人の才能や天才さえもが生じるだろう。他方で、「仕事」(下部構造的な朝の義務や労役)に徹底的に同一化することを選んで、他の存在様式を知らなくなるような人たちもいつもいるだろう。家庭と九時から五時までの仕事(これを一九五〇年代の資本主義のノスタルジックなパスティーシュと見てもよい)の恒久性を望む人たちも、絶えざる変化(観光、ホームレス、探検のパスティーシュだ)を喜ぶ人たちもいるだろう。そういうわけで、この新しい世界は古い世界とまったく同じに見えるのだ、ほんのわずかな違い(それは、思い出してもらえるように、保証された給与とフーリエにある）を除けば。

14

軍隊的ユートピアは、かつて教会と国家の間に施行されたのと同じくらい絶対的な、土台と上部構造の間の分離に基づいていると私は述べた（あれらの昔の制度的特徴の多くが、新しいユートピアのコンテクストと変容の中で保持され、しかし根本的に変化したことをついでに言っておく価値がある）。必然性の王国と自由の王国とそれらは言い換えられた。しかし、それら同士の関係（いわゆる文化革命）が不安定で、かなりの緊張と調整（とりわけ世代間の）を要するままであるばかりでなく、この最後の節でこれから述べるように、おのおのの王国内部でも問題と矛盾があるのだ。

必然性の王国にとって、解決不能あるいは理論化不能の問題を提起するのは労働ではない。必要な労働は計算できるし、時間は短縮できるし、労働の種類の転換は自由意志に基づいてプログラムできるし、研究や再訓練のための休暇は制度化できる。情報テクノロジーの体系的組み込みと、新しい種類の生産――マルクスが言う新しい必要と欲望の生産――の発展への強いコミットメントは可能である。最低年収の保証が十分なので、構造的で慢性的な失業に悩む社会をかつて流れていた絶望感は取り除かれる。社会的不平等、収入の不平等に関しては、くじで配分される五年間の「人生パッケージ」というバーバラ・グッドウィンのアイデアが気に入っている。市民は豪邸に数年暮らしたあと、次の数年を、再建により事実上解消目前となっているスラム街のさらなる改善に費やすのである。

土台の根本問題とは貨幣、あるいはお望みなら、資本なのである。われわれの国民皆兵制、あるいは

(イロクォイ人〔民族間相互の戦争をやめるためにアメリカ先住民が組織したイロクォイ連盟の一部族〕という先例は承知しつつこう言わせてもらうが)われわれの軍事的民主制は、戦争が元来の意味を持つコンテクストそのものを変えてしまった。それゆえ、ウィリアム・ジェイムズが求めた戦争の道徳的等価物は、すでに述べたように、かつての社会では戦争それ自体だったのだが、今や、あの根源的で徹底した社会変化を意味していたのだとあまねく理解されることになる。われわれの市民＝兵士はその変化のため毎日たゆみなく働き、この新しい環境、この新しい「第二の自然」、この新しく生まれつつある外界全体が、自分たちが生産したものであり、ロックが貨幣以前の世界の特質だとしたあの原始的な所有の意味で自分たちに属しているというしっかりした確信を持っているのである。

われわれは、ヘーゲルの、もっと忌まわしく無気味な格言――戦争は国民の健康だ――を書き換えることさえできるかもしれない。ヘーゲル自身はドイツのナショナリストではなかった(フィヒテの悪名高い「ドイツ国民に告ぐ」がナショナリズムの感情を発明したとき、彼はすでに三十八歳だった)。ゲーテと同様、彼は密かにナポレオンを称賛していた可能性の方が高い。そういうわけで、カローやゴヤの絵画にあるような血なまぐさい魅惑はさておき、ヘーゲルは、長いこと予期されてきた紛争の勃発によって非常にしばしば引き起こされる類の、集合的プライドと一体性の一時的噴出――一九一四年八月のヨーロッパ全土の記述でおなじみだ――を念頭に置いていたのだ、というのが合理的解釈であり続けてきた。

しかし、私は別の読みを提示したい。つまり、彼は、戦争の結果としての、巨大な資本の破壊を念頭に置いていたのだ。人民の殲滅ではなく、貨幣の蓄積そのものの殲滅を、である。第二次世界大戦の終わりは、ひどい病気からの回復のように、多くの国にとって、強烈な革命的希望の時期をもたらした。再建と復興は、新たな科学的発見と社会的行動の新しい様式はもちろん、根源的変化と新しいエネルギーの展開を意味していた。ほとんどの場合、ほとんどの場所で、革命的希望は実現されなかったか、そういう構想だけでもあったという事実は、私見では、貧困、そして貨幣と資本の破壊によってもたらされたのだ。ひるがえって、今日の合衆国は、貨幣と巨富の有毒な蓄積のせいで病んでいる。巨富は、伝染病のような悪影響を及ぼし、贅沢と最悪の右翼プロパガンダにしかはけ口を見出せない。債務免除、つまり国民の多くが背負ってしまった借金の完全な廃止ですらも、あの増大し続ける富の蓄積が破壊されない限り、一時的な祝福にしかならないだろう。ユートピアは、清貧の実践であり、集合的放縦の実践ではない。

自由――主体を不可逆的に変化させ行為体に変化させる自律性の実践――は与えることができず、勝ち取られるだけだと言われる。それはまた、生産の源としての資本の利点でもある。つまり、資本は、単に金持ちから奪い取って、他のプロジェクトに「応用」できるものではない。資本は、労多い原初的蓄積の時間――それを資本自身の起源の悪夢（と社会主義建設を試みたスターリンの中にあるその残像）から区別したい――を知らねばならないのだ。貨幣に関して言えば、もちろんそれは、ほとんどのユートピア・ヴィジョンと多くの政治理論において、原罪がとる形式である。完璧な世界から貨幣を完全に排除しようという提案は、貨幣の無害な代替物を発明しようとする提案と同じくらい数多くある。後者の一つ、プルードンの労働証券は、マルクスが、それが不可避的に貨幣に戻ってしまう瞬間を静止画面でのように捉えて風刺したのでよく知られている。貨幣というこの奇妙な対象との特別な関係は、フーリエによる天才的で非抑圧的な治療法のみならず、ラカン的／フロイト的診断の中にも場所を占める。ただ、人民の普遍的「良識」において貨幣が資本からきっぱりと分離されるならば、貨幣の排除に関する幻想は、その催眠的魅力を減ずるだろうし、貨幣と「価値」との関係も神秘性を薄めるだろう。

とはいえ、新しい形のカーニヴァルの制定――たとえばポトラッチの再生――や、債務免除、つまり全負債の抹消という周期的慣行の、物質的とは言えないが道徳的な必要性が排除されるわけではない。けれども、商品のこの分身、すなわち貨幣――その唯一の有用性は、価値の「基準」であると同時に流通の「手段」でもあるという両義性にある――において内在的に有毒なものは、最小化されるだろう。

上部構造に関しては、その内容はほとんど予知できないが、その形式における解消不能な緊張は確実に予測できる。これは必然的に集団の文化となろう。絶えず出現する集団、完全に解消したか徐々に解消してゆく集団、個人が集団そのものに対する集合的抵抗に加わる集団、あるいは、集団から生じたが今や古くなり過ぎたかに見える制度の統一を維持しようという努力に個人が加わる集団である。そのような集団は、階級のない社会ではもはや階級という形式をとらない。では、古代人（とブルジョワ社会の理論家）があれほど激しく抵抗した政党以前の形態という意味での「派閥」と見なされるべきだろうか。新しい社会の根本的寛容はそれらを禁じたり排除したりはできない。そのフーリエ的精神は、かつての個人が大小あらゆる種類の集団化や組み合わせに絶えず参加することを規定するのだから。ただし、集団は時間と死の可能性に従属せねばならない。その過程の機能は、ミスリーディングで不快な個人身体の有機的崩壊ではなく、今や世代交代が果たすべきだろう。

ユートピアは、それが予告する芸術作品の質と位置によって判断できるというロバート・C・エリオット〔米国の英文学者、『ユートピアの形』（一九六三）など、一九一四―一九八一〕の見解を私はしばしば引用した。ほとんどはモアのように、この点について沈黙しているか、モリスやベラミーのように明確に不十分である。他方、マルクスは、この新しい世界に対してギリシャ人はまだ何を言うだろうかと考えることで満足した。それに対し私は、官僚制そのものへの批判として、古い社会主義リアリズムの使命を再考することも提案した。ここで、否定的なもののヘーゲル的力は、制度へと石化し始める集団そのものをしつこく非難する点で、確保され強化される。昔のユートピアは、個人主体の苦しみと葛藤は解消されたと信じているのに、まだ個人主体を中心に生み出される未来の文学を考えて困惑した。文学の正しい主題は集団である――他の芸術が何らかの仕方で集団的なものを自らの内部に組み込んでいるのは明白だ――ということがひとたび理解されるなら、集団のある極が国家と官僚制へ、他の極が激しい衝突、小規模の敵意、内戦へと固まる状況において、ユートピアにおける文学の再生は解決し、実際不可避になるだろう。ところで、集団はプロジェクトを中心に形成される。だから集団は陰謀と呼ばれるだけでなく、そういうものとして感じられ生きられねばならないのである。各集団プロジェクトは進行中の犯罪であり、普遍的なものの具現化である。それぞれは新しい犯罪でなければならない。新しい血を欲し、機構を掘り崩してできるだけ多くの規則を破ろうとする時間それ自体の要求を認知しながら。

政治的問題には、つまるところ、二面あり、それらは同じである。第一の問題は連邦制（一つの問題の名前だ）と呼ばれ、多様な集団の間の敵対関係を制御するにはどうしたらよいかを問う。第二の問題は、集団内部における（必然的に個人間の）敵対関係が、共通のプロジェクトの存在によって解決されないとき、それらをどう制御するかを問う。それから悲しい情念についてはどうするかを。

憎悪は最も簡単で最も解決困難である。それは相互的にならざるを得ず、恋人同士のように結びついた互いの憎悪は、私が思うに、その情熱を消費し尽くすようにしてやらねばならない。だが、通常は問題となるのは羨望であり、ラカンはそれを享楽の盗みと定義した。つまり、他者が私から盗んだ他者の享楽を私は羨望するのだ。この羨望を否認したり、他者も私と同様享楽していないと確信したりすることは、不毛である。代わりに祝福すべきは、享楽そのもの、それが存在すること、そしてそもそも誰も本当には享楽しないのだから誰が享楽しても関係ない、ということである。これこそ羨望の真の克服であり、一種の宗教への享楽の昇格である。

最も困難な政治的問題の「解決」もその方向に求められるべきだと私は考える。つまり、連邦制の問題、ある集団の他の集団に対する憎悪、他の集団が私の集合的享楽（たとえば私の天然資源、大都会的心性、自然への近接、男らしさ、メトロセクシュアリティ〔ファッションや美容にも関心を持つ都会の異性愛男性〕）を盗んだゆえの憎悪である。これらの解決は、おそらく、大都市を国家からもぎ離して、誰にも属すると同時に誰にも属さない普遍的領域にすることで成し遂げられる。つまり、匿名の集合的富の場所、狂乱じみているがコスモポリタンな祝福の場所にするのである。そこでは、ぽかんとした田舎者の群れが都会のすれっからしと交じり合い、すりや取っ組み合いも大量に発生するだろう。とはいえ、この場所は、犠牲者や死者が出るとしても、本物でなくてはならず、カレンバック流に演じられたゲームであってはならない。言い換えるなら、商品と剰余の分配は絶対的で、自然そのもののような鉄則でなければならない。それに対する侵犯は、罰が快楽であるならば、罰せられねばならない。

けれども、官僚制の批判は、それが形式としての集団そのものに対する形而上学的批判に高められたとしても、文化革命の唯一の課題ではない。文化革命に関しては、それは必然的に一種の治療であり、古い社会や生産様式の今や有害な習慣を新しい生産的なものへと転換することである、とすでに述べた。われわれの社会のような豊かな社会――いずれにせよ、富の再分配によって、また、経済的平等らしきものを達成しようという巨大な試みにかかる経費によって、経済的に脅かされている――においては、最も緊急に注意しなければならない文化的習慣は消費主義であろう。これは、節制や非合法化によっても、単純な法制化によってもまず治療できない一種の普遍的中毒である。けれども、このように商品消費を中毒という心身の失調に結びつけるのは、先に十分に告発しておいた古いタイプの文化批判への単なる退行ではないだろうか。なぜなら、中毒者（麻薬中毒者だけでなく、過食症者、強迫的ギャンブラー、さらには強迫的セックス中毒者）についての紋切型の公的イメージを別のイメージ、つまりアメリカの社会生活一般――食料とケアの購買、多数のブランド名の宣伝、豊かな社会全体の装飾――のイメージに同化して考えたからである。われわれはこの二つのイメージを、前者が後者の真実あるいは骨格を暴露するような形で結びつける。外見をひん剥いて、下に潜む悪夢のような現実を露わにするのである。これはほとんど映画的プロセスとしての隠喩の使用で、主意が媒体のために抹消されるような比喩表現である（たとえば「彼はライオンだ」という文の「彼」が主意で「ライオン」が媒体）。これは隠喩のような静的な比喩表現ではないが、しばしばある種の詩的快楽や満足とともに消費される文化的対象であり続ける。（今日の多過ぎる社会診断の本が証明しているように、そのような快楽の中毒になることもありえる。）だが、これ――知的作業、知的産物としてのみすぼらしさと醜さを強調するために、私が一般に「文化批判」と呼んできたもの――は、分析を構成するには程遠いものだ。分析は、「知」（あるいは「意見」（ドクサ）の対立物――「意見」は、メディアにおいて毎日明らかなように、それ自身が貪欲な文化消費の対象となりうる）としての資格を持つためには、資本主義に対するもっと全般的な構造分析に、構造的、機能的に統合されうる概念として定式化されねばならない。私はそのような消費にもそのような快楽――消費主義のものであれコカインのものであれ――にも特に嫌悪を感じない――実際、社会全体の分析からも、それらの快楽の分析からもあらゆる道徳主義を厳密に排除しなければならない――が、それらを構築したからとて、詩的形象の場合と同様、それ以上の生産に結びつかない。ここでの問題はあくまでも、さらなる問題化と理論化を生産することなのである。ならば、少なくとも、商品化という概念自体と同じレヴェルでの一種の構造分析（あるいは「知」）になる程度まで、中毒を理論化することが望ましい。実際、商品化の「物神的」要素（マルクスの定義では「神学的気難しさ」など）が、おそらく突破口になるだろう。なぜなら、マルクスが記述するように、商品はもはや物質ではなく、一部は必要に対応し、一部は意味作用を行使する、ある種の二重体だからだ。その意味作用は、美学に関係づけるのはためらわれるが、身体的必要（あるいはそれと類比される何か）の外観は保持しながらも、明らかに、ある種の観念的または美学的魅力を持っている。

この問題にアプローチする方法は二つあるかもしれない。商品の「物神化」という商品の形式そのものに内在する過程に関するマルクスの診断についてはすでに述べた。しかし、これを何らかの昇華と理解してはならない。むしろ、「神学的」次元は、純粋な形式（あるいは、お望みなら、空虚なシニフィアン）としての貨幣それ自体を経由して現前しているのである。昇華は、具体的欲望の要素を純化された次元に保持しており、何か具体的なものを高いレヴェルに移し変えても、われわれはまだその具体的なものに関わっているのである。その種のものは商品形態にはまったくない。商品形態には、あらゆる物理的要素、特定の身体的必要や機能とのあらゆる関係が不在である。高価な傘は、価格がつけられないキャヴィアや希覯本と同じくらい物神的で、神学的である。したがって、ある物体から具体的使用価値が抜き取られ、商品という、他のすべての同類に対して抽象的に価値が計測される物体に転換されるのは、貨幣形態を経由してのことである。ならば、情念としての消費主義は、収集や蓄財と似ているが独自の方法で、どこかに貨幣を構成要素として持っていることになり、貨幣が中心的役割を果たさない社会では、衰退することが見込まれるのである。

この第一の理論的アプローチにおいては、身体はまだ現前しているが、強くあるいは軽く抹消された形態においてであり、そこでは使用価値が交換価値にいつのまにか変貌している。交換価値は、いわば、昔の使用価値のほのかな記憶か淡い影を、抽象概念の失われたか埋められたかした物質的基礎のように、保持しているのである。われわれの第二のアプローチにおいても身体は重大だが、もっとフロイト的あるいはラカン的な意味においてである。

第二のアプローチでは、もちろん、われわれはまだ他者の引力（たとえば、交換の構造そのものに埋め込まれたそれ）に直面するが、実はその不在を通してである。中毒に関する最近の理論のほとんどによれば、中毒は、他者および他者の欲望の模倣的支配力から、どんな形であれ、主体を解放し、あれやこれやの外的媒介の援助によって、欲望に耽ることができ、他者の存在とは一切無関係なその「満足」を達成できる条件を打ち立てる試みである（他者と無関係というのは、ラカン派が専門的に説明できることだが、精神病者の「言語からの自由」や、他者の欲望に関する倒錯者のゆるぎない確信とは意味が異なる）。消費主義をこの意味での中毒と考えることは、「消費財」を、われわれを取り巻き、われわれを他者のあらゆる具体的存在によって引き起こされるもっと苦しいディレンマから切り離す、ある種の対象的媒介として捉える視点を含むだろう。しかし同時に、他者からの分離がどういうわけか緊急の必要事となった世界という視点も含むだろう。もちろん、ラカン派にとっては、他者からの精神的分離は解決不可能だが、その不可能性の認識は可能である。そのような認識がわれわれの社会よりも簡単に到達可能で、欲望とのフーリエ的な関係――それは欲望のあくなき主張にまったく異なる色調と性質を与える――も可能であるような社会を想像することもできるかもしれない。本節の最初に素描したマルクス的代案に関して言えば、われわれの位置を生産と交換、分配と消費のネットワークの中にマッピングすることが、そういう状況で貨幣として通用するものが何であれ、それへの精神的投資を必然的に弱め、情熱的な消費者を、フーリエ的順列体系の中の単なる小さな局所に送り込むだろう。

ここでわれわれは、ユートピアの上部構造の中の最も厄介な矛盾にアプローチすることになる。恒久性

（制度化）と絶えざる変化の間の対立が、寛容と規律の間の対立に徐々に変容し、文化的羨望の潜在力をすべて覚醒させ、またその過程で、法の、すなわち、反社会的なものそれ自体の、巨大な影を遠くに覚醒させるのだ。そうなると、ユートピア社会でさえ自らの自己保存と再生産のために設定しなければならない限界が再活性化してくる。あるいは、始めからそのような構成的限界を無しで済ますことによって社会的形態そのものを超越するようなユートピアを想像することができるだろうか（ちょうど、アドルノが――もちろん個人的な――ユートピアを、個人が自己保存への生得的衝動を放棄する場所として想像したように）。文化のレヴェルでの根源的寛容を主張すると、必ず、強烈な羨望を相手にしなければならなくなる。最低賃金の保証やまったく何もやらずに麻薬に我を忘れる自由は、言うまでもなく、そのようなユートピアを、怠け者の天国にする。けれどもこの社会は、彼らをほうっておけるほど十分裕福だし、フーリエ的精神分析が、この仕事場の他の労働者たち（宗教上の原理主義者など）が彼ら怠け者に振り向ける羨望と憎悪、悲しい情念を吸収するのを手伝ってくれるだろう。他の労働者たちが学ばねばならないのは、そういう羨望や憎悪はそれ自体が享楽、貴重品であり、独自に生産的な情念や満足であるということだ。

しかし、そうした自由が不可避的に喚起するお祭り騒ぎのヴィジョン――麻薬と性的放縦が支配し、新種の失業の非生産的なわがままうすべてが精神を病ませる――は、客観的幻想として、また、すでに触れた、テクノロジーによる従属化と監視、飢饉と核の冬のディストピアのイデオロギー的対応物かつ密接不可分の構成要素として、理解する必要がある。二つは相補的であり、富める者の自由と無力な貧者の窮乏に引き裂かれた社会の想像上の反映である。その乗り越え不可能な矛盾により、想像力が、不可能な解決と荒涼たる未来の間を必死に揺れ動くことしかできなくなるような後期資本主義の社会のことである。この対立は明らかに、われわれのユートピアの提案にも反映している。それはやはり一日を、かつて労働と余暇と呼ばれた二つの部分、つまり、管理統制された午前と、目的のない自由時間を持て余すかもしれない午後とに分割するからである。その二つとは、われわれが土台と上部構造として認定したものである。けれども、次のように述べたとしても、私が何か永遠の人間性に本質論的に訴えていると受け取ってほしくない。つまり、人々は一般に、いくら快楽そのものと同一視しても非生産的なものにはあまり満足しないし、仕事中毒はもちろん、外部から命令された活動も、諦めて受け入れたりはしないものだ。それゆえ、ユートピア的な成り行きでは、労働は文化的になり、自由の王国は必然性の王国と密接不可分となることが見込まれる。これは多くの人が軽蔑的な意味でのユートピアの属性だとした疑似ヘーゲル的調停ではない。それなら、個人的解決の無限の多数性に妥協と画一性を付与することになってしまうだろう。それはまた、間違いなく、歴史の終わりという問題外の自己矛盾した観念を呼び起こしてしまうだろう。こんな受け入れがたいスローガンがはやったという事実は、ユートピアそのものを思考するときの、われわれの認知的限界を証し立てているに過ぎない。こうした場合、われわれは現在の矛盾の内部において、想像力を自ら麻痺させてしまった状態で暴れ回るのではなく、現在の矛盾を未来の好さなように処理させるよう注意しなければならない。

犯罪、あるいはより正確に言って、反社会的なものについて。死刑と監獄一般を恐れる私は、追放という古代ギリシャの、またツァーリストの伝統を推薦するが、同時に、「無認可地区」というサミュエル・ディレイニーの（ユートピア小説『トリトン』中の）すばらしい制度の採用も提案する。そこでは法は存在せず、何でもありなのだ。しかし、実際には、これは、都市そのものの役割ではないかとも思う。都市という形態は大変革後にも残るのだから。

ジジェクはしばしばチェスタトン――情熱的信仰と正統性を調停する危うい努力における伴走者だ――

を引用する。法を犯罪以上にエキサイティングなものと見なさねばならないという趣旨である。ここにあるのは、普遍的なものと特殊なものに関する古い哲学的難問である。それは非常に強い政治的影響と反響を持っており、そのヘーゲル版に対してジジェクはひどく倒錯的だが適切な新ヴァージョンを与えてくれた〔『もっとも崇高なヒステリー者』、鈴木國文ほか訳、みすず書房、二〇一六年、七一―七三頁〕。特殊なものはつねに例外的なものに向かい、法と普遍的なものを最終的に構成するのは例外だというのだ。一般的体系全体がこれにより傾き転倒する。そして、彼が「単独的普遍」と呼ぶものの中で、最終的に一般的になるのは経験的なものである。

そこで今、これこそ、集合的なものの領域で、言葉の強い意味でテストされねばならない。そうすれば、法に興奮を回復する方法としてチェスタトンを読むことができる。法は犯罪的冒険として理解されるべきであり、これは、行為と出来事というまだ個人主義的なカテゴリーを超越する。ギャングと犯罪的陰謀を考えねばならない。非合法集団、小規模の陰謀、大規模な強盗、襲撃、乗っ取り、急襲、念入りな計画と注意深く設計された処刑を考えねばならない。それぞれが仕事に従事していて、みなが適切な時に適切な場所にいるのだ。ここに至って、ビジネス（あるいは国家それ自体）は公共的なものに対する陰謀だという古い格言がゆっくりと肯定的なものに転化する。そう、法もまた陰謀であるべきだ――すべての集合的行動、すべての集合的プロジェクトが、陰謀の侵犯的興奮を持つべきなのだ。犯罪と集合的なもの双方の強い形態が陰謀なのだ。一つの、二つの、多くの陰謀。それこそユートピアの社会秩序であり、新しい革命国家（あるいは、お望みなら、国家の革命的衰滅）なのだ。そして、これはまた、ジジェクによるヘーゲルの弁証法的反転の真実と知恵でもある。アンドレ・ジッドはかつて言った、友とは、進んで一緒に悪いことをしようと思うような相手であると。すべての行動もそうであるべきだ。陰謀の目的が、個人的反発、摩擦と羨望、社会における個人としてのわれわれの存在の両立不可能性を廃滅してくれる。軍隊生活の紋切型は、ここでとりわけ重要である。兵営で新兵や召集兵は、まったく異なる人々、完全に違っていて相容れないはずの背景、階級、人種、（さらには）性別の人々と一緒に過ごすことになる。瞬時に感じる嫌悪と、不快な文化的疎外感、まったく共通点がないので普通なら避けるだろう人々との避けられない交流――これこそ真の民主主義である。これは、さまざまな階級的保護、職業、家族（もっとも、家族は、相容れない気質と神経に触る人々のまさに同じような耐え難い共生と感じられ生きられるかもしれないが）によって普通隠蔽され、ゲート付きコミュニティと壁に囲われた地所において富によって遠ざけられている。これはラクラウが敵対関係と呼んだものの場所である――彼はそれを階級闘争の代わりにし、ホッブズ的な方向に歪曲する傾向があるが。つまり、この共生状態は、あらゆる反動的宣言にある貴族的嫌悪が証明するように、民主主義の真の恐ろしさである。これは巨大な大衆デモと突発的暴徒、勝ち誇る革命の群衆の「叙情的幻想」において、集合的和解の幸福な瞬間を祝福するが、やがて、陳腐な民主主義的敵対関係の退屈な日々に落ち着いてゆく。生物学的個人は必然的にそういう敵対関係をお互いに感じるし、そこから空虚な理想主義とスピノザの「悲しい情念」の双方が生じる。

われわれは、国民皆兵制が、食糧と家から教育と医療まで、ある人口の多様な必要を満たすのに最低限必要な生産を組織し、それにより、ダーウィン的進化や自然界では予期も計画もできない自由時間を解放するのを許容する地点に到達したに過ぎない。これは、サルトルが言ったように、哲学的地平として実存主義がマルクス主義の優位に立つ瞬間であり、これに対するわれわれの反応によってわれわれ自身のイデオロギー的反射能力の性質を探知することができる。反射能力がどういうものであれ、これは少なくとも、新しい未来を、後期資本主義が現在押し付けている絶対的限界によって封印され抹消されている未来を、再び開く方法である。だから、ここは終わる場所ではなく、始める場所でもあるかもしれない。

2

マットとジェフはボタンを押した

キム・スタンリー・ロビンソン

「コードを書く者は誰でも価値を創り出す」

「まったくの見当違いさ」

「そんなことないよ。価値は生の中に存在し、生はコード化されている、DNAのようにね」

「じゃあバクテリアにも価値があるのかい?」

「そうとも。あらゆる生はモノを欲し、追い求める。ウイルス、バクテリアから、ずっと上がって来て僕らを含めてあらゆる生は」

「ところで、トイレ掃除は君の番だな」

「分かってるよ。生は死を意味する」

「今日かい?」

「いつかの今日さ。話を戻そう。僕らはコードを書く」

「うん、僕らは書く」

「コードなしでは、ファイアウォール〔社内ネットワークを不法アクセスから保護するシステム〕も、財政も、銀行も、金《かね》も、交換価値も、価値そのものもありえないんだ」

「最後のを除けば、言いたいことは分かるよ。だけどだから何だい？」

「君は今日のニュースを読んだ？」

「もちろん読んでない」

「読むべきだな。悪い知らせさ。万物はバラバラになりゆく」

「万物なんていつもバラバラになりゆくものさ。君の言ったとおりだ。生は死を意味する。厄介な話さ」

「いやかつてなく厄介さ。必要以上にね」

「分かってるよ。だからこそ僕らは屋上のテントで暮らしてるんだ」

「うん、しかし状況は悪くなるばかりさ。食糧恐慌のせいで人々は自制心を失っている」

「当然だ。これこそ本当の価値ってもんだ、腹に収まる食べ物こそ。何にも代えられない。金があっても食料は買えないなら、もうお手上げさ、金は食えないんだからな」

「それこそ僕が言わんとしてることさ」

「違うよ」

「マット」

「ジェフ」

「マット。いいかい。僕の話についてこいよ。僕らの住む世界では、人々は、あらゆる価値が代替可能だというふりをして暮らしてるんだ。金で何でも買え、金こそ重要で、金のためにみんな働いてるというわけさ。金はすなわち価値だと思われてる。金と価値の違いに目を向けないんだ」

「ＯＫ、分かったぞ。僕らは一文無しだ、それは分かった」

「良かった。このままついてきてくれよ」

「ついていったらいくらくれる？」

「一ビットコイン」

「じゃあ、君が一晩中コンピュータを回して、円周率を求めて新しい数字を延々と因数分解していれば、その分だけ僕は報酬を受けるんだね？」

「君はこれまで持ってなかったビットコインを手に入れる、そういうことさ」

「ＯＫ。取引はまとまった。約束だね？」

「うん」

「書いといてくれよ」

「完了。一ビットコインの約束手形」

「銀行にある金。ＯＫ。もう始まってるからな。話を続けて」

「だからさ、僕たちが生活する貨幣経済では、何もかもがずいぶん不当に安い値をつけられてるんだ、お金持ちの報酬を除いて。しかしこれは大した問題じゃない。大きな問題はだな、僕らが申し合わせて、市場に値づけを許してるということなんだ」

「見えざる手だな」

「そのとおり。売り手は商品やサーヴィスを提供し、買い手はそれを購入する。供給と需要の動き次第で、価格は決定される。それが累積的均衡というもので、供給と需要が変化するのに応じて価格も変化する。このシステムは、クラウドソーシング〔不特定多数への業務委託〕されていて、民主的だ。それが市場なんだ」

「ただ一つの方法」

「そのとおり。だけどそれはいつもいつも間違ってるんだ。価格はつねに低すぎる、そして世界はお手上げさ。今や僕らは大量絶滅の渦中にある。気候は煮炊き状態、食糧恐慌も起きた。どれも君が新聞で読まないことだけど」

「みんな市場のせいで」

「まさしく。単に市場の失敗というんじゃない、市場そのものが失敗なんだ」

「どうしてそうなるのさ？　何を言いたいの？」

「つまりさ、累積的均衡のために何もかもが不当に安い値をつけられる。モノやサーヴィスは、それを生み出すのにかかったコストよりも安く売られてるんだ」

「破産への道を歩いてるようだね」

「そうなんだ、現に多くの企業が破産してる。しかし破産してない企業でも、本当に利益を上げてるわけではないよ。彼らはただモノを、それを作るのにかかったコストより何とか安く売ることができてるにすぎない。コストの一部を隠すか無視することでね。みんながやってるのはそういうことさ。企業というのは、市場競争の巨大な重圧の下にあるからね。安値競争で負けてしまえば、企業は倒産する。買い手はみな、どんなものでも最安値の品を買う。だから売り手は、帳簿から生産コストをいくらか消し去らねばならない。もちろん企業は労働者に少ししか払えない。彼らはずっとそうしてきたんだ。労働とは、だから、企業が払うことのないコストの一つなんだね。そういうわけで僕たちは一文無しさ。それから原料についても、企業はそれを獲得するのにかかったコストを隠してしまう。原料を製品に加工するのにかかったコストもだ。しかも企業は、製品を市場に届けるのに使うインフラに対して金を出すことはない。空気や水や土に捨てた廃棄物に対してもそう。最後に、企業は商品やサーヴィスに、実際にそれを生み出すのにかけた一〇パーセントの価格をつけ、買い手はその値で買うんだよ。売り手は黒字を出し、株価は上がり、重役は特別手当をもらって、それをもう一度やるのに別会社に移るか、退職してどこかの島の豪邸に引っ込む。一方で、隠されたコストのツケはもろに、生物圏、製品を作った労働者、そして未来の世代へと回されることになるんだ」

「だけど、彼らはそういう中から安いテレビを手に入れたんだよ」

「そのとおり、だから彼らは座って面白い番組を見ることができる、一文無しの状態で」

「何にも面白い番組はないけれど」

「まあ、しかしこれは彼らの抱える問題の中ではごく些細なものさ。だって実のところ、君はたいてい面白い番組を見つけられるじゃないか。ターナー・クラシック・ムーヴィーズ〔米国タイム・ワーナー傘下の映画専門チャンネル、略称TCM〕とか」

「やめてくれよ。TCMが繰り返し流すのは何だって何回も見てきたよ」

「みんなそうさ。僕が言ってるのはただ、悪しきテレビの退屈さは、僕らにとって最も大きな心配事ではないということだ。大量絶滅こそが最大の心配事なんだから。あるいは飢餓かな。もしくは、子供がチャンスをつかむ前に人生を台無しにされてしまうこととか。こういうのがもっと大きな心配事なんだ」

「そういうことにしよう、議論を進めるために」

「だから資本主義だ。つまりそれが問題なんだ。市場システムのことさ。僕らには良い技術も素敵な地球もあるが、それをみんな愚かな法でブチ壊しにしてるんだ。資本主義とはまさにそういうもの、つまりは愚かな法の束だね」

「もし僕もそう考えたとすると——まあたぶんそうするんだけど——僕らに何ができるかな？」

「法の束だからな！　しかもグローバルな！　世界中を覆い尽くしてる。逃れようもなく、僕らはすっぽりその中さ。何をやろうにも、市場システムが支配してる」

「何ができるかという点が見えてこないな」

「考えるのさ！　法は、コンピュータ、インターネット、そしてクラウドにコード化されて登録されてる。法はコードで、世界を牛耳ってる。そして価値を生み出すんだ。世界全体を牛耳る十六の法がある」

「僕には少なすぎるようだけど。少なすぎるか多すぎる」

「いや、それぞれが連結してるんだ、もちろん。しかし結局は十六に落ち着く。僕はもう分析したんだよ」

「いつものように。しかしやはり多すぎるよ。何にせよ、君は十六なんて聞いたことないだろう。八つの貴い真理、二人の邪悪な義理の姉。あってもせいぜい十二だろうな、回復ステップとか使徒とか。だけどたいていは一桁さ」

「やめてくれよ。世界経済の話をしてるんだ。十六の法が世界を支配してる。世界貿易機関（ＷＴＯ）、国際通貨基金（ＩＭＦ）、世界銀行、Ｇ２０の間に分布してるんだ。金融取引、両替、通商法、会社法、それから税法。どこでも同じようにね」

「やはり十六というのは少なすぎるか多すぎるよ」

「とにかく十六なのさ。それらは同形《アイソモーフィック》で、コード化されてる。だからコードを変えればそれら自体を変えられるんだ。僕が言ってるのはこういうことさ——君は十六のコードを変更できる、鍵を大きな錠に差し込んで回すみたいに。鍵を回す、そうすれば何もかもが悪から善に変わる。このシステムは、人を傷つけるのではなく助けることになるんだ。景観は復元され、絶滅は止まるし、食物は育ち、最良のクリーン・テクノロジーが配備される。グローバルなシステムだから、離反者も外に出られない。悪い金は消え去り、悪い行いもなくなる。ズルをする奴はもういない。結果的に人々を向上させるんだ」

「ああジェフ、だんだん怖くなってきたよ」

「ただ話してるだけなのに！ それに今ほど怖いものがあるだろうか？」

「変化かな？ 分からないよ。ただ怖く聞こえるんだ」

「何が怖いのさ？ 君は新聞も読めないんだろう？ それはあまりにクソ怖いからなのかい？」

「いやその、実は時間がないからなんだ」

ジェフは額がテーブルにつくほど笑った。こんなときでも彼は、頭を軽快に上下させ、笑ったのだ。マットは、この友人がこんなに楽しんでいるのを見て、笑い出さずにはいられなかった。二人は友達であり、互いを楽しませ、ともに長い時間働いていた。彼らの仕事と言えば、メドウランズのはしけ《バージ》の上でスーパーコンピュータとともに暮らしている、フラッシュ・トレーディング〔超高速の電子取引〕の名うての投機家のために、コードを書いてセキュリティを暗号化するというものだった。二人とも、マンハッタンにある彼らのビルの屋上でテントを張って暮らすのが好きだった。彼らの眼下には水浸しのマンハッタンが広がり、さながら夜にきらめく素晴らしいヴェニスであった。威厳と流動性と華麗さがそこにはあった。彼らの街である。

ジェフは顔を上げた。「おい、エレンが僕にＷＴＯのコンピュータに侵入する方法を教えてくれたぞ。僕らはコードの書き方を知っているし、世界一のコード職人だな」

「あるいは少なくともこのビルの中では」

「何言ってるんだ、世界一さ！　しかもエレンは僕らがどこへ行くべきかも知らせてきたぞ。ＷＴＯから始めるのが一番良いそうだ。その次はファイアウォールの奴さ」

「どういうこと？」

「見てみろよ！」ジェフはコンピュータ画面を指差した。「僕らは今ここにいて、コードはもう準備できてる。変換は十六。少しひねるだけというのもあれば、ほぼ完全にひっくり返すというのもある」

「僕は本当に怖くなってきたよ」

「まあいいさ、だけど自分の目で確かめてみろよ。何を考えてるのか自分で理解するんだ」

マットは唇を動かして読んだ。心の中で己に言い聞かせているのではなく、いわばネロ・ウルフ〔アメリカの作家レックス・スタウトの推理小説に登場する安楽椅子探偵〕のように脳に刺激を与えているのだ。これは彼のお気に入りの脳機能《ニューロビクス》エクササイズで、それにはいくつもの種類があった。読み続けるにあたり、マットは指で唇をマッサージし始めた。このエクササイズは、彼の当惑した内面を示している。

「こいつの意味を教えてくれよ」彼は指を差して言った。

「高速取引追加料金、一取引につき一〇〇分の一ポイント」

「一セントの一万分の一、一ドルの一〇〇万分の一？」

「あっという間に貯まるよ。僕はこれをオデキの切開と呼ぶね」

「これは何かな？」

「完全雇用」

「結構だね、しかしどう言ったら良いか分からないけど、君はみんなを軍隊に召集することでそれを実現させようとしてるみたい」

「そのとおりだよ。しかし誰もが軍隊に入るんだから、兵役《ナショナル・サーヴィス》に近いな。みんながそうしなくちゃいけないんだ」

「どのくらいの間？」

「生まれてから死ぬまで」

「本当に？　それが君の解決策なの？」

「うん、そうとも！　君が手にするものを考えてごらん。無償で得られる医療、教育、住宅、休暇、衣服」

「ああ、僕はずっとタダで服が欲しかったんだ」

「知ってるよ、君のためにそれを入れたのさ。もう救世軍に行く必要もない」

「それは寂しくなるな」

「別に行きたければ行ってもいいんだ。みんなでたくさん仕事をするから、君は一週間に八時間だけ働けばよくなる」

「政治的な不満はどうするんだい？　人々は自制心を失わないかな？」

「政治は、いわばリサイクルショップ行きだね。それを戯れにやる人もいるけど、ほとんどの人はもう気にかけないよ」

「政治はないと？」

「政治はない、ビジネスもない、心理学もない、特権もない、階級もない。誰もが同じチームに属してるんだ、分かるね？　高校にいるときみたいにさ」

「どこまでユートピアなんだ！」

「ただ違うコードになるだけで。僕らはみんな官僚となる」

「いつになく君は頑張ってるな」

「君にはマット研究所の主任になってもらおう」

「気に入った。高速取引手数料がこういうのをすべて賄ってくれるの？」

「すべてではないよ。ナンバー15を見てごらん。固定資産には、急勾配の累進手数料が課せられてるね。

僕はこれを脱独裁化と呼ぶ」

「君はこんな風に名前をつけるのが実にうまいな」

「そういう詰まった富を平等に分配すれば、僕らはみんな生活賃金を手に入れる。この生活賃金は、必需品に使わなくてもいいんだ。必需品の支給は軍隊生活に含まれてるからね。適当に遊ぶための裏金のようなものさ。金はどんなときもあれば便利だろう」

「またビットコインかい？」

「ときどきは。どんな通貨でもご随意に。クソみたいな通貨はクソみたいに代替可能さ。他に類を見ないほど」

「それでこのナンバー9は炭素税かな？」

「税って何だろう？　この言葉の意味が分からないよ。ナンバー9はモノの真のコストを支払うというもの。ナンバー2も同じ。これは、僕たちがつねに労働の真のコストを支払うという意味だよ」

「けっこう高いんじゃないのかい？」

「何が高いって？　それは生活費だよ！　僕らは自分たち自身に生活費を払うんだ。金は一種の公共事業にすぎないよ。なかんずく君が一度全部の固定資産を脱独裁してしまえばね」

マットはうなずいた。「ＯＫ、気に入った。しかしこのシステムはそんなに効率的というわけでもなさそうだよね」

「もちろん。効率性なんて、どれだけ速く金が貧乏人から金持ちへと移るのかを測る基準にすぎなかった。僕らは効率性の逆を好むね、すなわち正義を」

「相変わらず君は名づけるのがうまいな」

「僕も正義というのは良い名前だと思うよ」

マットは読み続けた。

最後に彼は言った。「ＯＫ、君の考えが分かったよ。気に入った。楽しそうだな。ユーモアがあるってのもまず間違いない」

ジェフはうなずいた。彼はリターン・キーを叩いた。新しい一組のコードが、世界へと飛び出していった。

二人はホテロ――立ち上がれるくらいの高さの組み立て式テント――から出て、ルーフ・バルコニーの柵の上に立ち、沈没した都市を見下ろしていた。明かりは街を沈めた黒い水に曲線を描いていた。周りにある超高層ビルのうち、二、三にはしかと明かりが灯されていたが、ほとんどは真っ暗だった。ひっそりとして不可思議で、美しくも不気味だった。

ピンという音が鳴り、彼らはテントの中に戻った。ジェフがコンピュータのスクリーンを読む。「ああくそ！」彼は言った。「僕たちは徴兵されたぞ！」

「えーっと、これはめでたいことなんだよね？」

ジェフはほっと息を飲んだ。「そう願うよ」

マットもスクリーンを見る。「待てよ、僕らは徴兵されるのかい、それとも逮捕されるのかい？」

屋上にある業務用エレヴェーターのドアが開いた。

3 二重権力再び

ジョディ・ディーン

フレドリック・ジェイムソンの「アメリカのユートピア」は、革命的変化のモデルとして二重権力の概念に回帰している。レーニンによるソヴィエトや暫定政府の古典的定式、あるいは、国家と並存する制度的対抗勢力《カウンター＝パワー》を求める現代の無政府主義的提案とは異なり、ジェイムソンの二重権力は、国家を解体するために国家を用いる。二部構成の企画で、彼は第一に、国家のある部分すなわち軍隊を、別の部分すなわち代議制政府に対抗して拡充させるという政治的プログラムを提示している。そして第二に、政治的なものをすべて排除するため、この軍事的構造を拡張するユートピア的ヴィジョンを提案するのだ。活動的な軍隊と無能な政府という過渡期の二重権力から、階級なき社会が新たに浮かび上がってくる。この社会は、土台と上部構造、経済と文化、軍事的労働と創造的余暇（どれも必然性の王国と自由の王国の分裂のさまざまなヴァリエーションだ）の二重権力によって組織される。このユートピア的構造においては、政治が不要というだけでなく、そもそも政治的なものが入り込む余地がない。

確かに、ジェイムソンの国民皆兵制という発想は挑発的に見えるかもしれない。しかし、政治を終わらせるという彼の幻想は、国家を回避するという点では、はやりのアンチ政治、ポスト政治の気運と共鳴している。決定という政治的問題——何がなされるべきか、誰が決めるのか——は姿を消してしまうのだ。もっともそれは、ジェイムソンのユートピア的提案の中で、切り詰めた形で戻ってくる。すなわち、雇用を組織するために「想像できないほど複雑なコンピュータ」を使う精神分析斡旋局である。このユートピア的想像力の飛躍は、人民《ピープル》に対する信頼の不在から生じる。それはあたかも、分断された人民という事実が、自治の構成的条件を設定するよりもむしろ自治の不可能性を暗示するかのようだ。ジェイムソンはわれわれに、人民主権（レーニン主義の用語では被抑圧者の革命的連合として理解される）の代わりに、管理されるべき、主体を欠く《サブジェクトレス》実体として「住　民《ポピュレーション》」を示している。[1] このヴィジョンは、人間を経済的単位としてのみ捉える資本主義的見解に対立するというより、むしろそれを延長するものだ。

暴動や革命が世界中の左翼の再起を指示するときに、ジェイムソンによる集合性の軍事的モデルは、現実の政治的潜在力を備える二重権力の担い手、すなわち群衆と政党から、われわれの関心を逸らしてしまう。[2] ここ数十年の間に、デモ、占拠、ストライキ、封鎖といった、激化する一連の運動は、政党形態の問題を、左翼政治の中心へと引き戻した。「落胆させるとしても予測可能ではある規則性」により繰り返される難局に直面し、現下の闘争は、組織に関する差し迫った諸問題を提起している。[3] どのようにすればわれわれの活動は、段階的に進み、持続することができるのか。どのようにすればわれわれの活動は連携し、相互強化し、議題を提案し、政治成果を上げることができるのか。現実の政治運動に距離を置くユートピア的提案とは対照的に、ジェイソン・E・スミス〔米国の美学者、哲学者、政治理論家〕が正当にも指摘するように、「政党形態の問題」は、「現代の闘争に関連して、しかもそのダイナミクスの中から湧き出たものとして」現れるのだ。集合的エネルギーを発生させ維持するよう迫られる状況の中、政治運動は、政党という問題を、左翼の理論と実践の領域へと押し戻している。ピーター・D・トマス〔英国のマルクス主義政治理論家〕によれば、

国際的規模における左翼の再編という、矛盾含みの過程の実地経験――この十年間で再構成されたラテン・アメリカ左翼から、さまざまな形で成功を収めたヨーロッパの政党連合(ドイツの左翼党、スペインの統一左翼、ギリシャの急進左派連合、フランスの左翼戦線等々)、北アフリカやアラブ世界における新しい政治形態の暫定的出現までの動き――が政党の問題を現代の議題へとしっかり差し戻したのだ。(4)

活動家たちは、争点やアイデンティティに焦点を合わせた活動、あらゆる点で事実上一回限りの大衆デモ、無政府主義者の市街戦といった一時的ローカリズムといったもので構想される政治に対して、ますます限界を感じるようになっている。経済的不平等の深化や地球温暖化の効果の偏在的分布による切迫した状況の中、活動家たちは、政党形態の政治的可能性を再考し、改めて組織の問題を投げかけるのだ。

ジェイムソンのユートピア的提案が、左翼の組織化の欲望を刺激する今日的任務に貢献する限り、それによってわれわれの「イデオロギー反射能力」が検証されるのも、有益ではある。だがジェイムソンが、左翼のポスト政治に特徴的な、政党および国家の拒絶を反復するという意味では、彼の計画はすでに試され、不十分であることが分かっている。その国民皆兵制は、一九六八年以来左翼の側で称賛されてきた数

多くの自律的、孤立的な闘争を逆転させたものなのだ。数十年の間、左翼の側には、国家を標的とする政党政治を軽蔑し、社会を標的とする社会運動を擁護する傾向があった[5]。多様な無政府主義者やポスト・マルクス主義者が、経済の複数化を推進することで国家を脇に追いやる中、ジェイムソンは逆のやり方で国家を避けている。すなわち、経済に責任を負う一つの軍隊へと国民を徴兵するというのだ。いずれの場合も、政治権力を確立し行使しようとする闘争、貧困者や労働者の集合的利益のために国家を利用しようとする闘争は、放棄されてしまう。ジェイムソンの提案の弱点は、だから、平等主義的市民闘争に忠実な政党としてではなく、みなの経済的軍隊という点で左翼の組織化を想像していることに起因するのだ。

君の可能性を発揮せよ〔一九八〇—二〇〇一年の米陸軍の募集広告の文句〕

ジェイムソンの政治的プログラムは、軍隊こそが、革命的機能を果たしうる現存する唯一の機関であるという発想から成立している。（彼は、軍隊に対する自身のヴィジョンを「ラムズフェルド時代以前」と評している）。軍隊は訓練されており、民主化に向かう（異なるグループが混じり合っているという意味において）。それは州の境界を跨ぎ、地方の管轄を越えて活動する。さらに、教育、訓練、医療を提供する。このような既存の能力を考えれば、十六歳から六〇歳までの全員を含むよう軍隊を拡大すべきだとジェイムソンは主張している。その軍隊は、大部分の生産や分配を引き継ぎ、それによってジェイムソンが最高の社会的優先事項と考えるもの、つまり完全雇用を確保するのだ。現在の無能な代議制政府は、軍隊が新たな社会構造、社会の外骨格となるにつれ、衰滅してゆくだろう。

とはいえ、ジェイムソンの国民軍を軍隊たらしめるものが何なのか、説明するのは難しい。一方において彼は、名誉ある国民軍へと全員を徴兵することは、軍隊を管理しようのないもの、外国との戦争やクーデタを起こしえないものにするだろうと述べている。だからこれは戦わない軍隊なのだ。他方でジェイムソンは、良心的徴兵拒否者は武器の開発や保管に従事することになるだろうとも述べる。だが、戦争できない軍隊にどうして武器が必要なのか。ジェイムソンが軍隊の下で病気の管理、教育、災害援助、インフラ修理、食料配給に新たな方向づけを与えていることからすれば、その軍隊の部隊たちが、戦争やクーデタができないなどとどうして言えるのか——武器の開発を続けるのであれば、なおさら。

彼の軍隊がいかに軍隊たりうるのかという疑問をさらに複雑にするのは、ジェイムソンが、軍隊組織の重要な要素であるヒエラルキーや指揮系統を控え目に演出していることである。このおかげで彼は、軍隊の訓練に特有の残酷で忌まわしいいじめの儀式を扱わずに済んでいる。またそのおかげで彼は、政治権力や意思決定を無視することができ、連邦制による分断を克服する脱中心化ネットワークとして軍隊を提示することができるのだ。つまり、連邦制一般、特に合衆国憲法の構造に対するジェイムソンのアプローチが、この克服という考えを生み出しているのだ。それはナショナルな統一か帝国的拡大の幻想だろうか。ジェイムソンは、軍隊が全住民を吸収することを提案するが、これはどこの住民なのだろう。合衆国？北アメリカ？　西半球？　環太平洋？　それとも世界全体？　この吸収により、軍隊の目的に関する疑問はより一層厳しく突きつけられる。目的はネーションの建設か、それとも世界の征服かと。

ジェイムソンのユートピア的軍隊には、実のところ、政治的目的がない。その役割は経済的なもので、土台に集中している。軍隊は完全雇用を実現し、それによってジェイムソンが最も差し迫った社会問題と捉えるものを解決する。完全雇用は、しかしながら、経済成長や生産性と同じく、目的としてはあって無きが如しで、それ自体のための無意味な活動の繰り返しである。資源の割当、社会的優先事項、文化的限界の問題は依然として残ってしまう。これらは政治的問題、つまり敵対関係の現場であり、集合性はその周りに自らを構成するのだ。

ジェイムソンの国民軍を軍隊たらしめるただ一つの特徴は徴兵制である。彼の想像する軍隊とは、非自発的で非選択的な人間関係に基づいている。人々は、個人的な相違や嗜好にかかわらず、共通の企図への参加を強いられるのだ。まさに国民皆兵制とは、選択の余地なき集合性である。

集合性の強調は、ジェイムソンのアプローチの強みとなっている。彼は、左翼を鉄のおりに閉じ込めてきた個人主義を排し、集合的なものを優先的に扱うのだ。さらに、自身の見解をラカンの精神分析によって補強し、当然ながら、指導者への愛を通じた同一化によって集団心理を説明するフロイトの試みを却下している。そうであればなぜジェイムソンは、集合的なもののモデルとして軍隊を扱う際、フロイトにならっているのか(フロイトのもう一つのモデルは教会である)。『集団心理学と自我の分析』の中でフロイトは羨望についても議論しているが、ことによるとジェイムソンによる軍隊の強調は、彼がこの羨望論を支持していることとの残滓かもしれない。フロイトの説明によれば、集団構成員の諸関係を構造化する平等への要求とは、根源的な羨望の結果である。つまり、「社会的公正の意味するところは、自分も多くのことを断念するから、他の人々もそれを断念しなければならない」ということなのだ[6]。ジェイムソンもまた、そのユートピア的計画のために羨望を動員する。ただし、「享楽の盗み」という、ラカン的=ジジェク的な装いにおいてである。ジェイムソンは、享楽の盗みという観念を、享楽は満足しえないという見解と同義のものとして扱っている。この欠如は構成的で、「人間の条件の恒久的性質」であり、それはジェイムソンにとって、「他者に対する存在論的、文化的羨望への絶えざる誘い」となる。フロイトが集団的愛着を突き止めたのに対し、ジェイムソンは決裂――社会的調和を阻む敵対関係、集合性の核心にある敵対関係

――を見出すのだ。

ジェイムソンは、敵対関係をいくつかの方法でそのユートピア的モデルに取り入れている。ユートピア主義者のシャルル・フーリエから着想を得て、彼は「悲しい情念」を生産的なものにするのだ。反社会的欲動は、新しい結合や集合を生み出すのに用いられることになる。羨望を始めとする否定的情念は、フロイトの場合のように抑圧されるというよりも、表現され、しかも享楽として祝福されるようになる。この点にこそ、文化という上部構造の領域が存在する意義がある。つまりそれは、放縦と個人的自由のための空間なのだ。人々の時間は、兵役という義務の仕事（週二、三時間、あるいは年一、三週間かもしれない）と、自由時間すなわち何でも好きなことをするための余暇に区分されるだろう。そして、大都市は歓楽地に指定されうる。それは「匿名の集合的富の場所、狂乱じみているがコスモポリタンな祝福の場所〔…〕である。そこでは、ぽかんとした田舎者の群れが都会のすれっからしと交じり合い、すりや取っ組み合いも大量に発生するだろう」。精神分析斡旋局は、「想像できないほど複雑なコンピュータ・システム」を駆使し、緊急の問題を処理することになる。国家の最後の残滓は今や、「何らかの巨大な集団治療」となるのだ。もっとも、事実上、敵対関係に取って代わるのは、社会的なものの中の分裂、つまり土台と上部構造の分裂である。ジェイムソンは敵対関係を政治的に表現せず、それを、軍国主義と享楽の間で自らを分裂させる社会に置き換え、さらに集団治療とコンピュータを介してその二つを結合させている。かつてアドルノは、メシア到来後の世界を記述するユダヤの格言、「この世界と同じだが、ほんの少し違う」を復唱したが、今やジェイムソンがそれをさらに復唱していても、驚くに足らないのだ。彼の「アメリカのユートピア」は、現代の合衆国の腐敗した政治を、ユートピアの形式に入れてわれわれに贈り返す。軍国主義と享楽の社会が欲しいかい？　さあどうぞ！

もう一つの群衆

ジェイムソンは、個々の要素を違う仕方で組み合わせる可能性は残っていると但し書きをつけて、自身のユートピア的提案を始める。そのような組み合わせの一つには、ジェイムソンと共通して集合性を強調しつつも、その軍事的性格には抵抗し、代わりに群衆から開始するという方法があるだろう。ここではエリアス・カネッティの著作が助けとなる。ジェイムソンは、ユートピア主義の最初の任務はユートピア恐怖の診断にあると主張し、集合的なものの恐怖、つまり「何らかの巨大な集合的存在の中に個性を失ってしまうことへの実存的不安」を措定している。これに対しカネッティは、別の原始的恐怖から始めるのだ。「人間にとって未知のものとの接触ほど恐ろしいことはない」[7]。人間がこの恐怖から自由になれる一つの場所が群衆である。カネッティによると、「人間が必要とする群衆は肉体が押しあう緊密な群衆である。また、その心的状態も緊密で、自分を〈押している〉のが誰か、もはや気づく者さえないほどコンパクトな群衆である」[8]。多数が現前するということは、なじみのないものや見知らぬものと接触する不安から、私たちを解放するのだ。「そのとき突然、一切のことが、まるで一個の肉体の内部で起こったときのように、起こるのである」。これとは対照的に、ジェイムソンは、超越しえない限界として生物学的個体化に固執している。

カネッティの群衆は脱個体的なものだ。これは、個体化された身体が、集合性にとってある種当然の限界であるという推定を認めない。群衆が合体して種々雑多な存在となるにつれ、適切な接近という規範は消失してしまう。伝統的ヒエラルキーが崩壊するのだ。個体をつくるのに集まっていた特異性は消え去り、その代わりに、多数の口、肛門、胃、手、足を持つ一時的な存在、触れ合う幾重もの皮膚からなる存在が、立ち現れてくる。

カネッティは、群衆が出現する瞬間を「解放」と記述している。これは、「群衆に属するすべての人びとが、お互いのあいだの差別を払拭」する瞬間だ[9]。この時点までに多くの人々がいるかもしれないが、まだ彼らは、身体や情動の集合物、すなわち群衆ではない。しかし密度が高まるにつれ、リビドー効果が生まれてくる。「人びとのあいだにほとんど隙間がなく、身体と身体が押しあうほどの緊密状態のなかで、めいめいの人間は自他の区別もつかぬほど他人と近くなる。そして、このことによって、軽減の巨大な感情が起こってくる。人間たちが群衆となるのは、誰もが他人より大きな存在でも優れた存在でもなくなるこの幸福な瞬間のためなのである[10]」。カネッティがわれわれに示す群衆とは、だから、享楽の奇妙な誘因であり、集合的享楽の象徴なのだ[11]。群衆のリビドー・エネルギーは「幸福な瞬間」のために、群衆をまとめ上げる。カネッティによると、この瞬間に、解放の激しさを共有する中で「平等の感情」が生まれてくるという。だが、この感情は長続きしない。不平等が、群衆の解散とともに復活してしまうのだ。彼ら（そして、カネッティ称するところの「群衆結晶体」を形成する者たち）を隔てる財産や生活上の諸関係を放棄する者はほとんどいない。だがオルガスム的解放の中では、「絶対的平等の状態」が、個体化する区別に取って代わることになる[12]。

カネッティの群衆の平等は、フロイトが想像したライヴァル間の平等の根底にある羨望とは何の関係もない。それはまた、マルクスが『ゴータ綱領批判』の中で痛烈に非難した類のブルジョワジーの平等とも似ていない。それは、異なる人々、物、労働力の消費に適用される共通基準の形式的平等ではないのだ。むしろカネッティが注目する平等とは、「頭は頭であり、腕は腕であり、個々人の頭や腕のあいだの違いは、問題にならない」状態のことである。[13] 脱個体化は、熱烈な帰属に伴うのだ。ちょうどマルクスが、不平等な個々人は、「彼らが不平等でないとしたら、彼らはなにも相異なる個人ではないことになる」〔マルクス著、『ゴータ綱領批判』、望月清司訳、岩波文庫、一九七五年、三七頁〕と括弧書きで特筆したのと同じように、カネッティも不平等を差異化——集合性の流動的な実体を明確な個々人の形式へと流し込むこと——と関連づけている。群衆における平等の力は、個人的形式というつねに脆い想像上の閉塞を打破し、集合的なものがその集合性を経験することを可能にするのだ。カネッティは、群衆の平等は正義に対するあらゆる要求を鼓舞すると主張している。分離、計量、測定ではなく、帰属としての平等こそが、正義を求める切望に対して「エネルギー」（カネッティの用語）を注ぐものなのだ。

群衆の解放における帰属の「幸福な瞬間」を想定しつつ、カネッティが提示する平等観は、平等を羨望と精神分析的に関連づけるジェイムソンのものとは、根本的に異なる。階級なき社会を軍事的に想像するのとは対照的に、群衆における平等とは脱差異化、脱個体化であり、ヒエラルキー、閉止《クロージャー》＝完結性、分断からの一時的解放なのである。カネッティによれば、「人びとが群衆となるのは、この平等のためであり、かれらは、平等を損じるようなものは、すべて無視する傾向をもつ。正義に対するあらゆる要求、あらゆる平等理論は、結局、群衆の一員だったことのある者なら、誰にとっても親しみある、現実の平等体験から、そのエネルギーをひきだしているのである」[14]。平等への渇望は何もルサンチマンから来るのではない。弱さや窮乏の産物ではないのだ。むしろ平等への渇望は、大人数の強さに由来する。この渇望は、自らを増幅し、自らを強化し、自らを自らに押し戻すのだ。叫び、感嘆、騒音——自然発生的な「共通の発言」——により、群衆は、自らの実体である平等を表現するのである。

群衆の緊密性とは、群衆の不可分性であり、その連帯の程度でもある。生理学的に理解すれば、この緊密状態は共通感情の中に現れてくる。たとえば、群衆の中を駆け巡り、増幅し、自己増殖する興奮がそうだ。「緊密状態と平等との巧みな設定」は、群衆感情を生じさせるのである。

カネッティによると、群衆には、平等や緊密さに加え、精神分析で言うところの欲望、つまり増大と方向を示唆する特質が備わっている。カネッティの群衆は増大し、増長し、拡大したいと欲する。それは、目標に向かって進む限りは、存続するだろう。換言すると、もし群衆が存在し続けるのであれば、目標は未達成のままでなければならない。ラカン派の用語ではこう表現される。欲望とは、欲望したい欲望である。増長したいという衝動は、もっと大きくなりたい、障壁を除去したい、その外には何もないというほどに群衆感情を普遍化し拡大したいという欲求である。群衆の方向とはその目標だ。目標が共通していれば、それは「平等の感情を強める」。そして共通目標が強くなればなるほど、群衆の緊密さを脅かす個人の目標は弱くなる。目標がなければ、群衆は、私的目的を追求する個々人へと分解してしまう。目標は、群衆の外、つまり群衆が向いている方向の先にある。目標は解放ではないのだ。解放は狙いではあるのだが。

群衆とは集合性によって発揮される欲望の力である。資本や国家によって承認されない空間に集まるとき、群衆は、既定状況に穴を開け、可能性のギャップを創り出す。だから群衆の存在とは、否定の肯定的表現なのだ。人々は、個人であれば不可能な仕方で、一緒の行動をとるのであり、フロイトはこの現象に関心を持った。支配的構造に逆らって、群衆は集合的で平等主義的な可能性を予示する——完全に文字通り、「予示する」(prefigure)のだ、「形が現れる前に」(prior to figuration)。群衆そのものは名を持たず、現状に対する代替案を提供したり表象したりすることもない。群衆は、許容された経験を画定する限界を突破することで、第一歩を切り開く。確かに人々はそこにいる。しかし、群衆の活動的欲望を通じて、かつての状態とは異なった有様でそこにいるのだ。「個々人の頭や腕のあいだの違いは、問題にならない」絶対的平等の状態となってそこにいるのだ。こうして、以前は互いに別々だった人々が、政治の集合的主体としての人民の可能性を印象づけることになる。

いくつもの点でジェイムソンのユートピア的提案は、カネッティの群衆理論と重なり合う。二人とも、集合的なものを通じて社会的なものにアプローチしているのだ。ジェイムソンは徴兵の強制力を介して、カネッティは群衆の情動的牽引力（群衆によって提供される、見知らぬものと接触する不安の軽減）を介してそうする。さらに二人とも、欲望の構成的無満足《ノン・サティスファクション》を強調している。ジェイムソンは羨望を介して、カネッティは増大を介して。最後に、彼らは、集合性のリビドー的次元へと注意を向ける。この点、ジェイムソンは、羨望を一種の宗教にまで高めることで、それを克服することを提案している。「代わりに祝福すべきは、享楽そのもの、それが存在すること、そしてそもそも誰も本当には享楽しないのだから誰が享楽しても関係ない、ということである」。これは、解放、すなわちそれまで捕われてきた個人的形式ゆえの恐怖や孤立から各人が逃れる際に起きる、群衆のオルガスム的激しさの瞬間を記述するものに他ならないのではないか。他方、カネッティはこう述べている。「群衆のなかで、個々の人間は、自分が個人としての制約を超越している、と感じている。かれは、ある精神的な軽減を感じている。というのは、かれを自分自身に押しかえし、かれを閉じこめるのが常だったあらゆる隔たりが除かれているからである。これらの隔たりという重荷が取り除かれたことによって、かれは自由を感じている。かれの自由とは、これらの境界の踏み越えにほかならない[15]」。

ジェイムソンは、二重権力の候補として群衆をきっぱり退ける。ハートとネグリの用語を使い、彼は、最近十年の占拠や暴動をマルティチュードの構成的権力と関連づける。ウォール街占拠やアラブの春のような大衆蜂起は、政治組織の代わりに情報テクノロジーを用いるため、二重権力の形式としては失敗すると彼は示唆しているのだ。確かに、携帯電話で可能となった突発的暴徒として、群衆はシアトルからウィスコンシン、東ヨーロッパからタハリール広場へと結集する。[16] ところで精神分析幹旋局というジェイムソン自身のユートピア的提案もまた、政治組織に代わって情報テクノロジーを用いている。このことが暗示するのは、群衆の問題とは、彼らが個人的な通信装置によって媒介されるという事実にあるのではない、ということだ。むしろ、これらの装置は、何か別のこと、つまり大衆蜂起が拡大に失敗することの徴候なのである。媒介された群衆は、政治的エネルギーを、継続させずに、個々の事例に集中させる。そのため、増大することはできず、その事例限りの政治があるのみなのだ。ジェイムソンにとって、このような持続の失敗こそが、「民主主義の真の恐ろしさ」である。彼は書いている、「これは巨大な大衆デモと突発的暴徒、勝ち誇る革命の群衆の「叙情的幻想」において、集合的和解の幸福な瞬間を祝福するが、やがて、陳腐な民主主義的敵対関係の退屈な日々に落ち着いてゆく。生物学的個人は必然的にそういう敵対関係をお互いに感じるし、そこから空虚な理想主義とスピノザの「悲しい情念」の双方が生じる」。ジェイムソンは軍隊の肩を持つが、それは、軍隊が持続可能な階級なき社会を組織するからだ。

すでに述べたように、国民皆兵制は経済的な計画である。それは完全雇用を実現し、生産を組織する。このユートピア的形態においては、国民皆兵制は、「国家のみならず政治そのものの衰滅」を前提としている。だが、軍隊がその方針や指揮をどのように獲得するのかは判然としない。精神分析幹旋局が決めるのだろうか。統合参謀本部だろうか。それとも、すでに何もかもジェイムソンの個人的幻想の中で決まっているというのか。いずれにせよ、国民皆兵制から政治を排除することで、人民は非政治化されてしまう。彼らは一つの単位ではあるが、その単一性には政治的意味がない。彼らの持ちうるいかなる政治的区分も、労働と余暇の区分、すなわち軍事義務と自由時間の区分によって置き換えられてしまう。政治的敵対関係は、ジェイムソンの当初のプログラム――銀行を国営化し、あらゆるエネルギー源を奪取し、富を再配分し、年間最低賃金保証を確立するなど――に制限されている。彼の当初のプログラムは、党派的なプログラムである――それは断固とし、不和をはらみ、共産党に相応しいものだ。このプログラムに沿う形で、政党や政治的なものは、軍隊に置き換えられるのではなく、軍隊に包容されるべきである。

ジェイムソンは、彼の軍隊が政党のようなものであると認めている。また彼は、ブラック・パンサーやハマスといった、「日常生活における実際的支援とリーダーシップ」を提供するネットワークの実例を挙げることで二重権力についての議論を開始している。けれども、これらの実例を用いつつ、彼は政党形態について、まるでそれが、改革か革命かの二者択一によって完全に制約されているかのように、扱っているのだ。もう誰も革命を信じていない、と彼は私たちに語りかける。人々は共産党に幻滅してしまった。改革はもうまくいかない。左翼政党は「権力を握るといつも抵抗をやめてしまうのだ」。しかしジェイムソンの軍事的な対抗提案に鑑みれば、彼の政党への異議申し立てには説得力がない。共産党に幻滅する左翼勢力が、軍隊に熱狂するとは思えない。

ジェイムソンは左翼政党を切り捨てるものの、彼の過渡期のプログラムでは、リベラル、社会民主主義的政党にも役割を見出している。その機能とはすなわち、ひたすら語ることだ。代議制政府システムのせいで、リベラル、社会民主主義的政党は実際に何事も達成することはできないが、言説闘争の媒体やフォーラムにはなる。それらは、敵のレトリックを傷つけ、新しい語彙を作り、提案を出すこともできる。ジェイムソンがワイファイの遍在化を受け入れていることからすれば、彼が議会政党を限定的に容認することは説得力を欠く。グローバル・ネットワーク化した個人的コミュニケーションこそが語りの場を提供するのだ。重大な政策、活動、決定とは距離を置いた、今日の憤激におけるミーム〔遺伝子のような再現・模倣を繰り返して受け継がれる習慣や文化、人間を媒体として増殖する思想的因子〕やイメージの流通は、議会討論の言説闘争的役割にすでに取って代わっている。ジェイムソンが共産党を不必要にも見捨てるとき、彼はブルジョワ政党を不必要にも受け入れてしまう。ともかく、交渉は裏切りであり説得もうまくいかないとなれば、残された選択肢は強制のみだ。この仕事が可能なのは軍隊だけだから、こうしてジェイムソンは、政党ではなく軍隊の方をとることになる。

しかしジェイムソンの企図において重大な決定を下すのは誰なのか。誰が軍隊を指揮するのか。(ジェイムソンが引き合いに出す)トロツキーの軍事民主制の利点とは、内戦や階級闘争におけるボルシェヴィキのリーダーシップを想定していることだ。政治は消されない。政治は主導的役割を担い、武力衝突の方針を決定するのである。これに対しジェイムソンは、国民皆兵制が政治的意思の形成や行使と入れ替わる移行を想像している。その後に続くユートピアでは、人民は自治能力を欠き、社会を自ら操縦することができないままである。彼らは労働と余暇の機械の部品へと還元されてしまうのだ。そして、人民が自意識的に生活条件を決定する集合的な力は、精神分析斡旋局を通して軍事機構に注がれ、完全に奪われてしまう。もはや政治に居場所はない。このようにジェイムソンの国民皆兵制とは、人民という共産主義的概念よりもむしろ、新自由主義的資本主義の下で作用する住民という概念を極端なほど推し進めるものなのである。そこには、自らの歴史を創る自治的人民の活動的集合体は存在しない。存在するのはただ、生産と消費の経済的単位のみだ。

ジェイムソンは、一九六八年以降の左翼には、「あらゆる形態の政治、社会組織——何らかの種類の政党の形成においてであれ、現在のものと根源的に異なる未来社会の構築についての思弁においてであれ——

に対する疑似パラノイア的恐怖」があると診断を下し、それに満足しているが、実のところ彼は、徴候を原因と誤診している。問題は、われわれが「政治的に考える癖を直さ」なければいけないということではない。左翼が政治的に思考し、活動するのを止めたことが問題なのだ。アイデンティティ・ポリティクスや文化批評（ジェイムソンは後者に鋭く切り込む）に没頭するあまり、左翼は自ら分解してしまい、リベラルや無政府主義者となってしまった。すなわち、われわれのますます多くをグローバル化した多文化資本主義に取り込もうとするリベラルや、小グループが参加するミクロポリティクスに重点を置く無政府主義者になってしまったのだ。二十世紀の権力濫用の後で、権力そのものを恐れるようになった左翼は、国家を、階級として機能する資本に譲り渡したのだ。ジェイムソンは、もはや誰も国家を欲しないと言う。だがこれは不正確だ。企業や金持ちは、何十億もの金を費やして、選挙あるいは法律を通じて国家をものにしようと企てているではないか。合衆国は、殺人的戦力を世界中に展開し、同盟国がそれぞれの国家を支配できるよう保証しているではないか。ジェイムソンは、強制に依存し、政治的なものをすべて排除することで、政治権力を構築するという課題を巧みに避けようとする。しかし政治的なものは排除しえない。変わるのはその表れ方、それが取る形式である。実は、ジェイムソンの主張に反して、政治理論の対象はつねに対立《コンフリクト》であり、集合的なものそれ自体ではなかった。マルクス主義のスキャンダルとは、そしておそらくこれは民主主義のスキャンダルでもあるが、対立《コンフリクト》と接続可能性をともに考えよという要求なのだ。

ジェイムソンの国民皆兵制は、集合的政治主体としての人民を、住民の組織に置き換えてしまう。みながたった一つの組織に徴用されるのだ。この組織は、彼らが集合体として主体性を獲得する媒体とはならない。その組織は、彼らの生産性のための機械であり、彼らが集合体として自己表現する場を持たない限りにおいて、集合的主体の消滅に基づいている。これとは対照的に、政党は人民の中にある分断を活用する。それは、ある一部のために闘う、ある一部のための形態だ。社会がすべてそこに含まれているわけではないのである。人々と政党の非同一性は、互いを実態より以上、そして以下の存在にすることを可能にする。つまり互いを可能とし、互いと決裂し、互いを超越するのだ。別の言い方をすれば、政党は人民を分断された主体として動員するのである。ジェイムソン自身の主張にとって重要なラカン派の概念は、この見解を明らかにするのを手伝ってくれる。

　政治の主体が集合的であることの意味は、その活動が、個人的行為体と関連するもの、つまり選択や決定のような行動には還元しえないということだ。むしろ集合的主体は、決裂や断絶を通して、そして、そういう断絶を集合的主体が表現した主体へと遡及的に帰することで、自らを印象づけるのである[17]。集合的主体としての人民が一回的《パンクチュアル》であるということは、それが出来事的《イヴェンタル》、断絶的に過ぎず、あらゆる身体、創造、制度、進歩から完全に切り離されており、そのため内実を欠いていることを示唆しているかもしれない。しかしこの見方は、未達成のものの圧力の中で主体が持続することを無視しているだろう。持続性には、身体、運搬具が必要となる。運搬具がなければ、それは断片的な潜在性へと分散してしまう。しかし運搬具があっても、潜在性はいくらか縮小され、可能性もいくらか排除され、何らかの閉止《クロージャー》＝完結性がもたらされる。この喪失は、主体の可能性の条件であり、主体性を構成する分裂でもある。政治的形態──政党、国家、ゲリラ軍、そして指導者まで──は、この分裂の中に自分たちを位置づける。それらは盲目的崇拝《フェティッシュ化》されうるし、事実しばしばそうされている（ジェイムソンの国民皆兵制もそうだが、喪失を覆い隠すか完全に治療するために配置される）が、盲目的崇拝《フェティッシュ化》によって、ギャップとその占有という前提条件から目をそらすべきではない。

　政党の役割は、労働者階級にその欲望の真実を暴露することではない。また、政治の領域で労働者階級の利益を代表することでもない。むしろ政党の機能とは、集合体のために集合的欲望を可能にするよう、われわれの環境にギャップを開けておく点にあるのだ。[18]「そういうギャップや時機を通して」、とダニエル・ベンサイド〔フランスの哲学者、一九四六―二〇一〇〕は書いている、「達成された事実の宿命性と矛盾する未達成の事実が生じうる」[19]。群衆が、予測可能な既定状況を突破することで、政治的主体の現れる可能性が生み出される。政党はその突破口に赴き、人民のためにそれを開けておくよう奮闘するのだ。その政党が群衆という出来事の平等主義的解放に忠実である限り、それは共産党なのである（この流れでマルクスは、パリ・コミューンをわれわれの党の名誉ある業績として歓迎したのだった）。

　転移という精神分析の概念は、主体性を構成するギャップに依存し、このギャップを表現する。クリニックでは、転移は、分析者、被分析者の別なく、他者の影響を記録する。分析的関係は、両者の相互作用には還元しえない。むしろ転移は、他者に包含された無意識の過程や観点を審らかにする。他者の空間とは、混み合った種々雑多な空間であり、変化する感情、プレッシャー、愛着が混じり合う場所なのだ。そこには、構造的特徴、動的特徴がある。進歩しては後退し、互いに合流し、重要性を変化させる過程もある。多数のさまざまな形象がこれらの構造や過程に内在し、それらを形づくるのである。

　転移が政党の理論に貢献するのは、「無意識の中に隠れたものへのアクセスの様式」という、まさにこの意味においてである。政党は、終了した解放、帰宅した群衆、現前せずとも力を行使する人民にアクセスする。それは転移関係の現場なのだ。政党の集合的空間が、一群の転移効果として生み出されるのは、闘争を通して人々が変化し、また資本主義の決定と彼らの自己決定の政治的空間の間にある、資本主義のギャップを彼らが保持する仕方においてである。構成員は、彼らの関係を通じて作り上げた関係性、つまり他者空間としての政党という観点から、自分たちを、そして自分たちの相互作用を注視するのだ。そういうわけで、ジェイムソンが国民軍に組織された機械的《マシニック》な住民を提唱するのに対し、私は群衆の平等主義的解放に忠実な闘争的政党を提案する。

ラカンの強調する他者空間の特色には、理想自我、自我理想、超自我が含まれている。ジジェクが説明するように、ラカンはこれらのフロイトの用語に対して非常に正確な変更を加える。

「理想自我」は主体の理想化された自我イメージを意味する（こうなりたいと思うような自分のイメージ、他人からこう見られたいと思う自分のイメージ）。〈自我理想〉は、私が自我イメージでその眼差しに印象づけたいと願うような媒体であり、私を監視し、私に最大限の努力をさせる〈大文字の他者〉であり、私が憧れ、現実化したいと願う理想である。超自我はそれと同じ媒体の、復讐とサディズムと懲罰をともなう側面である。[20]

理想自我とは、主体が自身を想像する仕方である。自我理想とは、自身を眺める主体の視点である。そして超自我とは、こういう理想のいずれかの実現に主体が必然的かつ不可避的に失敗したことを指摘し、主体をいじめる審判である。これら三つの審級は互いに結びついている。自我理想は主体のイメージの正しさを証明する。自我理想がこの証明をすると想定されるため、主体はそれにいくらか投資をしている。そして主体は、安定性と自律意識のために自我理想を必要とするのだ。この必要性ゆえに、主体は、自我理想が構造的結果に過ぎないと認めることに抵抗し、また自我理想が併せ持つ力と無力に対して憤慨する。さらに、自我理想の期待に応えようとして、主体は自らの欲望を弱めるかもしれない。そしてあまりに多くを諦めるかもしれない。これにより、なぜ超自我がそのように極端かつ容赦なき暴力を発揮しうるのかが分かる。つまりそのような裏切りのために、超自我は主体を罰しているのだ。[21]

他者という空間のこれらの特徴はそれぞれ個別的に見えるかもしれないが、この見かけはフロイトの残滓に過ぎない。それらの特徴は万人に共通するだけでなく、フロイトが個々の精神に封じ込めた集合体の働きを立証するのである。集団が他の集団と競争し、他の集団の観点から自身を見るとき、以上の特色はあらゆる集合体で作用する。都市とネーション、学校と政党、これらはすべて他者という過程や観点を介してフォーマット化された自己概念を持つのだ。

精神分析において起こる転移は、他者空間の特徴をさらに二つ明らかにする。すなわち、知っていると想定される主体と信じていると想定される主体である。[22] これらの要素は、主体（再び、これは必然的に集合的だ）内部の構成的想定、つまり主体がその欲望への支持として措定する構造的特徴である。知っていると想定される主体とは、欲望の秘密を握る者である。それは真実を知っているのだ。親、教師、聖職者などの制度的役割のみならず、神、ソクラテス、フロイトも、主体の、そして主体のための知の場所として機能しうる。たとえば、二〇〇八年の財政危機の余波の中でジャーナリストのポール・メイソン〔英国のジャーナリスト、一九六〇―〕が書いた論説を考えてみよ。

グローバル・エリートがいることの一つの良い面は、少なくとも彼らは何が起きているのかを知っているということだ。私たち、つまり欺かれた大衆は、高い地位にある小児愛者《ペドファイル》が誰なのか、罪を犯したり潰れたりするのはどの銀行なのかが分かるまで数十年待たねばならないかもしれない。だがエリートはリアルタイムに知っている――それゆえ正確な予測をする――と想定される。(23)

メイソンはグローバル・エリートを、知っていると想定される主体として示す。すなわち、エリートは小児愛《ペドフィリア》や不正な収奪の汚らわしい真実を知っており、しかも「リアルタイムに」、それが起きるときにはもう知っているが、一方で残りの者は欺かれたままなのだ。二〇〇七年、二〇〇八年の経済危機以降、たびたび提起されてきた質問とは、なぜエリートは知らなかったのかということだった。どうして誰もこの危機が来ることに気づかなかったのか。

ジジェクは、信じていると想定される主体を、知っていると想定される主体のより根本的なヴァージョンとして導入する。(24)彼の説明はこうだ。

直接の、自己呈示する生きた主体性があって、それに対して「社会的なもの」に体現される信仰が帰せられ、その上でこの主体性からこの信仰を奪うというのではない。そもそものはじめから「中心をはずれた」〈他者〉の信仰である、最も根本的な信仰がいくつかある。「信じていると想定される主体」という現象は、普遍的で構造的な必然なのだ。(25)

信じていると想定される主体は、このように信仰をある他者へと不可避的に移し替えることを指示する。具体的に言うと、子供のためにサンタクロースという虚構を守り続けることや、共同体の価値観を信じる一般人を措定することなどがそうだ。ジジェクは、知っていると想定される主体と信じていると想定される主体の非対称性を強調する。信仰は反射的であり、他者が信じていることを信じることである。彼はこう述べる。「「私はまだ共産主義を信じている」とは、「共産主義を信じている人がまだいると信じている」というのと等価である」[26]。信仰とは他者の信仰を信じることなのだから、人は他者を通して信じることができるのだ。他の誰かもわれわれのために信じることができる。しかし知識は違う。他者が知っているということは私が知っていることを意味しない。私は私自身で知ることができるだけだ。そうであれば、現代の資本主義イデオロギーにおいて何度も繰り返される文句が、誰もが自分自身で気づくべきだというものであっても、不思議ではない。資本主義はわれわれの互いの分断に依存しており、だからこそそれは事あるごとにわれわれを分断し個別化するのに最善を尽くすのだ。

ラカンの概念を援用するものの、ジェイムソンは他者の空間を羨望という現象に還元してしまう。国民皆兵制についての彼の説明には、軍隊が理想自我、自我理想、超自我のいずれとして機能するのかについての議論が不在なのだ。軍隊の構成員は自分たち自身をどのように想像するのか。そしてどのような観点から物事を見るのか。彼らの享楽はどのように構造化されるのか。こういった疑問は、それらに対する解答が集合的なものの自己同一性と不可分であるという意味で、文化の領域に還元しえない政治的問題なのだ。にもかかわらず、集合的なものが集合体として——労働者全体としてのみならず国民軍として働く人々として——それ自体に作用し返すという、軍隊の社会的役割は、ジェイムソンの議論には登場しない。実際のところ、集合性の効果は現れることができないのだ。それが現れるには政治のギャップ、反射性のねじれが必要なのだから。軍隊は、人民が自分たち自身へと向ける観点を与えない。ジェイムソンの議論では住民に還元されてしまう集合的人民も、軍隊に関する観点を与えない。それら二つは互いに折り重なり、その間に象徴的空間はないのである。

確かに、ジェイムソンは他者空間の一つの特徴を考慮している。それは、知っていると想定される主体だ。業務を割り当てたり集団治療を管理したりするほか、精神分析幹旋局は、想像できないほど複雑なコンピュータとともに、活動が登録される場としての大文字の他者の象徴的機能を、ただ一つの場所へと集中させている。にもかかわらず、いかにしてこれらの活動は登録されるのか、それらは何として登録されるのかという点は、集合的な矯正や反応――すなわち政治化――を免れているのだ。せいぜいそれは大量投資の場、ゼロ制度としてのインターネット・サーヴィスの延長である。少なくとも誰かは、何が起きているのかを知っている。[27]

制度とは、社会的空間を組織し集中させる象徴的装置である。それは他者を「固定」させる。ただし動けなくするという意味ではなく、社会性の創発的効果を関係性の中に置くという意味においてである。「関係性の中に置く」とは、社会的つながりを実体化し、それに力を与え、その圧力の行使を可能にすることだ。そして、政党とは、特定の政治のために組織され集中された社会性である。共産主義者にとってこれは、プロレタリア、生産者、被抑圧者、その他われわれのような人民の、そしてそのような者たちのための政治である。「政党」は、共産主義という地平において、理想自我、自我理想、超自我、「知っていると想定される主体」、「信じていると想定される主体」の効果を結合するのだ。これら構成要素の効果についての具体的内容が時と場所により変化するものの、それらが指示する作用は、政党組織の要素として残る。

共産党における理想自我は、良き同志という言葉で典型的に想像される。良き同志とは、勇敢な闘士、熟練した組織者、洗練された演説家、あるいは誠実な職員かもしれない。自我理想とは、同志関係を査定する視点である。いかにしてそしてどういう目的のために、勇敢、熟練、洗練、誠実を考慮するのか。政党の超自我は、われわれがあらゆる面で失敗していることを絶え間なく告発する――われわれは決して十分に仕事をしていない。一方でこの超自我は、われわれが政党のために犠牲を払うことを責め立てもするのだ――われわれはいつも十分過ぎるほどやってきた。どの立場も、さまざまに開いたり閉じたり、一貫したり矛盾したりしうる。政党が敵対的状況に位置する限り、それが国家でなくその一部である限り、他の理想や命令もこの混合状態に入ってくる。これがすなわち、政党内の階級闘争であり、資本主義意識が突きつける難題なのだ。同時に、政党が状況の中に位置しているということは、それが提供する空間が、党員を超えた影響を必然的に及ぼし、その空間が、入党しうる人々、協力者や同調者、さらに元党員や敵にまでイメージや基準点を提供することを意味している。

「信じていると想定される主体」ならびに「知っていると想定される主体」という観念は、以上のような党員を超えた影響について考える際には、とりわけ有用である。共産党を批判する者は、同党が知っているると主張すること、つまり同党が科学的、革命的知識の場として機能することに非難を加える。この見せかけの専門知識は、独占的であると同時に偽りでもあるとして嘲笑されてきた。抑圧的権力とともに生き、それに反応し、それと戦うことの知識は、人民のものであり、歴史的発展に関する一連の厳密な法則に制限することはできないのだ。一九六八年の結果として左翼に広く共有されることになったこの批判からすると、ソヴィエト連邦の崩壊が、合衆国、英国、そしてヨーロッパの共産主義、社会主義の組織運動に、あそこまで致命的な打撃を与えたことは驚くべきことだ。一九八九年までに、ソヴィエト連邦を擁護する者はもうごくわずかしか残されていなかった。大部分の人々は、ソ連の官僚制が瀕死の状態にあり、この国には市場改革を行う必要があるという点で一致していたのだ。ならばどうしてその崩壊はあれほどの影響をもたらしたのか。「信じていると想定される主体」の観念を使えば、この奇妙な反応の意味が分かる。ソ連の分裂により失われたのは、信仰が置換されていた主体、他者の信仰の媒体であった主体である。一旦この信じている主体が無くなってしまえば、共産主義がイデオロギー的に敗北したことは実に明らかに見えた。別の例として、田舎の邸宅《ダーチャ》や特権を持つ共産党員についてのプロトタイプ的な報告を考えてもよい。これらは事実の暴露というよりも、信じていると想定される主体への攻撃として機能した。共産党でさえ共産主義を信じていなかったのだと。しかしながら、その攻撃が失敗した点は、攻撃がとにかくなされたという事実にある。標的になっている限り、信じていると想定される主体という進行中の機能は是認されるからだ。傷つき廃れた共産党はまだわれわれのために信じることができた。だが、それが完全に崩壊した途端、われわれは、信仰の媒体としての他者を失ったのである。

　これまで私は、ジェイムソンのプログラムとユートピア的提案に欠けているものを引き出そうとしてきた。欠けていたのは、他者の象徴的空間である。私はこの喪失の政治的側面を、特に内省、判断、批判に必要なギャップとの関係で強調してきた。ジェイムソンは彼の軍隊を経済的組織として提示する。それは世界を開きはしない。その活動は物質的必要、特に雇用の必要を満たすのだ。そうであれば、おそらくわれわれが、軍隊の組織化と政党の組織化の間に重要な相違を見出すのは、まさにこの点ではないか。政党の組織化は、生産によって与えられた世界と関係を絶つ。それは、既定の状況と可能性の状況の間にあるギャップを埋めるのだ。政党とは、生活物資の供給以上の何かを目指す集合的闘争を行うための団体である。それは闘争を前提とし、何らかの立場をとり、世界を変えるために闘うのだ。

　ラファエル・サミュエル〔英国のマルクス主義歴史学者、一九三四―一九九六〕による一九三〇年代の英国共産主義の回顧録は、私の言いたいことを例証してくれる。サミュエルは、英国の共産主義者が「個人的時間をほとんど持てないほどの終わりなき活動の連続」に従事していると述べる。[28] 党活動は、それ自体で良いこととされ、党員を政治の仕事に徹底的かつ日常的に巻き込むだけでなく、切迫感を植えつけた。つまり、今していることは終わらせなければならない。それは重大かつ必要で急を要するのだ。良き共産主義者は、日々、多岐にわたる闘争に携わった。党は集会、大会、党員獲得運動を行い、幅広いパンフを発行し配布した。またデモを組織し、ストライキ支援を展開し、緊急抗議を実行した。直接行動と即時闘争に専念した英国共産党（CPGB）は、より効率的な活動のため、フォロー・アップのため、そして自己評価のためにシステムやプロセスを発展させ、運動を計画した。党は、「実際よりも力強く見せる」ために自らの資源やエネルギーを集中するよう努めた。任務を再検討し、議題を準備し、委員会を立ち上げもした。そして党員は党員以上の存在だったのだ。彼らには、実際的な地位と責任があり、それらは資本主義の中の自分たちの立場から与えられる地位や責任とは比べものにならないものだった。彼らには、それぞれつねに自分自身以上の存在となれるよう、専門の役割があったのである。党内ではそれぞれがひとかどの人物――組織者、局員、指導者、トレーナー、支部役員、宣伝員、パンフ販売員、代議員、扇動者――でもあった。これに関連するのが、サミュエルによると、「個人指導の入念なシステムそして説明責任《アカウンタビリティ》の一手段として役立つレポートへのはっきりした熱狂」である。[29] レポートするという行為により、党の観点から活動を評価することとの実践が可能となったのだ。

　サミュエルは共産主義者の組織的情熱について詳述し、それが忠誠心を示すための一連の規律――時間を効率的に使うこと、集会を厳粛に執り行うこと、リズムや対称性に注意して道路を行進すること、統計的な正確さを持ってレポートを準備すること――であったと把握している。彼の報告から伝わってくるのは、組織の情動的次元である。組織は単に官僚制や統制の問題ではない。それは熱狂の発生装置であり、自発的革命〔社会革命は政党の指導なしに労働者自身によって起こすべきであるとする考え。『我ら何をなすべきか』（一九〇二）の中でレーニンが非難〕という発想を捨て、日常を破裂させる激化装置でもあるのだ。計画とは集合的な留意の問題である。サミュエルは書いているが、「組織されることとは、出来事の産物ではなくその主人になることだった。一つの次元の中でそれは規則正しさを、別の次元では強さを、さらに別の次元では統制を意味していた」(30)。組織は、強さという共通感覚、つまり意志を実行する能力のある集合体という共通感覚を創り出したのだ。

党の集会は、目下のローカルな活動を世界的、歴史的な出来事と結びつけた（「グローバルに考え、ローカルに行動せよ」は、活動家のスローガンになるはるか以前から共産主義者の実践だった）。個人的なことは政治的なことであるという発想への動き――これは個人主義の時代に政治的議論をしばしば混乱させる――とは異なり、同志たちは、自らをより大きな文脈に位置づけ、自分たちが独特であるよりもむしろ定型的で一般的な存在であると認識することで、力を奮い起こした。特殊であることは、歩みを阻むじめじめした泥沼であり、その中で集団は身動きがとれず、そこから引き上げてもらわねばならなくなる。こうして教訓を学び、結論を出し、計画を立てることが可能となったのだ。集会は同志たちに政治的なことへの道を開き、惨めな孤立から救い出す運動や傾向へと導くことで、人生の幅を広げた。世界はただ共産主義者にやってくるのではなかった。共産主義者は、別のものではないある一つの仕方で、世界を創り出すため闘っていたのだ。

サミュエルは、党活動の多くが「道具的というより表現的」であったと評している(31)。組織には空想的側面があり、統制の幻想を補強するとともに、権力や効力が獲得可能なものだという夢想を表現してもいる。もし弱さが組織の失敗の問題であるなら、その失敗が正されれば強さは増すはずなのだ。組織が英国共産党員に、党こそ世界を形成しているのだと想像することを可能にする限り、彼らは自分たちのしていることを信じることができた。彼らの大会や『デイリー・ワーカー』の見出しが現実の大きな政治的影響力に合致したかどうかにかかわらずである。しかしこうした点を認めつつ、サミュエルは、英国共産党員が保持できた可能性のギャップが、資本主義の観点から世界を眺める現代左翼の冷笑的、軽蔑的、敗北主義的姿勢によって埋められるなどと考えるのを正当にも拒絶する。彼は引き続き共産党の観点を用いる。共産党は、短所も何もかも含めて、自我理想という象徴的視点を提供するのであり、この視点から、彼は活動を重大なものと評価するのだ。そして共産党は、自らが用意した観点を維持する。植民地社会における反帝国主義的扇動、反ファシズム運動、住宅問題への継続的取り組み、飢餓行進の支援が、精力的な同志の英雄的仕事、つまり政治運動の現実における共産主義を明らかとするような仕方で、党はその観点を維持するのだ。多様な活動は、可能性の差異化された複数性ではない。それは、大衆の持続的闘争として、またこの闘争の観点から構想される単独的な共産党政治である。

サミュエルによる党活動の記述は英国共産党のみに当てはまるものではない。それは米国共産主義者の経験とも共鳴する。ヴィヴィアン・ゴーニック〔米国の批評家、一九三五―〕はこう書いている。

数千の共産主義者にとって、共産主義者であることは『デイリー・ワーカー』を売り、リーフレットをガリ版で印刷し、街頭で演説し、地方および国政選挙のために戸別訪問し、賃借人の権利、福祉権、失業手当を求めて近隣住民と運動を組織し、共産党、法的弁護、保釈保証金、組合闘争のために資金を調達する長年の生活を意味した。それがすべてであり、他には何もなかった。(32)

米国共産党員の生活の、ゴーニックの言葉を借りれば「すりつぶされるような日常」には、英国共産党員の生活と同様、絶え間ない活動が含まれていた。ゴーニックは、革命の夢をこの活動の外に位置づける。しかし、活動を維持したのはヴィジョンではなかった。活動の方がヴィジョンを維持したのである。政治のための一貫した活動——とりわけ計画、集会、レポート——が、それを可能にする共産党という観点を生み出した。一貫性により、日々が重大なものに感じられるようになり、また地域の問題が単なる直接性を越えて、世界の感覚を伝える媒体となることができた。組織とその象徴化は、集合的感情を、資本と国家による剝奪以外の形態へと集中させ、人々に自身と世界を、既定状況の中のギャップ、つまり希望や可能性のギャップという観点から捉えることを可能にしたのだ。

失業という経済問題を解決するために、ジェイムソンのユートピア的提案は、政治的領域を排除している。代表制政府は、失業にせよその他数多くの問題にせよ効果的に取り組むことができないから、国民軍に徴集された住民に置き換えられ、衰滅してしまう。彼のユートピア的提案の中で、機械的《マシニック》な住民は仕事を強要される。文化の領域は、創造性、気晴らし、安堵、薬物、何であれ（どうでもよい）、そのための空間を提供する。想像できないほど複雑なコンピュータや一種の集合的な集団治療は、精神分析斡旋局に統合され、集合的な象徴的次元のただ一つの場、「組合と病院、職業紹介所と法廷、市場調査局、世論調査局、社会福祉センター」の合成物を提供することになる。人民は集合的主体として現れないし、現れえない。なるほど、ユートピア的提案が既定状況の特徴を引っ張り出し、われわれが自身の傾向を違う形で見られるよう調整する点で、ジェイムソンの「アメリカのユートピア」は効果的だ。それにより、われわれの眼前には、政治的なものがコンピュータや治療に取って代わられ、集合的行動が仕事と余暇に置き換えられた社会が提示される。政治的なものを拒む——国家を退け、政党を棄て、群衆を裏切り、人民を疑う——一部の左翼には、これはまさにユートピアに見えるのだ。

4 ユートピアの幸運な偶然

サロジ・ギリ

I

手始めに、フレドリック・ジェイムソンのユートピア観念にとって決定的に重要な一つの基本的洞察に目を向けてみよう。彼は述べている、「新しいものは古いものを単に退けることはできず、どうにかして古いものの内部で発展し、最後に古いやり方を（マルクスが言ったように）殻のように捨て去るのでなければならない」と。さらに、「現実のユートピアとすでに存在するものの象徴的複製とを区別するのは、ユートピア思考において、つねにデリケートな事柄である」とも。〔以下、出典が明記されていないジェイムソンからの引用は本書所収「アメリカのユートピア」から〕

新しいものが古いものの内部で発展するだけでなく、古いものも存続する――「すでに存在するものの象徴的複製」――という確かな意識がある。そうであれば新しいものの由来は、今や、古いものも将来的に新しい形式を表現するだろうという事実である。それゆえ、「自由市場原理主義」といった「イデオロギー的信条とでも呼べそうなものに対する、よりグローバルな批判」よりも、ジェイムソンは、資本主義を表現する「実践と日常生活、習慣とパフォーマンス」を解明する方に関心がある。「古い」もの、すなわち今日の資本主義社会、特に新自由主義から、ジェイムソンは、「根本的価値としての効率性へのコミットメント」を選び出す。効率性のイデオロギーが自由市場原理主義や緊縮と関連づけられることを示すのはたやすい。また実際、われわれはこの効率性へのコミットメントを拒絶するかもしれない。

しかし、「たとえユートピアの不安から効率性という価値を取り除くのに成功しても、創造性というより大きな問題に依然として取り組まねばならない」。効率性は、創造性の要素を分解することなく把握されなければならない。同様に、われわれは起業家が二つの側面から構成されると理解しなければならない。すなわち、創造的かつ天才的な発明家と、発明を搾取するビジネスパーソンである。それで創造性と発明家はユートピア社会にとどまることができる。

これが意味するのは、デザインの「天才」は資本主義の論理から切り離しうるということである。すなわち、それが効率性を求める道具主義的欲動として現れることはもはやないだろう。この天才は「それ自体で動機と満足を与えるものとして想像できるのであり、異なる種類の社会経済システムが提供するかもしれない報酬に、論理上必ずしも影響されないのである」。

ブレヒト的再機能化

ジェイムソンはこの点を、新しいもの（ポスト資本主義世界におけるデザインや天才）が古いものを単に退けることはできず、新しいものは古いものの内部で発展しなければならないことを示す実例として用いる。古いものは今やユートピア社会で再統合を受けることになろう。これが意味するのは、われわれは、「他のもっと進歩的な価値の名の下に効率性を拒絶することができる」ということである。この移行は、「重大な再考あるいは再機能化（ブレヒトの言う機能転換）」として最もよく理解されうる。

同様にジェイムソンは、消費主義もそのような「再考」にさらす。彼は、「心理主義や文化批判」がそうするように、消費主義を「心身の失調」として処理することはできないと気づいている。そういうアプローチは、「アメリカの社会生活一般――食料とケアの購買、多数のブランド名の宣伝、豊かな社会全体の装飾」の真実を消費主義が明らかにするということを見落としている。そして、消費主義とは、「下に潜む悪夢のような現実」を隠す「外見」に過ぎないという事実を無視しているのだ。

分析上のキー・ポイントはここにある。「したがって、ある物体から具体的使用価値が抜き取られ、商品という、他のすべての同類に対して抽象的に価値が計測される物体に転換されるのは、貨幣形態を経由してのことである」。だから重要なのは、「消費主義」の構造的決定を廃止することである。一度そうなれば、つまり一度貨幣形態ないし「貨幣が中心的役割を果たさな」くなれば、消費主義は、「衰退することが見込まれ」、「情熱的な消費者を、フーリエ的順列体系の中の単なる小さな局所に送り込むだろう」。このように再機能化した「消費主義」が実際に革命的ユートピアの中で存続できると仮定してみよ。そこでジェイムソンは次のように大胆な発言をすることができるのだ。「私はそのような消費にもそのような快楽――消費主義のものであれコカインのものであれ――にも特に嫌悪を感じない」。

習慣やパフォーマンスのブレヒト的再機能化は、そういうわけで、ユートピアが、存在するものの象徴的複製であるのと同じくらいに現実の修正でもあるということを保証するのに決定的な要素なのである。

社会的敵対関係

しかし一度資本主義の再生産回路から切り離されれば、実践や習慣は「自由な特殊」、単独性として存在できる。つまりそれらは、個人的特性として、運良く「土台」から外れて未踏の地を目指す何らかの奇想ないし幻想として、存在しうるのだ。

結局このユートピアの中で「集合的企画、集合的生活」が強く主張されるのは、生産分野、すなわち「物質的なものであれ非物質的なものであれ」「労働」という点においてのみである。だが、「上部構造の世界では、そのような限定は通用しない。個人は、党員となるのと同様世捨て人になるのも自由である。趣味をやるのもカウチポテトとして存在を生き抜くのも、家庭を大事にする男や職業的母になるのも、〔…〕すべて自由である」。このユートピアは、「社会は根絶不能な神経症患者の集合体であるという考え」に開かれている。これが意味するのは、特殊性が単独性として存在することができ、普遍的なものとして自らを（つねに）表現する必要はないということである。

このユートピアの中では、集合的敵対関係が除去されるかもしれないが、結局は「個人的敵対関係の増大」が残るだけ、というのは無理もない。新しいユートピアが「あらゆる点において市民の最も法外な放縦と個人的自由」を歓迎するよう、社会的なものの不可能性を認めつつ、社会的調和ではなく敵対関係が十分に包容されなければならない。それはまるで、こういう法外な放縦や神経症的行動の只中において、行動レヴェルでは資本主義を検閲することなく、ユートピアが「幸運な偶然」のように出現するかのようである。ジェイムソンはこう書いている。「何か別のことについての調査だと思わせることでアンケート調査をする社会学者のように、患者を間違った方向に導くように見えるのがベストなのだ。そこから「自己認識」が、遠くへの一瞥や幸運な偶然のように立ち上がるのである（そもそも存在しない何か――いわゆる自己――についての認識がありうると仮定しての話だが）。ユートピアを構想する者はそのように歩まねばならない」。そういうわけでジェイムソンはユートピアが「治療」や手当てだという考えを認めない。彼の提案は、ユートピア的解決ではなく「ユートピア的無解決《ノン・ソリューション》」なのだ。

このような過度の放縦や過度の同一化は、それでも、生産工程における失調を意味しない。特殊な性質、習慣、実践も土台に取り付けられ、生産を実行する上で欠かせないものでありうるからである。とはいえその場合も、生産への奉仕はトップ・ダウン式のルールの押し付けではなく習慣的なものとして、すなわち「教育的生産」として遂行される。

教育的生産

教育的生産において、ルールは習慣となり、仕事は自動推進される。ジェイムソンは、『国家と革命』のレーニンにとって、いかに「社会主義的法制」が集合的習慣として非公式に施行されたのかを回顧している。この社会形態では、「すべての人が社会的生産を自主的に管理することをまなび、そして実際にもこれを管理し、計算を自主的におこない、寄食者・どら息子・詐欺師・およびこれに類した「資本主義の伝統の保持者」にたいする統制を自主的におこなうようになる[1]」。これは、ジェイムソンが教育よりも「文化革命」と呼びたいものの一部である。

その文化革命は、「実証主義的で経験主義的世界」に対する「耐え難くささえある否定性」を伴う。ジェイムソンは、経験的＝実際的なものに対抗して「芸術の自律」を擁護する。そして「芸術という職業は、現に存在するすべての社会とその実践の否定を軸として組織され弁護されねばならない」と宣言するのだ。ここでわれわれは、軍隊の「規律」をめぐるディストピア的恐怖に対するジェイムソンのアプローチを考察すべきである。彼が擁護するのは以下のものだ。

プラグマティズム、実際的なもの、社会的に有用なもの、合法的で規範的なもの、習慣的なもの、法と秩序、そして社会再生産のあらゆるお行儀のよい伝統的な教義――そこにはもちろん、軍隊生活の最も深いディストピア的恐怖を構成するあの「規律」も含まれる――に対する永続で、つねに激化する非難

これはつまり、生産は自らの文化を生産するが、この文化はそのような生産すなわち経験的、実際的世界によって与えられるのではないということである。その文化は、実際的道具主義的な理性や官僚制によっては支配されないだろう。ここでジェイムソンは、スタハーノフ法や社会主義リアリズムの支配的解釈に異議を唱え、スタハーノフ法や「社会主義リアリズムの使命とは、いかなる社会主義社会とそれに不可避的に随伴する構造にも作動する最も危険な傾向、すなわち官僚制を容赦なく批判することにある」と述べる。芸術の自律とプラグマティズム批判が意味するのは、「生産の普遍」がつねに単独的普遍と可能な限り近いということである。

だからジェイムソンのユートピアの公式はこういうものだと言ってよい。すべての普遍は必然的に単独的普遍であるが、すべての単独性が単独的普遍である（またはそうなる）とは限らない。ここでまた想起

すべき点は、すでに議論したように、いかに特殊性が、単独性として、「外れた」状態で——つまり、自らを普遍として表現することなく——存在しうるかということである。それは生産のユートピア、いやむしろ教育的生産であり、実存主義がマルクス主義の優位に立つ地点でもある。「われわれは、国民皆兵制が、食糧と家から教育と医療まで、ある人口の多様な必要を満たすのに最低限必要な生産を組織し、それにより、ダーウィン的進化や自然界では予期も計画もできない自由時間を解放するのを許容する地点に到達したに過ぎない。これは、サルトルが言ったように、哲学的地平として実存主義がマルクス主義の優位に立つ瞬間であり、これに対するわれわれの反応によってわれわれ自身のイデオロギー的反射能力の性質を探知することができる」。

　このような教育的生産と実存主義的／上部構造的自由の二重の次元が、ジェイムソンのユートピアを定義づける。個人的事柄において完全な自由を保障するユートピアは、思うに、ジェイムソンのプロジェクトの生産的貢献の一つである。彼は、権利やその他の贈与物を通して高められるべき能力の宝庫として自由主義的主体を評価することなく——そして生産や規律の必要性に関して諦めることもなく——個人の自由や民主主義の問題を、いわば「解決する」ための一方法を見つけ出したのだ。実際、労働／生産／必要性と文化／民主主義／自由の間に現実的衝突はない。「ユートピア的な成り行きでは、労働は文化的になり、自由の王国は必然性の王国と密接不可分となることが見込まれる」からである。

II

方法論的に、ジェイムソンのアプローチは三つの部分から構成されている。一つ目はもちろんブレヒト的再機能化であり、これはもう議論した。二つ目は精神分析の構造的アプローチであり、三つ目は国民皆兵制の位相空間である。

構造的精神分析

機能的転化（再機能化）が実践を資本主義の論理から切り離しうる理由について真に理解するために、ジェイムソンの精神分析的アプローチはきわめて重要だ。このアプローチによってわれわれが目の当たりにするのは、習慣や実践が自己強化的循環において自らを強化するのではないこと――信仰は物質的実践の中で、そしてそれを通して、つまり儀式に関わる反復を通して、すでに生み出されているのではないことである。

たとえば、アルチュセール的アプローチにおいて、いかに反復行為としての儀式が自らの信仰を生み出すのか想起せよ。ジュディス・バトラーによれば、「儀式という概念が示唆するのは、それが遂行され、遂行の反復において信仰がもたらされ」ることである[2]。ジェイムソンはこのようなアプローチをはっきりと退け、スラヴォイ・ジジェクやムラデン・ドラー〔スロヴェニアの哲学者・批評家、一九五一―〕のアプローチと協働しているようだ[3]。ドラーによると、アルチュセールは、「大切なのは、究極的には、それら〔儀式〕が物質的であることではなく、コードによって、つまり反復によって支配されている」こと、そして「それらは象徴的にコード化されていなければならない」ことを認めている[4]。だがドラーが指摘するように、「アルチュセールに欠けている」のは、「物質性と象徴界の関係を概念化することである」。アルチュセールは、「意味や主体が物質性から生じたのではなくそれを規制する象徴界から生じた」、つまりジジェクの言う「信仰以前の信仰」[5]から生じたということを認めていない。

「信仰以前の信仰」の意味とは、「知っていると想定される主体」すなわち他者が存在することを、主体が仮定しているということである。「他者は、主体がその存在を信じることによってのみ存在し、知っている主体が存在するという信仰によってのみ存在する」[6]。したがって、ここでの消費主義ないし中毒は、ジェイムソンを引用するなら、「他者および他者の欲望の模倣的支配力から、どんな形であれ、主体を解放」する「試み」である。また、ここでの「消費財」とは、「われわれを取り巻き、われわれを他者のあらゆる具体的存在によって引き起こされるもっと苦しいディレンマから切り離す、ある種の対象的媒介」であり、また「他者からの分離がどういうわけか緊急の必要事となった世界」でもある。

消費主義、すなわち特定の物事や対象への中毒とは、個人が「他者からの精神的分離」を快く受け入れないことの結果であり、他者の欲望の模倣的支配に服従することでこの問題を回避する試みである。しかし、もし個人がこの疎外を（実存主義的様式において）人間の条件の「自然」な部分として快く受け入れるならば、他者の欲望に反応しないことや主体をその支配力から解放することが可能となる。だから断絶はありうるのだ――消費主義行動そのものからの断絶、すなわち資本主義的行動のレヴェルにおける断絶ではなく、他者の欲望の支配力からの断絶、必要性のレヴェルにおける断絶である。

新しいものを生み出す古い要素のブレヒト的再機能化は、それゆえ、精神分析の構造的アプローチを前提条件とする。これこそがわれわれに次の点を気づかせてくれる。消費主義であれ「効率性へのコミットメント」であれ、習慣、実践、パフォーマンスを、個人的行動や「態度」として避けるのではなく、いかにそれらを反転させ、再機能化させうるか。すでに確認したように、このような実践は、循環的な自己強化の輪《ループ》を移動しているのではない。「信仰以前の信仰」は、われわれに、実践を中断しそれに新しい方向づけ――革命的ユートピア――を与えるのを可能にする点で、きわめて重要なのである。

そして今やはっきりするのだが、再機能化と精神分析の連合体は、実は新しい位相空間、国民皆兵制の存在を想定している――これら三つの要素は同時に検討されなければならない。

軍隊の位相空間

ジェイムソンは、常備軍すなわち社会から離れて立つ軍隊の実践に対し、広範囲にわたり反論を加えている。彼は軍隊の国営化を求める。そして、米軍の伝統を市民軍、フランス革命の武装した国民というヨーロッパの伝統に対立させる。彼が求めているのは、「国営化のための他の社会主義的可能性〔…〕の線に沿って、いわば軍隊を再国営化すること」、そして「軍隊それ自体を民主化し、市民社会と、その只中に治外法権的存在として現れたこの異物との間の新しい関係を創出すること」である。

軍隊は、合衆国のように複数の単位を連邦体にする方法を超越した形式を提起する。ジェイムソンによれば、「国民皆兵制という企図の強みは、それが合衆国憲法をまったく新しい仕方で超えていることである。憲法を無効化することなくその境界と、注意深く設定された限界を侵犯し、その地図をそのまま残したまままったく異なるトポロジーを創造するのである」。「システムとしての軍隊の目立った利点は、それが憲法を捨てることなく超越すること、また、それが異なる空間レヴェルで憲法と共存し、それによって二重権力樹立のための並はずれた道具になる潜在性を持つことである」。

「軍隊は、階級なき社会の最初の一瞥なのであ」る。それにより、われわれは「真の民主主義」に近づくことになる。真の民主主義とは、「相容れない気質と神経に触る人々のまさに同じような耐え難い共生」であり、「ゲート付きコミュニティと壁に囲われた地所において富によって遠ざけられ」ることもない状態と理解される。

国民皆兵制における階級間の乱雑な交流の強制、つまり「交際の強制」は、ある種の世俗的、現代的ナショナリズムへとわれわれを導かないとするならば、それ自体で機能的転化を経なければならない。そういうわけで、われわれが今日目にするナショナルな軍隊とは異なり、国民皆兵制は異なる位相空間を措定する。「私の提案は、この階級間の乱雑な交流の強制が本物の無階級と社会的平準化を生み出すような、ある機能的転化――ブレヒト的再機能化あるいは機能転換――を措定しているのである」。ジェイムソンの提案する国民皆兵制とはこのような空間であり、この「空間的マトリクス」（単なる超越論的マトリクスや抽象的グリッドにはならない）により、国家《ナショナル》の軍隊が（すでに）提供する匿名性、無階級、社会的平準化（「乱雑な人間関係」）がそれ自体で機能的転化（再機能化）を経ることになるだろう。

それゆえ、ジェイムソンが軍隊の国営化や徴兵制の再導入を提案するということは、軍隊それ自体の機能的転化に着手することなのである。軍隊の位相空間が行うのは、資本主義の超越論的マトリクスを社会体から切り離すことである。そこでは今や、土台において、習慣とパフォーマンス、同一化と投資として アプローチされた社会体そのものが、ブレヒト的機能転換と構造的再統合を経るのである。なぜなら、もし実践やパフォーマンスをこのように再機能化し再統合することが本当に資本主義と縁を切りあるいはそこから脱することになるならば、それは今や国民皆兵制という位相空間へと「差し込まれ」なければならないからだ。資本主義のマトリクスを切り離すということは次のことを意味している。すなわち、「本物の無階級や社会的平準化」という新しい条件があれば、（「他者の欲望の模倣的支配」から自由になろうとする試みとしての）消費主義の必要性、つまり享楽の盗み（ラカン）により押し付けられた敵対関係における「必要性」そのものが衰える。それゆえ「態度」としての消費主義すなわち個人的敵対関係は、革命的ユートピアで存続しうるが、大文字の必要性を伴わない――この必要性とは、詰まるところ資本主義の本源である。

弁証法的矛盾

ここでわれわれは、(a)機能的転化、(b)構造的精神分析により提案された実践の再統合、(c)国民皆兵制の位相空間――のすべてが集まり特定の形態の社会を生み出すのを目にする。この社会は、特殊なものと普遍的なものの間にあるような関係性によって特徴づけられており、この関係性の中では、上述したように、単独性がきわめて重大である。

しかしそのような社会の渦が、「自由の飛び地《エンクレーヴ》」でも代替的「非資本主義的実践」とされるものでもなく、普遍主義的形式として現れるのであれば、資本主義社会の存続を前提とした場合、二重権力状況が登場するはずである。二重権力に関してジェイムソンはレーニンを引き合いに出すが、われわれはレーニンとの一つの決定的相違点に注意しなければならない。

ジェイムソンにとって、二重権力は公式の国家権力と衝突せずに存在する。だから国民皆兵制は、並行する力として現れる。「二重権力状況が生じさせる新しい国民皆兵制が、国家とその公式の軍隊の傍らに並行する力として誕生し、なおざりにされた福祉事業の達成と、まったく異なるタイプの人民との共存とに、自らの第一の仕事、いや使命を見出すのである」。さらに、二重権力や「資本主義から抜け出す第三の道」といった以上の状況では、「権力は、日常生活における実際的支援とリーダーシップを提供してくれるネットワークへ移行する。それは、表面上の法的構造に公式に挑戦することなく、代替的政府に事実上なるのである」。

しかしながら、レーニンが考えるような二重権力は、資本主義国家秩序に並行して出現するのではなく、内部からそれを積極的に撃退する。ジェイムソンは、国民皆兵制が平行する力として誕生すると述べているが、それがどの時点でその地位を終え、「表面上の法的構造に公式に挑戦」し始めるのかを教えてはくれない。重要なのは、新しい社会の出現が、レーニンにとって、資本主義の内的矛盾と大いに関係があるということだ。だからレーニンは、資本と労働の間にある内的弁証法的矛盾から生じた労働者階級の力を動員したいと考えた。

ジェイムソンは、社会的敵対関係というラカン派の概念を支持しながら、精神分析の構造的アプローチを、内的矛盾や弁証法のアプローチに代えて採用する。したがって彼は、普遍主義的強調をそのまま維持し、「自由の飛び地《エンクレーヴ》」のアプローチ――チアパス、アラブの春、ウォール街占拠運動のアプローチなど――については、資本主義から抜け出す方策を提示し得ないという理由で正当にも却下する一方で、彼自身が、資本主義と並行して存在する普遍主義、いや社会の全体的形態を提案しているように見える。ユートピア的普遍主義世界が、資本主義というもう一つの普遍主義世界と並行して存在するのだ。

このように並行するユートピア的普遍主義世界は内部構造において明快である。実践、習慣、パフォーマンスは、神経症的行動すなわちわれわれの過度の同一化が革命的ユートピアにおいてうまく存在できる仕方で、機能的に転化されている。とはいえ、知りたいと思うのは、弁証法的矛盾の中で停滞している資本主義内部の力を、そういう革命的ユートピアに向けて動員する方法はないのかということだ――言い換えると、資本主義の弁証法的矛盾に内在的な力であると同時に「外側」を指示する力として、たとえば労働者階級の力を決定的な絆とすることはできないだろうか。そうすれば、二重権力における「並行」性は闘争の構成的、存在論的基盤ではなく、単なる暫定的段階となるのだが。

「不可能な現在」

資本主義を終わらせる控え目な仕事よりも、人間社会の終わりを想像する方が簡単だと言われる時代にあって、ジェイムソンはわれわれの現在の窮境、「終焉の時代に生きる」われわれの立場に応答していると思う。ジェイムソンは実感しているのだが、「資本主義とその矛盾に対するマルクス主義の分析の顕著な再生と新たな開花でさえも、眼に見える歴史的未来のない（破局だけはある）不可能な現在に奇妙にも固着している」。この「不可能な現在」を特徴づけるのは、マウリツィオ・ラッツァラート〔イタリアの社会学者・哲学者、一九五五—〕が表現するところの「借金人間」であるが、これは未来から金を借り、命拾いして生き延びては、未来を無効にするものである。(7) 今日のポピュラー・カルチャーは、黙示録的な世界の終わりだけが、われわれをゼロ・レヴェルの存在へと連れ（戻し）、歴史を「再開する」ことができる有様を描くヴィジョンで溢れかえっている。(8)

このようなシナリオにおいてジェイムソンは、われわれが現在の勢力や主体を新しい流儀や形式の中で再統合しうるかどうかを見極めるために、われわれの現状へと深く分け入るという手強い作業を敢行する。その作業の唯一の素材は、そこにあるもの、つまり平凡でありふれたものであり、ひょっとすると、嬉しい驚きだが、状況は転換するかもしれない——永久に（！）。少しも抽象的、超越論的方向に進むことなく、われわれを空間的決定素、日常生活、実践に近づけたまま、ジェイムソンは、時間性を措定せずに、「時間性の終わり」の問題と決別する方法を提案することができる。彼は、時間、時間性、そして国民皆兵制の主観的形象を、今日われわれが住んでいる有名な「空間性のレジーム」内部から裂開するのだ。

ジェイムソンのおかげでわれわれが今気づくことができる事実とは、ユートピアを想像することが、当初の印象とは異なり、必ずしも終末観的、破滅的であるとは限らないということである！

これはジェイムソンの過去の作品における次の主張と合致している。すなわち、「〈歴史〉は、その効果〔つまり〈必然性〉〕をとおしてしか把握できない。〈歴史〉は、なんらかの物象化された暴力として直接把握されることはない[9]」。ジェイムソンは、あらゆる出来事や社会現象の暴力に対して開かれているべきだと主張する。歴史は、「なんらかの新たな表象、あるいは「ヴィジョン」、つまり新たな内容として」理解することはできないが、「アルチュセールがスピノザを踏まえつつ「不在の原因」と呼んだものの形式的効果として」理解することならできる[10]。

しかし実際には、われわれは「効果」のみならず、たとえばブルジョワ階級や国家の権力といった物象化された暴力をも扱っているのである。そのため、おそらく資本主義からの脱出は、資本主義に内在し資本主義の矛盾に縛られた別の「物象化された」（ことによると革命的）暴力によって、媒介されなければならない。われわれは、労働者階級にこのような暴力や実力――ジェイムソンにより過小評価された力――が備わっていることを知っている。結局もし既存の軍隊そのものが国営化や機能的転化を経なければならないとすれば、それはブルジョワ階級や資本主義国家との深い絆を断ち切らなければならず、たぶんそれが起こりうるのは、資本主義に弁証法的に内在する力が支配階級の物象化された力を弱めることができた場合のみである。「幸運な偶然」、偶然の発見の喜びは、戦略的成功の喜びとともに訪れるのではないだろうか。

5　他のシーンから他の国家へ――ジェイムソンの二重権力の弁証法

アゴン・ハムザ

> 精神の自由とは、他者からの独立が単に他者の外部で獲得されたものではなくて、他者のなかで獲得されたものなのである。精神の自由は他者からの逃避によって実現されるのではなくて、他者の克服によって実現されるのである。[1]
>
> ――G・W・F・ヘーゲル

左翼の構造的不可能性

理論としても実践としても左翼が危機にあると主張することに新しさは何もない。最も急進的な反資本主義的左翼でさえ資本主義の地平において活動している。したがって左翼の逆説とは、究極的には、自らが資本にどうしても奉仕してしまうように見えるということなのだ――マルクス主義者か伝統的にブルジョワの理想であると信じていたもの（形式的自由、富の再分配など）が、今や左翼プロジェクトそのものの究極的目標であるという意味において。換言すれば今日、左翼は、根深く複雑な構造を持つ資本主義に対して、ほんの少しの混乱も与えることができない。現代左翼の最も困難な局面は、理論的かつ政治的レヴェルにおいて、それを定義する概念、すなわち左翼という概念そのものにある。今日の左派にとってそれは実際、何を意味するだろうか。

左翼が鼓舞し実行する理論的領域と実践的領域を区別した上で、個々に分析してみよう。組織や実践を通して左翼が今日活動する地平とは、新自由主義、緊縮財政、レイシズムに抵抗しながら、民主化、エコロジー、同性愛者の権利、多文化主義等々に賛同する闘争である。理論的には、社会主義への回帰が最も急進的なものである。こういう闘争の重要性を否定も軽視もせず、しかしわれわれがすべきなのは、何の理論的方針もそこから引き出せない限りは、それが不十分であると主張することである。簡潔に言って、左翼は、偽りの闘争、あるいはその領域が支配的イデオロギーによってすでに重層決定されている闘争に従事しているのだ。

最後に、左翼の政治的・イデオロギー的闘争の条件や範囲はその敵によって決定されているとわれわれは論じることができる。ギリシャの急進左派連合のケースは典型的だ。これは急進的左翼政党でありながら、「資本主義を資本主義から救うこと」を自らの目標に据える。彼らの政治的プログラムそして政府としてのプログラムは穏健なケインズ主義であるが、その統治の効果は目標とは正反対である。こういうわけで今日の共産主義者の立場は、いささか逆説的なものとなる。上述した闘争の領域はどれも決定的重要性を持つものの、その成果ないし結果としてもたらされるのは資本主義の回復なのである。最近のブラジルにおける変動や暴動は次のことを証明する。すなわち問題は、労働者党の堕落にあるというよりも、左翼主義が独裁制に対する防御力として構造化された一連の政治状況（一九六〇年代に始まった）の消尽にある。この一連の政治は、その改良主義、社会民主主義プログラムとともに、もう終わりを迎えた。アンビヴァレントで新しい暴動が証明するのはこの左翼の消尽に他ならない(2)。

解放への第一歩、今日の解放のための政治に必須の条件は、したがって、左翼という観念や概念を捨て去るということである。どんなに逆説的に見えようとも、左翼は、おそらく資本主義そのものと同程度に普遍的解放への障害であるとわれわれは主張し続けなければならない。それは、士気を失った、かつ士気を失わせるイデオロギーであり政治勢力なのだ。左翼は、相変わらず過去の闘争や勝利のイメージとともに連想されるが、かつての組織的、政治的効力を保持していない。非共産主義の左翼主義（急進的であるか否かを問わず、左翼が共産主義者であることはまれである）にとって、解放にはとてもはっきりした境界がある。そしてその境界はつねにナショナルだ。象徴的な例として、ラテンアメリカの社会主義政府の他に、ギリシャ急進左派連合、ポデモス〔スペインの左翼政党、二〇一四年結成〕などのヨーロッパ左翼政党が挙げられる。アイデンティティの記号としてこの左翼という用語を捨てるだけでなく、われわれは、これと関連する政治的実践を通して自らにアイデンティティを与えようとするのをやめる必要がある。ここでいう政治的実践とは、たとえば新自由主義を批判したり人権闘争に参加したりすることである――いかにこれらの闘争が重要であり続けているとしても、われわれはそれらが資本の主要な矛盾であるとか解放政治の主要な統一原理であるとか考えるのをやめにすべきだ。われわれはマルクスの基本的な教訓を忘れてしまったようである――社会的かつ経済的形態として資本主義は、絶えず自己革命を起こすことで成立している。つまり、資本主義は自らに限界を設けているものの、それはこのようなナショナルおよび文化的境界を越えることを評価するためにすぎない。資本主義の主要な問題は、新自由主義や緊縮政治にあるのでも、新しい形態の独裁主義、人種隔離体制にあるのでも、はたまた性差別主義、同性愛嫌悪、レイシズムにあるのでもなく、資本主義形態そのもの、すなわち価値形態にあるのだ。われわれが苦境にあり悲惨でもあるのは新自由主義のせいだと言う代わりに、われわれは（古臭いと思われるだろうが）、自分たちの思考と行動の究極的目的として、資本の批判や克服を復活させるべきである。

資本主義がありとあらゆる抵抗や代替策を首尾よく無効化してゆく現下の情勢において、スラヴォイ・ジジェクが、マルクスからヘーゲルへの回帰という反転を行うのは、妥当である。情勢と言えば、われわれはマルクス的世界よりもヘーゲル的世界に近い。マルクスが革命的状況（一八四八年）について、革命につながりうる矛盾を同定し理論化しながら書いたのに対し、ヘーゲルは革命後の状況における革命の効果に主な関心を抱いていた。われわれの情勢はこれと似ている。社会主義革命の時期は終わり、資本主義はグローバルなシステムとなった。社会主義時代は終わったのであり、われわれは共産主義思想を根源的に考え直す必要がある。

プルードンの『貧困の哲学』に対するマルクスの有名な応答は、そのメッセージを逆にして返すというものだった。すなわち『哲学の貧困』である。思考の価値そのものが、あらゆる形態の労働を組織する絶え間なき活動や生産の基準によって評価されている今日、マルクスの立場を補足しても良いだろう。左翼の危機はもはや理想主義の危機ではなく、それを条件づける物資的基礎から断ち切られた「貧困な」哲学の危機でもない――われわれの危機は、哲学の貧困である。すなわち、強迫的活動の命令から控除されたいかなる形式の思考も露骨に不在であるということなのだ。だから今日「哲学への回帰」には二重の役割がある。第一に、それは世界を変容させるために必要な批判力を作り直すための手段であり、第二に、それはわれわれの世界に存在する余地のないものを構築する第一のステップでもある。

さらに、哲学的思考に備わる批判し変容させる力を肯定する決意があれば、われわれには一新した観点から現代の窮境を照らし出すことが可能となる――資本主義の危機よりも左翼の危機の方がわれわれの主な関心事となるのだから。われわれの「哲学の貧困」という見地を用いた途端、敵や闘争に下してきたわれわれの診断の中には、その核心において詐欺まがいのものもあったと認めることが可能となる。たとえば、われわれはポストイデオロギー時代に生きており、すべきことと言えば行動しか残されていないという、今日の大部分の左翼が共有する想定だ。この最新版は、「新自由主義」こそわれわれの真の名だという発想である。敵対者を複雑な政治経済的基盤から都合よく切り離してしまう、そうした結論は、新しい批評資源を生み出したり、強固な概念的枠組みをまったく欠いた現状に立ち向かったりするという作業を、いともあっさりわれわれから免除してしまう。逆説的であるが、哲学の行き詰まりだけが今日、左翼の最も重要な任務を明示している――つまり、二十世紀の左翼の失敗についてより深く包括的に説明する、そして政治組織の問題を改めて思考するという任務である。

ジジェクのパラフレーズになるが、問題は、どうすれば、それ自体革命的である政治経済システムに革命を起こしうるのかなのである。あるいはローベルト・クルツやモイシェ・ポストン〔カナダのマルクス主義歴史学者、一九四二―〕の言葉を使えば、もし左翼と資本主義の間にある矛盾が資本自体により重層決定されているならば、どこからこの政治的プロセスを考えることができるのだろうか。

ユートピア的夢想の必要性

今日最もユートピア的な発想は、したがって、資本主義そのものを克服するという夢である。しかし同じくらいユートピア的なのは、社会組織の唯一実行可能な形態として資本主義が際限なく続くという発想である。それゆえ共産主義の見地から現在を真剣に診断した場合に直面するのは、全能かつ無能な世界システム――つまり、現代左翼の、馬鹿げていると同時に当初からあった期待にぴったり対応する資本主義世界――の終末論的シナリオである。

この診断に照らしてこそ、われわれはフレドリック・ジェイムソンの「アメリカのユートピア」が持つ究極的重要性を評価することができる。同時にこの診断は、現状の不可能性との対決を当てにしているため、ジェイムソンのユートピア的ヴィジョンの性質や性格を共有している。つまりそれは、社会のポスト資本主義的組織化を夢見ることすらできないわれわれの無力さに切り込むのだ。資本主義イデオロギーの物質的力はわれわれの想像力を構造化するくらい強大なのである。

われわれは単に想像力の貧困（そしておそらく同様に哲学の貧困や政治の貧困）に直面しているのか、あるいは政治的シニシズムに直面しているのか。ジジェクによるマルクスの定式――「彼らはそれを知らない。しかし彼らはそれをやっている」――の反転は、広く受け入れられている。「幻想は認識のほうにあるのではなく、すでに現実そのものの側、つまり人間がやっていることの中にあるのだ」[3]。われわれはみな、グローバル資本主義のどこが悪いのかを知っている。もはや何事もわれわれに衝撃を与えない。にもかかわらずわれわれは行動するのだ、あたかも……。

このような意味で、伝統的なイデオロギー批判はもはや生産的ではない。正体を暴き、化けの皮をはぎ、謎を解かねばならないものなど何もないのである。なぜならすべてがすでに暴かれオープンなのだから。ジェイムソンが対決しようとするのは、この「シニカル理性」でもある。イデオロギーが後期グローバル資本主義を維持している以上、われわれはイデオロギー概念のみならず、それを批判するための手続きをも作り直す必要があるのだ。この作業では、「伝統的」マルクス主義の限界をはっきりと見ることができる。イデオロギーと科学のよくある対立図式——アルチュセールの特徴だ——は結局一つのイデオロギー的立場である。建設的な政治的ヴィジョンを生み出すよりもむしろ、単に科学の建設的生産能力を「借り」ており、何ら適切な政治方針を持たないままだからだ。政治的想像力を再構築するため、イデオロギー批判だけでなく、ユートピア的構築のタブローに自らを固着させる政治的創意が必要となる。

この点に関し、われわれにはユートピアについて（少なくとも）二つのヴィジョンないし理解がある。第一のものは否定的概念であり、それによればユートピアは何よりもまず理想である。つまりその中では、現状を再生産するのに貢献する形で、想像力が恐るべき現実を、ある果たせない約束——現在を我慢しうるものに変える未来の約束——によって補足している。これは、単にイデオロギー的に重層決定されているという意味において否定的ヴィジョンなのではない。多くのマルクス主義者、特にキリスト教や「倫理的社会主義」をマルクス主義に再導入する用意のあるマルクス主義者が、この不可能な未来を、肯定的で有用な導きの星であり、道徳律の代わりを果たすようなものであると捉えているのだ。

他方、ユートピアに関する第二の見解は、たとえばカール・マンハイムがトマス・ミュンツァーの政治組織を分析した際に見られるものだが(4)、ユートピアとは、今の社会生活に対して人民が抱く非現実的期待の産物や経路《チャネリング》であると考える。ここで重要なのはユートピアの内容ではなく形式である。ユートピア的形式によって、労働者階級の充足されない／しえない期待をすべて「ボトム・アップ式」に循環させることが保証される。言い換えると、カフカの「歌姫ヨゼフィーネ、あるいは二十日鼠族」の場合がそうであるように、ユートピアとは、組織の力を流通させ《チャンネル》るパフォーマティヴな構成要素であり、批判のためのツールでもある。受難の形態を物語として表現することを通じて、そして制度が受難の形態に取り組む未来という形式において、ユートピアはまた、現在のわれわれの批判力の一貫性に寄与するのである。

これらのユートピア概念にはそれぞれ、政治の概念に対応するところがある。第一に、「統整的」概念の下では、ユートピア的思考とは、特定の目標に向けられた政治闘争におけるレトリック装置であると考えられる。第二に、「形式的」概念の下では、政治とは生活形式の領域であり、目的のための手段であるのみならずそれ自体が目的でもある組織形態の領域である。ジェイムソンのプロジェクトは次のようにも理解されるべきである——それはユートピア的ヴィジョンの肯定的概念化であり、またイデオロギーの一形式としての（彼の言う）シニカル理性への政治的介入である。ジェイムソンの提案を判断すべきなのは、こうした観点からである。すなわち実用性や可能性ではなく、それが現代の政治的思考それ自体にもたらす効果によってである。換言すれば、彼のユートピアは政治戦略およびユートピア的プログラムとして読まれるべきなのだ。それは、純粋に批判的な手続きよりもむしろ建設的な手続きを通じて、今日の政治的無力やイデオロギー的混乱の内部にラディカルな境界線を引くことを目指している。

しかしながらジェイムソンのユートピア的ヴィジョンが特異なのは、ユートピアを定義しようとする努力から、彼が自らのユートピアを創造することに取り掛かったという単純な事実による[5]。ジェイムソン自身、彼が社会のためのユートピア的ヴィジョンを提案しているのかそれとも政治的プログラムを提案しているのか確信を持っていないが、それは今のわれわれの関心事ではないだろう。現在の世界では、既存の経済的、社会的諸関係は完膚なきまでに打ちのめされており（貧困、失業、暴力、排除など）、政治の変革について話すときはいつでも、失敗する運命にあるかユートピア的（すなわち全体主義的）なものとして信用されないかのどちらかとなる。左翼の深刻な危機に際して、ジェイムソンが資本主義への否定的批判から「肯定的プログラム」（またはアイデア）の提供へと移行したという事実は、計り知れない重要性を持つ。かつてジェイムソンは、資本主義の終わりを想像するより世界の終わりを想像する方が簡単だと言った。[6] 今日われわれはこの格言を修正し、資本主義を終わらせるより世界を本当に終わらせる方が簡単のようだと主張すべきである。この意味で、ユートピア――ジェイムソンの言い方では、われわれの想像や現実の限界を暴くための作業として理解されたそれ――は、われわれの窮境における政治的スローガンでありプログラムなのである。ユートピアと政治の関係は、単に未解決なのではなく、ある一定水準の分析では、われわれの状況の核心を示しているのだ。

彼のユートピアをジェイムソン流の共産主義プログラムとして理解すべきなのは、この意味においてである。

生の官僚的形式 vs 生の政治的形式

ジェイムソンのプロジェクトの最も重要な貢献は、彼のユートピアとイデオロギーの根本的弁証法が、単一権力と二重権力の弁証法、そしてこの二重性の克服とも関連していることを示す点にある。この二重性の一側面は、共産主義者と無政府主義者の間、つまり決定の政治 vs 未決の政治の関係にある。未決の政治にこだわる無政府主義者は、共産主義者に対して、共産主義者の未来の決定的ヴィジョンでは主体の無用な次元のための場を確保できないとして、正当な批判を加える。だが、このような決定的ヴィジョンを欠いているために、無政府主義者は、大衆のために建設的な解放プロジェクトを生み出すことができないのである。他方、決定の見地から政治を考える共産主義者は、無政府主義者に対して、資本主義の主要な矛盾を体系的形式の中で考えておらず、それに対抗しうる組織形態を思いつくこともできないとして、正確な批判を加える。だが、そのような未決空間を欠いているために、共産主義者は、もはや自分たちを労働者として認識しない現代の大衆と適切に関わることができないのである。また、マルクス自身の著作にも無政府主義的要素が含まれていることにも注意すべきである。たとえば次の有名な呼びかけを想起してみよ――「目先きを変えて、自由な人間の一つの協力体を考えてみよう」、「共同の生産手段をもって労働し」ている人々を。[7] あらゆる無政府主義者はこれと共鳴しうる。しかしながら、われわれの関心事は、「生産においても分配においても」生産者が「その労働とその労働生産物」に対して持つ関係である。[8] マルクスの理解では、この分断は生産の社会的組織の形態や各社会秩序によって決まる。

　ある水準では、ジジェク、バディウ、ランシエール、柄谷などはみな、共産主義と無政府主義の二重性を克服することに執心している。いやもっと正確に言うなら、国家を占有することが国家を変容させることを保証しない状況にあって、これらマルクス主義思想家たちは、資本と国家の同盟が創り出した単一の権力を分裂させる手段として、二重権力の戦略を取り戻すことに関心があるのだ。この問題に関して、何人かのマルクス主義哲学者が示す主な立場を簡潔に指摘したい。アラン・バディウは次のように主張する。「マルクス主義、労働運動、大衆デモクラシー、レーニン主義、プロレタリアの《党》、社会主義国家。これら二〇世紀の驚くべき発明は、われわれにとってはもはや有用なものではない」[9]。彼は断言しているが、共産主義の仮説の第三シークエンスとは――今われわれが置かれた状況のことだが――プロレタリアの党の問題ではないし、この仮説の保持者としての大衆運動の問題でもない。バディウによれば、われわれは、イデオロギーと政治運動の間に新たな関係を見出すのだ。創造的／包括的《ジェネリック》プロセスは、国家に「抵抗する」ことでもそれを奪おうとすることでもなく、国家に対して距離を置くことによる。それは、国家よりも普遍的で強力であると主張する二重権力である――それは一種の内在的二重性であり、二重ではあるものの、資本主義国家の超越論的統一に比べれば、状況に対して内在的なものだ。

柄谷行人は、代替的な共通貨幣や市場を通じて二重権力の動きを作るのと同時に国家／資本を乗り越えることを提案する。柄谷の見解では、資本＝ネーション＝国家の三つ組は不可分である。したがって、これら三つには、まとめて革命を起こさねばならない。彼の解決策は、後でわれわれが目にするように、交換様式の変換である。他方、ジジェクが提案するのは、政党はもう一つの権力（これは国家でないから二重権力となる）として考えられるべきであるが、同時に政党は国家（唯一の権力）になるべきでもあるというものである。彼にとって、国家権力を求める闘争を取るか、あるいは、国家権力からの撤退かつ／または国家権力に対する抵抗を取るか、という二分法は誤った二者択一である。ジジェクによれば、この二者択一は、国家がその実在の形態において永続するという仮定を前提としている。ジジェクは、われわれにはレーニンのような挙動が必要だと請け合う。つまり、革命の究極的目標は、単に国家権力を奪取するだけではなく、ラディカルにそれを変容させることに革命的暴力を行使することである。彼が言うように、われわれは国家を「非国家的な仕方」で機能させるべきなのだ[10]。

最後に、ジェイムソンは、非常に具体的な計画を提案する。その計画を通じて、国家／資本機構は徐々に二つの権力のうち「小さい方」となり、軍事的複合体は次第に中心的なものとなるだろう。ジェイムソンの発想は、ジジェクの四つ組、すなわち人民＝運動＝政党＝指導者を軍事化したものである。ジェイムソンは、レーニンの短い文章、「二重権力」から出発する――これが書かれたのは一九一七年、つまり暫定政府と労働者／兵士代表ソヴィエトが共存した時期である。レーニンはソヴィエトの三つの主な特色を挙げている。(1)権力は下から、すなわち各地の人民から来る（「直接の奪取」）、(2)ソヴィエトでは、警察や軍隊は、直接武装した労働者や農民によって置き換えられる、(3)官僚制は軍隊と似た形で――選挙された役人ではなく人民の直接支配によって――組織される。ある意味ではレーニンもまた、軍事化したソヴィエトを用意しているのだ[11]。

ジェイムソンの発想はシンプルである――だが、ブレヒトが記したように、やるのが非常に難しいのはシンプルな物事だけなのである。アメリカ国民全体をアメリカ軍複合体に登録するというのもそうだ。彼のユートピアの基本的前提は、厳密にマルクス主義的であり、国家の衰滅、それとともに政治そのものの衰滅である。ジェイムソンにとって、国家とは政治の現場である。彼が言うように、「国家の衰滅は不可避的に、本質的に国家そのもの（ポリス）を対象とする思考の衰滅をもたらす、というのは明白なはずだ」。そうすることにより、伝統的に土台、上部構造として考えられてきた社会秩序の二つのレヴェル、つまり生産と文化の領域は、両者の距離を広げることで、まったく新しい様相を帯びるだろう。これは、マルクス主義の伝統に重くのしかかる非常に重要な問題を提起している。資本主義から社会主義への移行に関するマルクスやレーニンの分析とともに、ジェイムソンは「出産の持続性」と彼が別の所で呼ぶものにもこだわっている。ここで『資本論』の「資本主義的蓄積の歴史的傾向」に関する有名な文章を思い起こせば、その中でマルクスは、独占資本主義について、また収奪者を収奪することについて語っている。

資本独占は、それとともに、かつそれのもとで開花した生産様式の桎梏となる。生産手段の集中と労働の社会化とは、それらの資本主義的外被とは調和しえなくなる一点に到達する。外被は爆破される。資本主義的私有の最期を告げる鐘が鳴る。収奪者が収奪される[12]。

さらにレーニンは、帝国主義とは衰退した資本主義、あるいは過渡期にある資本主義であると主張した。

大企業が巨大企業となり、それが、大量の資料の正確な計算にもとづいて、基本的原料の供給を、数千万の人口のためのいっさいの必要品の三分の二あるいは四分の三にも達する規模で、計画的に組織するときには、また、ときとして相互に数百、数千ヴェルスタもはなれている、もっとも便利な生産地点へのこの原料の輸送が系統的に組織されるときには、また、いくたの種類の完成品がえられるまでの一貫した原料加工のすべての段階が、一つの中心から管理されるときには、そしてまた、これらの生産物の分配が数千万、数億の消費者のあいだに、一個の計画にしたがっておこなわれるときには（アメリカの「石油トラスト」によるアメリカとドイツにおける石油の販売）、——そのときには、われわれの目の前にあるものは生産の社会化であって、決してたんなる「からみあい」ではないこと、私経済的および私有者的諸関係は、もはやその内容に照応しなくなっている外皮であって、この外皮は、その除去が人為的に引きのばされるばあいには不可避的に腐敗せざるをえないものであり、また、比較的長いあいだこの腐敗状態をつづけることがありうる（不幸にして日和見主義の腫物の治療が長びくようなばあいには）にしても、しかし結局はかならず除去されるであろうということ、が明白となるのである。[13]

マルクス、レーニンにならい、ジェイムソンのユートピアが目指すのは、社会の構造あるいは土台を、既存の上部構造と両立しえないほどに変容させることである。したがってジェイムソンは侵犯を提案しているのだ。

このような土台と上部構造の関係の侵犯を提案する一つの方法が、土台の非国家的機能を発見することである。『資本論』第一巻の序文の中でマルクスが書いていることだが、彼は「資本家や土地所有者の姿を決してバラ色の光で描いていない。しかしながら、ここでは、個人は、経済的範疇の人格化であり、一定の階級関係と階級利害の担い手であるかぎりにおいてのみ、問題となるのである」。この分析の見地からは、「主観的にはどんなに諸関係を超越していると考えていても」、その個人を「社会的諸関係に責任あるもの」とすることはできない。[14] このように資本主義は、統制のための中心機関を持たない、匿名の社会組織として姿を現す。資本主義が匿名の機構であるのと同様に、資本家や経済的なものは同様に、彼ら／それらに押し付けられた諸関係に従属し支配されている。『資本論』第三巻の最後の部分でマルクスは、三位一体の定式を提示する。「資本－利潤（企業者利得プラス利子）、土地－地代、労働－労働賃金、これは、社会的生産過程の一切の秘密」すなわち生産の物質的条件「をひそめている三位一体の形態である」[15]。資本主義の機能には、非個人的規則――あるいは「日常生活の宗教」とマルクスが呼ぶもの――がある。あらゆる構造（政治的、経済的、社会的、イデオロギー的）は、非個人的レヴェルに基礎を置く。それらはすなわち、非個人的構造である。その代わりわれわれには、マルクスが「物の人格化と生産諸関係の物化」と名づけるものがある。[16] ここで学ぶべき教訓は、三位一体の定式に表されているように、社会的形式は物質的内容から区別しえないということだ。この点に関して言うと、われわれが自分たちの生活に与える経済的、政治的効果のために個人を作るのであれば、われわれはすでにイデオロギーのゼロ・レヴェルにいることになる。それは反ユダヤ主義の別名であり、また特定の社会集団における社会的諸関係の物象化のためにとられるその他ファシズム的手続きの別名でもある。

　マルクスによると、「社会は、諸個人から成り立っているのではなくて、これらの個人がたがいにかかわりあっているもろもろの関連や関係〔Verhältnisse〕の総和を表現している」[17]。ここでアルチュセール的教訓とともに進もう。階級闘争は闘争をする階級に先立ち、階級が構成されるのは階級闘争においてである。階級は、客観的な社会的現実の一部として存在的レヴェルでは存在しない。多様な形態の支配、搾取、そして抑圧が現代資本主義を特徴づけているが、それらをすべて包摂するにはどれもつねに不十分である。こういうわけでマルクスは、社会組織の資本主義形態の経済的構造にこだわったのだ。しかしながら、資本主義の土台を完全に理解したとしても、生産かつ分配様式としての資本主義を完全に理解したことにはならない。

われわれは階級を理解したり認識したりせねばならないだけではない。ヨーロッパでは労働者階級に絶えず言及するのは極右政党である。今日の資本主義批判の中で問題なのは、階級分析の復権、そして階級社会それ自体の再定義なのである。起業家、市民、従業員、公務員やその他使用人等々に言及するよりも、今日われわれは、プロレタリアートの観念や概念をより急進的なものにする必要がある。これについては後でまた論じる。

土台と上部構造の関係の侵犯は、とりわけ、ジェイムソンが関心を抱くものである。この作業では、しかし、「人民の力」に過剰な期待を寄せるべきでない。民主的集団としての人民は定義上、政治的行為者《エージェント》ではない。二重権力では、既存の土台が上部構造に対応しえないほど変容されるのであり、それは緊急事態すなわち人々が永久に動員される状態として了解されるべきではないのだ。この点に関して、人民が水平的で自主的に組織された運動に直接参加することは、強制的であるべきでない。人々は集合生活において、怠惰ではないが無関心である権利を持つ。官僚的生活は、集合的なもののために決定を下す段階からそれを履行する段階まで、政治家――政党と呼ばれる中心機関においてつねにすでに闘士である者――によって組織されるべきである。

生活形式としての官僚制の問題全体は、代表か包含かによって決まる。共産党の形態をとる組織は、ジェイムソン的な軍事化形態において、人民を代表すべきでなく、むしろみなを包含すべきである。この包含により、権力の二重性（国家対政党）の問題は克服される。というのも政党国家は存在せず、国家の代わりに政党が存在するからである。さらには、代表対包含の二元性のみならず代表対参加の二元性も解消される。

だが、ジェイムソンが政治および国家の衰滅を提案することの本当の危険とは何か。前述の通り、ジェイムソンにとって国家は政治の現場である。それゆえ彼は、社会が政治的ではなく官僚的形態の組織に基づくべきであると提案する。私の理解では、彼のプログラムで最も問題があるのはこの部分である――それが批判に耐えうる提案だからこそそうだ。なぜか。第一に、シニカルな話だが、自己管理という概念を持った社会主義国ユーゴスラヴィアは、市場経済の明らかな要素を伴う官僚化した形態の社会組織であった。たとえば、私有財産は全廃されず、労働者は経営者ではなかったが経営者が経済を管理していた。だから官僚制の問題は、官僚的形態にあるのではなく、それが価値形態の代わりをしないという事実にあった。本当の問題とはこうだ。官僚的な生活形式を履行しつつ、政党と国家の距離はそれを、価値形態――これは国家と政党の「中間に」暗黙裡に存在することを許されている――からある程度離れたところに維持する。言い換えると、政党はネーション、つまり国際主義《インターナショナリズム》のローカルな形態の代わりとして考えられているのだ。

多くの分析や批評によれば、二十世紀の社会主義体制が失敗したのは、何をおいても国家を政党に統合したためであり、あるいはそれが専制的性格を有して経済および社会が悲惨であったためである。しかし果たしてそうだったのか。スターリンのソ連では、一切の財産や制度は国家に帰属した。しかしながら一つの例外があった。国家から距離をおいて機能した共産党である。その地位は、公共組織（*obshchestvennaia*）のものだった。にもかかわらず、共産党は各国家制度に基本組織を持っていた。この点に関し、ジジェクのテーゼとは、二十世紀共産主義の失敗は、権力への接近ではなく権力からの距離のために生じたというものである。国家と政治の関係について彼が論じているところによれば

〈党政治〉は、何にもまして、反国家をその主義とする政治の失敗、国家の制約を打破するための努力の失敗、組織の国家的な形態を自己組織化（「評議会」）の「直接的な」非代議的形態に取って代えるという努力の失敗です[18]。

決定的教訓とはこうである。どのような形態の共産主義組織を考えようとも、国家および政党を統合する機関が必要であることをわれわれは考慮しなければならない。この点にはすぐに戻ることとしよう。

社会主義の実験が失敗した理由を議論する中、アラン・バディウは、非常に挑発的ではあるが洞察に満ち深遠でもあるテーゼを提供する。

その失敗は、社会主義国家の専制的性格や経済的欠陥に帰せられるべきではない。これらの構造を指導者にとって支えきれないものに変えたのは、政治の衰滅である。大体において、人々はほとんど何の役割も果たさなかった[19]。

ここから判断すると、共産主義の究極的目的としての国家の衰滅は、政治の終わりとは理解されるべきで

はない。衰滅していく国家と政治双方のリスクとは、官僚的生活が政治に取って代わるというものである。

マルクスは共産主義を「現在の事態を廃絶する本当の運動」と定義した。彼はつねに、社会主義が資本主義よりもはるかに進歩的で革命的となるだろうと漠然と思っていた。マルクスの定義に忠実でありつつ、われわれは、現在を廃絶しうるのは、集合的な政治参加のみであると主張することができる。確かに、政治は「実際的」次元ではない。政治とは第一に、思考の領域である。思考（すなわち哲学）と政治の関係は非常に複雑であるが、次の命題で間に合わせたい。思想の変容は不可避的に政治に効果を及ぼす。理論的（哲学的）仕事は、実際的仕事よりもさらに大きな効果を世界にもたらす。それは、世界が現実に存在する基盤そのもの、政治が行われる基盤そのものを変容させる。思想に革命を起こせば政治は必然的にそれ自体を変容させることになる。換言すれば、純粋な思考と政治は不可分である。官僚制が政治機能を果たすとき、社会生活は耐えられないものとなる――あまりに機械的で退屈なのだ。国家の衰滅に関してジェイムソンに完全に同意しつつ、私が代わりに提案するのは、官僚的な生活形式を政治的な生活形式に置き換えるべきではないかということである。

普遍的政党《ユニヴァーサル・パーティー》組織としての共産主義

二重権力社会の主な危険は、二重権力の構造が国家権力に何の脅威も与えないかもしれないのと同時に、国家から許容され、（暗黙裡に）支持されさえしうるという点にある。もう一つのリスクは、これらの構造が、国家構造と並行して、つまり排除された構造として稼動する一方、資本主義の循環に取り込まれうるということだ。しかしながら、最大の危険は正常化である。この状況では、二重権力の構造は支配的イデオロギーに対して何のリスクも与えない。二重権力が法の内在的侵犯として機能してしまう先の二つの仕方に共通する危険が、二重権力の正常化である。サパティスタ〔メキシコ革命の農民軍指導者サパタ（一八七九―一九一九）の思想を引き継ぐ、主にメキシコ先住民によるチアパス州を中心とする左派運動〕、一九九〇年代コソヴォにおける「並列構造」〔一九九一年、セルビアのコソヴォ自治区のアルバニア系住民は共和国の樹立を宣言したが、セルビア政府はこれを認めず直接統治を敢行、一九九九年のコソヴォ紛争に発展した〕、無政府主義者の解放区、「一時的自律ゾーン」〔無政府主義者ハキム・ベイに同名著作あり（一九九一）〕等々はこれに該当する。これら二つのリスクを正常化リスクと名づけよう。二重権力が成功するためには、国家に容認される状態には決してなるべきではない。さもないと、かつて誰かが言ったように、もう一つの権力が働くゾーンや領域が、憂鬱な左翼のための結構な観光地となりかねない。

この問題の別の面を見ると、ジェイムソンが指摘するように、今日の世界には麻薬の売人からたぶんイスラム国に至るまで、すでに稼動している二重権力の構造がある――イスラム国は、軍隊および国家の二重機能を持ち、それゆえ軍隊国家を構成する。この点に関して注意を向けたいのは、おそらく組織化において最も困難な側面の一つ、象徴《エンブレム》と組織の欠如である。われわれは世界中で続けざまに起きる変動、反乱、大規模デモを目撃している。しかしながらわれわれがさらに目撃するのは、「宴のあとの翌朝」の失敗である――つまり、こういった運動の勃発を一貫した政治組織に形式化することができないのだ。ブラジルの抗議活動について書く中、ガブリエル・トゥピナンバ〔ブラジルの政治哲学者、共著『ヘーゲル、ラカン、ジジェク』〕は次のように主張する。

> スラム街で麻薬売人によって行使される並行権力は、「民衆の不満のファシスト的取り込みと」似た

> 偉業を達成する。それは、懸命に働いてもブラジル社会で自分の価値や居場所が認められることにまったくならないとすでに見抜いている若者たちに、強さとはどんなものかを示す。(20)

トゥピナンバによれば、貧民街出身の無視されてきた若者に場所、武器、組織を提供するのはファシスト集団か麻薬の売人である。ブランドや帰属の明確な表現は、マフィアないしファシストによってもたらされる。左翼ブランドが不在の中、彼らは下層階級の人々が、国家の制度的認識に頼ることなく、自分たちを行為者《アクター》として認識することを可能にするのだ。

> だからこれが、今日大衆の中で指揮と自信を組み合わせようとする際に問題となる失敗——そして挑戦——なのである。すなわち一方では、労働者階級の種々のセクターを区別するアイデンティティの要求を超越するような政治的象徴《エンブレム》を考案する難しさがある。他方で同時に、そのような象徴《エンブレム》は、民衆の力を全体主義的傾向に変えることなく、大衆の中に情熱的な規律や組織化を喚起することができるという自信もある。(21)

共産主義的思考の緊急任務は、はっきりした立場を明確に表現して大衆政治組織の形態を再考するという、自暴自棄の（かつ失敗に終わる）試みの悪循環を断ち切ることである。

柄谷によると、資本主義とは生産の存在であると同時に、四つの交換様式に基づく世界経済でもある。すなわち、(A)互酬、(B)略取と再分配、(C)商品交換、(D)これら三つを越える様式である。われわれの資本制社会では、しかしながら、交換様式Cがドミナントである。肝心な点は、商品交換の様式（C）を克服することだ。つまり、様式Cの矛盾を解消する新たな交換様式を考案するのである。柄谷にとって、これは様式Aへの一種の回帰を意味するが、「交換様式Dは、高次元においてAを回復するものであり、実はAの否定によってのみ可能となる」[22]。柄谷は、商品交換の根絶のようなものはないと十分承知している。資本主義と資本主義に基づく生活様式を根絶することはできても、交換形式そのものを根絶することはできない。彼の解決策は次の通りである。資本、ネーション、国家のうちどれかを特権化することなしにそれらの諸問題を解決する特別な方法などないが、柄谷によれば、「国連システム」と彼が呼ぶものは「世界システムとしての諸国家連邦」になりうるというのだ[23]。カントの提案する世界共和国や柄谷の提案する国連の代わりに、われわれは、自分たちのユートピアを非国家的世界政党と呼ぶことにしよう。社会を普遍的《ユニヴァーサル・》政党《パーティ》に組織することは思考、想像可能であろうか。

ソヴィエト連邦が政党と国家の二重権力だったとするジジェクの立場から離れ、われわれは国家の代わりに普遍的政党《ユニヴァーサル・パーティー》を提案する。軍事化した権力は「社会の必要と機能のネットワークあるいは外骨格」であるべきだとジェイムソンは述べている。それは「普遍的民主主義、政党、みなが自分の官僚であるような官僚制の間のどこかにあ」るものである。ここで軍隊を政党に置き換えることにしよう。みなが自分の官僚であるとする代わりに、官僚に取って代わる政党の闘士を提案したい。社会を機能的に運営するため、普遍的政党《ユニヴァーサル・パーティー》には有力な闘士が必要である。そうすることで、われわれはその政治的発明を生かし続けられる。普遍的政党《ユニヴァーサル・パーティー》は、規律、ヒエラルキー、秩序、集合性等々の概念を再び手にすべきである。毛沢東は、イデオロギー的規律がなければ政党に秩序はないと言ったものだ。次のテーゼを提案しよう。政党は政治のための条件である。政党は、政治の超国家的形態を提供するが、これが存在するためには組織される必要がある。問題はまだ残っている。いかにしてわれわれは国家をそれ自体に反抗させるのか——

非国家的形態で活動し機能させるために。絶対的前提条件は、強力で効率的な党構造、つまり社会的および政治的生活全体を変容させる強力な組織体を創り出すことである。資本主義の廃止は、われわれが非国家的国家ないし政党と呼ぶ、国家の変容とともに起きなければならない。思考としての政治というわれわれの前のテーゼには、もう一つの要素を加えるべきである。すなわち政治とは思考、行動、そして組織である。

　しかしその基盤とは何だろうか。最も困難なものは経済的階級闘争である。労働者の地位は変貌を遂げた。生産および消費過程における立場に関係してそれは今や二重である。柄谷の主張によれば、「消費者とは、プロレタリアが流通の場においてあらわれる姿」であり、彼の理解では、それゆえ消費者運動はプロレタリア運動の一部となる[24]。したがって一九六八年のスローガン、「工場に帰れ」はもはや有効ではない。おそらく、工場における闘争から消費分野における闘争への移行があったのである。権力構造と搾取、あるいは生産と社会の伝統的関係は、再考されねばならない。新しい形態の生産の出現は、新しい形態の搾取を必要とし、新しい形態の支配をも伴うのだから。

　この点で、われわれはプロレタリアートの概念を再現実化《リアクチュアライズ》する必要がある。プロレタリアートとは、剰余価値が搾取されるだけでなく、われわれの主体性の実質から疎外された個々人をいう。この意味で、『共産党宣言』の呼びかけ、「万国のプロレタリアよ、団結せよ」は現実的《アクチュアル》である。われわれは、労働者、消費者、追放者、移民、失業者、雇用不適格者、不法就労者、土地を奪われた農家、成功の見込みのない若者等々を大規模に統合する必要がある。

　ジェイムソンによると、「新しいユートピアは、あらゆる点において市民の最も法外な放縦と個人的自由も歓迎しなければならない。当然、その中にはピューリタニズムも含まれるし、放縦と個人的自由の嫌悪も含まれる」。新しい倫理を考案すべきなのだ。ジェイムソンは次のような兵営生活を提案している。

> 兵営で新兵や召集兵は、まったく異なる人びと、完全に違っていて相容れないはずの背景、階級、人種、（さらには）性別の人びとと一緒に過ごすことになる。瞬時に感じる嫌悪と、不快な文化的疎外感、まったく共通点がないので普通なら避けるだろう人びととの避けられない交流――これこそ真の民主主義である。これは、さまざまな階級的保護、職業、家族〔…〕によって普通隠蔽され〔ている〕。

これはアゴタ・クリストフ〔ハンガリー出身のフランスの作家。『悪童日記』（一九八六）など、一九三五―二〇一一〕の倫理――疎外と連帯の二重レヴェルの倫理――である。すでにわれわれはこの社会で見知らぬ人々との集合体へと投げ込まれている。必要なのは、ラディカルな形式の疎外であり、深甚な連帯に基づく無慈悲な疎外なのである。

ジェイムソンが精神分析やラカンを用いていることはまた、非常に複雑な問題に光を当てる。彼の洞察は、共産主義の下ならいかにわれわれの不幸に対する言い訳が減るのかを明瞭にする点で役に立つ。そのようにしてわれわれは羨望やその他の病理にもっと敏感になり、共産主義の病理に関するまったく新しい理論を開拓する。

普遍的政党《ユニヴァーサル・パーティー》の形態をとる社会組織もまた軍事的に構造化できる。各ネーションが師団を形成するのである。しかし軍隊がそうであるように、それらの師団を仕切るのは中央軍あるいは中央委員会であってその逆――NATOや国連の場合がそうだ――ではない。このようにネーションを軍の旅団に分割しても、これを連邦主義の一形態として捉えるべきでない。社会組織の政党形態は一元的なのだ。

このような形態の社会組織は実現不可能に見える。そうかもしれない。だがわれわれは、部分的解放（国家的、宗教的等々）も同じく不可能であることを肝に銘じるべきだ。グローバルに組織された運動なしでは、革命などまったく想像できない。力強い国際的運動を創り出すのに失敗すれば、結果はおそらく、さらにもう一つの世界戦争である——そして目下の情勢は確かにその状況へとわれわれを導いている。

6 日本のユートピア

柄谷行人

ジェイムソンの論文を読んだのは、日本で安倍内閣が米軍に協力して自衛隊の海外派兵を可能にするための安保法制を強引に作ろうとすることへの反対運動に、私が深くコミットしていたときである。この反対運動はますます盛り上がり、一九六〇年以来なかったような規模にまで広がった。それは何より、安倍首相の政策が憲法九条を事実上無効にしようとするものだからである。初めに説明しておくと、九条とはつぎのようなものである。

日本国民は、正義と秩序を基調とする国際平和を誠実に希求し、国権の発動たる戦争と、武力による威嚇又は武力の行使は、国際紛争を解決する手段としては、永久にこれを放棄する。前項の目的を達するため、陸海空軍その他の戦力は、これを保持しない。国の交戦権は、これを認めない。

この憲法は、日本が一切の武力・戦力をもつことを禁じている。どんな理由であれ、国の交戦権を否定している。どんな国にも自衛権があるとしても、日本はそれを放棄する。この条文に、一九二八年のパリ不戦条約、のみならず、さかのぼってカントの永遠平和論が反映されていることは明白である。なぜそうなのかは、あとで述べる。

安倍首相はそれまで高い支持率を誇っていたので、改憲案も実現されるだろうという見通しが一般にあった。しかし、予想もしなかった反撥が、議会の外から突然起こってきた。それは、私が年来抱いていた九条に関する仮説を確証するものであった。本稿で私はその仮説について語りたいと思う。「アメリカのユートピア」は、私に「日本のユートピア」を考えさせたが、それは九条と歴史的にも深く結びついているからである。

「アメリカのユートピア」を読みながら、私は奇妙なことを考えた。それはこういうことだ。私の読みがまちがいでないならば、ジェイムソンはこう考えている、アメリカではもうすべての革命戦略がなくなった、残るのは「国民皆兵制」の実行だけである、そして、それがアメリカのユートピアである、と。私は、彼の絶望の深さ、そして稀にみる率直さに感銘を受けた。私がそのとき思ったのは、日本に残された一つの可能性である。私はそれを、ジェイムソンに倣って、「日本のユートピア」と呼ぼう。しかも、ジェイムソンのそれと、私のそれは密接につながっているのだ。

憲法九条に関して先ずいうべきことは、それが実行されていないことである。と同時に、にもかかわらずこの条文が現在まで変えられないでいることである。たとえば、日本には自衛隊がある。それは、兵器や軍事予算という面からすると、世界的に上位にランクされるだろう。加えて、財政的に日本によって支えられた、米軍の基地がおびただしい数ある。では、どうして、憲法の下で、そのような体制が可能なのだろうか。もちろん、それは不可能なのである。だから、日本の政府は現状を正当化するために、憲法の解釈を変えてきた。たとえば、自衛隊はたんに自衛のためのものであって、「国際紛争を解決する手段」としてあるのではない。ゆえに、自衛隊は軍隊ではない。それは、他国と戦わないのだから、戦力ではない、と。

しかし、どう考えても、この九条の文面に従えば、自衛隊の存在を正当化することはできない。ここでは、つぎのような選択肢しかない。憲法を変えるか、自衛隊を廃止するか。通常の論理では、そうなるはずだ。が、日本ではそうしなかった。憲法を変えることもなく、憲法を実現することもしなかった。一方で、憲法を保持し、他方で、自衛隊をますます強化してきた。それを、憲法の解釈を変えるということで正当化してきたのである。

しかし、どう解釈しようとも、九条の文面は、海外での戦争に自衛隊を派遣するのを正当化するように読むことはできない。また、たとえそのような強引な解釈を認めても、それによって自衛隊員を、命を賭けるような戦場に派遣することまではできない。現実に戦争をしたいのであれば、九条の解釈を変えるのではなく、九条自体を変えるほかないことは明白である。そして、国民がそう望むのであれば、誰もそれを阻む者はない。にもかかわらず、日本の支配層はこれまで憲法を変えようとしなかったし、今もしない。なぜなのか。その理由は単純である。それは、改憲を争点にして選挙をすれば、大敗するに決まっているからだ。実際、自民党は憲法改定案を何度も発表している。が、選挙で、それを問うたことはない。また、憲法改定を唱える政治家は大勢いたが、選挙ではそれを争点にもしなかった。現在の安倍首相にしても同じである。

彼は戦争の切迫性を印象づけようとして、隣接諸国との敵対・緊張関係を煽り、また、さまざまな世論の操作をしてきた。実際、それは成功していて、メディアの多くはそれに抵抗できなくなっている。それなら、安倍内閣はこの勢いで、憲法改定を提起すればよいのではないか。が、彼はけっしてそうしないだろう。なぜなら、そうすれば選挙で大敗することを知っているからだ。

しかし、彼はなぜそうなのかについては分からないでいる。このまま世論を変えていけば、そのうち憲法を変えることができるだろうと考えているはずである。一方、護憲派は、なぜ人々が九条を支持するのかその理由を知っているだろうか。私はそれも疑う。彼らは、このまま行けば、人々が憲法改定を支持するようになるのではないか、と恐れているが、それも正しくない。彼らは、現行の憲法は、実行されてはいないが、それなりに抑止効果があるから、保持すればよいと考える。私の主張はそれとは異なっていて、憲法を字義通り実行せよ、さもなければ憲法を変えろ、というものである。それについてはあとで説明したい。ひとまずいっておきたいのは、私がいうこととジェイムソンがいうことには、共通するものがあるということだ。

アメリカではベトナム戦争以後徴兵制が廃止された。それは必要でないからだといわれる。現在の戦争に必要なのは、プロフェッショナルあるいはドローンのようなロボットだ。徴兵された兵では、要求される高度の任務を果たすことができない。しかし、それが、徴兵制が廃止された真の理由ではない。たんに、ベトナム戦争以後は、アメリカでは徴兵制ができないのだ。もしそれを強行すれば、六〇年代にあったようなプロテスト運動が起こるだろう。

国民皆兵制は、軍事的な問題以上の意味をもつ。それは市民革命あるいは国民国家とともに生まれた。徴兵制は自由と平等のような「大義」と切り離すことはできない。絶対王政の時代には、軍は傭兵であった。現在のアメリカの戦争は、事実上、その段階に戻っている。いわば、資本の絶対王政（新自由主義）である。そして、アメリカはもはや徴兵制を再導入するために十分な「大義」を装うこともできない。その上、徴兵制では、今日のハイテク戦争を行うことができない。その意味で、ジェイムソンの主張は、戦争の廃止、資本の絶対王政の廃止を含意している。

ところで、戦争の廃止を掲げた日本の戦後憲法をめぐる状況も、逆説的である。それは、戦後、日本人が自発的に作ったものではない。マッカーサー元帥に代表される占領軍によって押しつけられたものだ。日本の軍国主義を根絶するためである。第一条では、戦争責任者であった天皇はもはや主権者でなく、主権者である国民の象徴として規定された。第九条では、先に述べたように、戦争が放棄された。占領軍がこのような憲法を押しつけたのは、何よりも日本が二度と敵国として登場することのないようにするためであった。が、同時に、この時期、占領軍の側にも理想主義があったことは否定できない。占領軍民政局には左翼のニューディーラーが多くいて、戦後の日本で労働組合を育て農地解放を行った。さらに、彼らはアメリカでは実現できないような戦争放棄を、先ず日本で実現しようとした。それが憲法九条なのだ。そうしてアメリカではとうてい実行できないユートピアが日本の憲法に書き込まれた。彼らはまもなくレッドパージを蒙ったが、彼らの意志は憲法九条において残ったのである。

戦後の国連を前提し、また、不戦条約やカント的理念にもとづく九条は、こうして日本に導入されたのである。むろん、日本の側にも同じような意見をもった者がいたが、九条は何よりも占領軍の強制によって実現されたのである。そして、憲法の改定を主張する保守派のイデオローグはつねにそれを口にしてきた。しかし、彼らが見ようとしないのは、つぎの事実である。アメリカは朝鮮戦争の開始とともに、日本に派兵させるために改憲を要求した。つまり、この段階では、アメリカの側にすでに憲法九条を押しつける意志などはなかったのだ。このアメリカの要請を、当時の首相、吉田茂は拒絶した。その意味で、憲法九条は自発的に選択されたというべきである。

吉田首相は保守派であり親米であったが、アメリカの要求に対抗するため、社会党に再軍備反対運動をするように要請することさえした。では、なぜ彼は憲法九条を守ろうとしたのか。一般に、日本の経済的復興を優先させようとしたからだといわれている。しかし、私はこう思う。彼は、もし改憲を唱えたら、自らの政権のみならず政党が崩壊してしまう、さらに、革命騒ぎになってしまうかもしれない、と判断したのだ。彼は再軍備のかわりに、警察予備隊、そして、自衛隊を作ることを承認し、そして、それは九条に抵触しない、と説明した。憲法を変えるかわりに、その解釈を変えるというやり方は、このときから始まったのである。朝鮮戦争の際に、日本はアメリカの軍事基地であったし、ベトナム戦争でも同様である。憲法九条があるといっても、それが実情であった。にもかかわらず、政府は憲法九条を廃棄しようとしなかった。ただその解釈を変えたのである。

それ以後の自民党政権も、同様にやってきた。選挙では改憲を唱えることはしない。しかし、いつか改憲できるときが来ると漠然と思っている。この憲法は国民が自発的に作ったものではないという考えからだ。日本が経済的な大国となった時点では、憲法を変えるべきだし、変えられるはずだ、と。しかし、彼らが思ったようにはならなかった。憲法九条は、日本人によって長く支持され今日まで生きながらえてきたのである。

では、なぜそうなのか。改憲派は、それは国民の多くが、いわば左翼知識人に洗脳されているからだと考えてきた。しかし、これは端的に間違いである。左翼はもともと憲法九条に賛成ではなかった。日本の各地に米軍が駐留していたことに反対し、米軍を追い出して真の人民軍を作ろう、というのが旧左翼の考えである。のちの新左翼も同じである。日本で、憲法九条が真剣な問題となったのは、一九九一年湾岸戦争で自衛隊を派遣する問題が生じたときである。左翼が憲法九条を支持するようになったのは、このとき、つまりかなりあとなのだ。

にもかかわらず、保守派は、日本人が憲法九条にこだわるのは、左翼のキャンペーンがあるからだと考えている。そうでないと、九条がなぜ七〇年以上も残ったのかを理解できないからだ。では、護憲派勢力のほうはどうか。私は、彼らも事態を理解しているとは思わない。彼らはこう考える。第二次大戦後、日本人が戦争放棄の憲法を支持したのは、悲惨な戦争の現実を経験したからだ、そして、戦争および近隣諸国に対して行なったことに対する反省・謝罪の気持があるからだ、と。また、憲法九条が維持されてきたのは、人々にそのような気持を維持し育成するような啓蒙運動が続けられてきたからだ、と。

しかし、私はそのような見方は正しくないと思う。日本人は別にそのような意識的な反省によって憲法九条を創ったのではない。占領軍によって押しつけられたのは紛れもない事実なのだから。が、その後に九条を支持するようになったことも否定できない。しかし、それは、知識人の啓蒙によってではない。もしそうであれば、九条は生きながらえなかっただろう。また、戦争の拒否が人々の戦争体験によるのであれば、時が経ち、また世代が交代するにつれて、弱まってしまっただろう。ところが、憲法九条に関しては、少しもそうなっていない。また、現在、進歩派知識人の影響力が相対的に弱まってしまったにもかかわらず、国民の間で、憲法九条、すなわち戦争放棄への支持は、極めて強いままである。憲法九条は護憲勢力によって守られているのではない。その逆に、護憲勢力こそ憲法九条によって守られているのだ。日本人は九条を強制されたあと、それを自発的に支持した。そして、絶え間ない批判、世論操作にもかかわらず、それを維持した。これをどう説明すればよいのか。

私はここで、フロイトの理論を参照しなければならない。もちろん、それは前期フロイトではなく、後期フロイト、すなわち、「戦後」のフロイトである。フロイトは第一次大戦の初期は、オーストリア帝国の参戦を支持していた。戦争が長期化すると、彼も戦争に反対するようになったのだが、それでも、こういうことを書いていた。

「戦争はわれわれから、より後期に形成された文化的層をはぎとり、われわれのなかにある原始人を再び出現させる。戦争はわれわれを再び、自己の死を信じないところの英雄たらしめようとし、見知らぬ者に敵のレッテルを張る[1]」。彼の考えでは、戦争における野蛮さは、ふだんは抑圧されていた「感情生活」が、国家そのものがその抑制を解き放ったために露出したものにすぎない。したがって、「われわれは、この盲目性が、興奮が醒めると同時に消えさるのを希望することができるのだ[2]」。

ところが、フロイトはこのような考えを修正しなければならない目にあった。それは、第一次大戦後に、戦争神経症の患者たちに出会ったことである。彼らの場合、戦後にも、戦争は次第に「消えさる」どころではなかった。毎夜戦争の悪夢を見て飛び起きていたのだから。フロイトは、このとき、現実原則と快感原則という二元的枠組では説明できない事柄に気づいた。そこから次のように考えた。「反復強迫の仮定を正当づける余地は充分にあり、反復強迫は快感原則をしのいで、より以上に根源的、一次的、かつ衝動的であるように思われる[3]」（一九二〇年）。

ここで、フロイトは反復強迫をもたらす「死の欲動」という概念を導入した。その場合、強調したのはむしろ、死の欲動が能動的な役割を果たすという側面である。戦争神経症における反復強迫は、たんにショックの名残ではなく、それをくり返すことでショックを乗り越える積極的活動なのである。

この転回は、フロイトが「自我とエス」（一九二三年）で超自我という概念を提起したことにつながっている。超自我に類似する概念は初期からあった。たとえば、『夢判断』（一九〇〇年）における、夢の「検閲官」である。それは、親を通して子供に内面化される社会的な規範のようなものであり、現実原則をあらわしている。しかし、「自我とエス」という論文で明確にされた「超自我」は、「検閲官」とは似て非なるものである。「検閲官」が他律的であるのに対して、超自我はいわば自律的、自己規制的なのだ。死の欲動に結びつけることによって、フロイトは、時に検閲官＝現実原則さえ越えるような「自律性」の根拠を見出したのである。また彼は、超自我は個人だけでなく集団にもあると考えた。というよりむしろ、超自我は集団のほうにより顕著にあらわれる、としている。

このような考えの転回は、狭義の精神分析理論でよりもむしろ、彼の「文化」論においてより明確に示されている。というのも、文化は集団における超自我の問題だからだ。この意味で、後期フロイトの考えを典型的に示すのは、『文化への不満』（一九三〇年）である。それまで、彼にとって、文化は快感原則を制限する現実原則を意味するものであった。そして彼はこう考えていた。そのような抑圧的な文化は必要であるが、時々それから解放される必要もある。だから、戦争もやむをえない、と。が、このとき、フロイトは『文化への不満』では、〝文化〟をむしろ積極的な役割を果たすものとして肯定したのである。それは、彼が文化＝超自我という見方を抱くようになったことを意味する。

超自我とは、死の欲動が外に向けられて攻撃欲動としてあらわれたのち、何らかの契機をえて内に向かうことによって形成されたものである。現実原則あるいは社会的規範によっては、攻撃欲動を抑えることはできない。したがって、戦争が生じる。では、それはどのように抑えられるのか。フロイトが第一次大戦後に認識したのは、攻撃欲動（自然）を抑えることができるのは、他ならぬ攻撃欲動（自然）だ、ということである。くりかえすと、攻撃欲動が内に向けられたとき、超自我＝文化を形成する。いいかえれば、自然によってのみ、自然を抑制することができる。

フロイトが死の欲動、攻撃性、さらに、超自我について考えるようになったのは、戦争期ではなく、戦後に、戦争神経症患者に出会ったからだと、先に述べた。このことに照らして、私は、戦後日本の憲法九条を、日本人の「超自我」と見ればよいのではないか、と考える。つまり、「意識」ではなく「無意識」の問題として。それは、意識のレベルの問題ではない。たとえば、フロイトは、強迫神経症において、患者は罪責感で苦しんでいるようにみえるが、当の本人はそれについて何も意識していないということを指摘した。彼はそれを「無意識的罪悪感」と呼んだ。

日本人が憲法九条にこだわるのは、それと同じである。それは一種の強迫神経症であり、「無意識的罪悪感」を示すものだ。すなわち、それは意識的なものではない。だから、憲法九条は、人々の自覚的罪悪感から作られたのでもなければ、過去への反省意識を強めることによって維持されてきたのでもない。もしそれが意識的な反省によるものであったなら、九条はとうの昔に放棄されただろう。人間の意志などは、気まぐれで脆弱なものであるから。

憲法九条には強い倫理的な動機がある。しかし、それは意識的あるいは自発的に出てきたものではない。そのような問題に関して、フロイトはこう述べている。「人は通常、倫理的な要求が最初にあり、欲動の断念がその結果として生まれると考えがちである。しかし、それでは、倫理性の由来が不明なままである。実際には、その反対に進行するように思われる。最初の欲動の断念は、外部の力によって強制されたものであり、欲動の断念が初めて倫理性を生み出し、これが良心というかたちで表現され、欲動の断念をさらに求めるのである」(4)（一九二四年）。

フロイトのこの見方は、憲法九条が外部の力、すなわち、占領軍の強制によって生まれたにもかかわらず、日本人の無意識に深く定着した理由を見事に説明する。いいかえると、先ず外部の力による戦争（攻撃性）の断念があり、それが良心（超自我）を生みだし、さらにそれが戦争の断念をいっそう求めることになったのだ。くりかえすが、憲法九条は自発的な意志によってできたのではない。外部からの押しつけによるものである。しかし、だからこそ、それはその後に、深く定着した。

現在、そして、今後も、さまざまな口実によって、保守政権は日本が戦争するように仕向けるだろうし、あるいはそれに一時的に成功するかも知れない。しかし戦争への参入は、憲法九条を〝文字通り〟に実行せざるをえない状況に日本を追い込むだろう。どう転んでも、日本人は憲法九条から離れることはない。したがって、私は今後の状況について悲観的であるとともに、楽観的である。

私が憲法九条を重視するのは、それが根本においてカントの理念をはらんでいるからだ。それに関して、二つのことをいっておきたい。第一に、カントの平和論は理想主義でしかないという、ありふれた批判に関して。

たとえば、カントが諸国家連邦を提唱したとき、ヘーゲルはそれを理想主義的であると批判した。諸国家連邦が機能するためには、規約に違反した国を処罰する実力をもった国家がなければならない。つまり、覇権国家がないかぎり平和はありえない、というのだ。これは今でも、国連を批判するために使われている理屈である。

一九世紀の間、カントの構想は無視された。しかし、一九世紀末帝国主義戦争の時代に、それは蘇った。そして、第一次大戦後に、国際連盟として結実し、また、一九二八年には「不戦条約」となったのである。さらに、国際連盟も無力であり次の大戦を止めることはできなかったけれども、一九四五年に、国際連合というかたちをとった。日本の憲法は、前文に記されているように、国連の存在を前提している。

この意味で、カントの理念はかなりの程度、実現されてきたのである。なぜか。それは、カントの理念がたんなる理想主義ではなかったからだ。先に、私はヘーゲルが、カントの平和論を理想主義的で、非現実的であると批判したと述べた。そのような批判が今もなされている。しかし、カントは甘い理想主義者ではなかった。彼はむしろ、ホッブズと同様の見方をしていた。つまり、人間の本性（自然）には「非社交的社交性」ungesellige Geselligkeit があり、それをとりのぞくことはできないと考えていた。これは、フロイトの言葉でいえば、攻撃性に該当する。同様にカントは、諸国家連合が、人間の理性や道徳性によって実現されるとは考えなかった。彼は、それをもたらすのは逆に、人間の「非社交的社交性」、いいかえれば、戦争であると、考えたのである。このような考え方は、ヘーゲルの「理性の狡知」に対して、「自然の狡知」と呼ぶことができる。

第二に、私がいいたいのは、カントの「永遠平和」が意味するのは、平和のみならず、革命の問題でもあるということである。彼が『永遠平和のために』を刊行したのは、一七九五年、のちにナポレオン戦争と呼ばれる、ヨーロッパ世界大戦の直前である。しかし、彼は戦争が迫っていたから、これを考えたわけではない。一七八四年にすでに、それと同じようなことを違った目的のために、『世界市民的見地における普遍史の理念』で書いている。そのとき、彼はルソー的な市民革命を支持していたのだが、つぎの点で批判的であった。ルソーは革命を一国だけでしか考えていない。一国だけで革命が起こるなら、それは周囲の旧体制（絶対王政）の国家から干渉を受けて、挫折してしまうだろう。それを防ぐためには諸国家間の連合が必要だ、と彼は考えたのである。

カントの平和構想は、本来、世界同時市民革命の構想であった。しかし、現実には、一七八九年にフランスにだけ市民革命が起こった。周囲の国、特にオーストリアなどはこの革命を倒そうと軍事的に干渉してきた。それに対する革命防衛戦争が始まり、その中で頭角をあらわしたのがナポレオンである。カントが『永遠平和のために』を刊行したのは、この時期である。そのため、この書については、戦争の問題だけが注目され、それが本来市民革命とつながることが忘れられている。この点を理解しなければ、どこかの地域で起こった戦争が世界戦争に転化するのを阻止することはできない。

ふりかえると、二〇世紀の革命が失敗に終わるように運命づけられているのは、各国での市民革命と諸国家連邦という、二つの契機が分断されたままであったからだ。そこからみると、我々の革命運動がいかなるものであるべきかが明らかとなるだろう。共産主義は、経験的には、主要な諸民族が「一挙に」、かつ同時に遂行することによってのみ可能なのであり、そしてそのことは生産力の普遍的な発展とそれに結びついた世界交通を前提としている（『ドイツ・イデオロギー』）。

それは先ず、各国での対抗運動にもとづくと同時に、国際的な連帯を不可欠とする。しかし、後者はきわめて困難であり、資本=国家によって分断され、切り崩されてしまう。第二「インターナショナル」が第一次大戦において分解したように。一方、第三インターナショナルは脆くはないが、ソ連に従属するものになってしまった。

今や、可能な運動の方法は一つしかない。それはいわばカント=マルクス的な結合によるものである。一方で各国での資本=国家への対抗運動を行うこと、他方で、国連をそのような運動が結合されるような器に変えていくこと、である。その時、徴兵制であれ、九条であれ、実現不可能に見えたものが可能になるだろう。私は、それこそが世界同時革命であると考えている。

後記

安倍首相は改憲案を出さないだろう、という私の主張に異存があるかもしれない。現に改憲案を出したからだ。しかし、彼が出したのは、九条を保持した上で、自衛隊を公認するというものである。彼は自らそれを「改憲」ではなく「加憲」だと主張している。それによって「無意識」をごまかせるだろうか。

7 ジェイムソンと方法――コミック・ユートピアニズムについて

フランク・ルーダ

ユートピアが(…)可能ではないという主張は、ありふれた先入観となった。これはつまり、大部分の人々は、あまりにひどいと言われる唯物論に呪縛されているのではないということだ。本当の呪縛(…)とは、自らの前提を忘却して久しい低俗な観念論である。

――テオドール・W・アドルノ(1)

第一にわれわれは文化革命に従事しなければならない。
――アラン・バディウ(2)

それは不可能だ! 歴史から政治へ

フレドリック・ジェイムソンの「アメリカのユートピア」を読むとき、実質的にはどのようなテクストを読んでいることになるのか。どのような方法、方法論がここでは採られているのだろうか。ジェイムソンのタイトルは、そういう疑問を提起しても実際には何の価値もないことを示唆しているようだ。ここで読者は一つのユートピアに直面させられているのではないのか。そうであれば、何をいちいち考えこむ必要があるのか。とはいえ、あまり急いで答えを出すべきではない。ジェイムソン自身、このテクストの冒頭近くで、「私が提案するのが政治的プログラムなのかユートピア的ヴィジョンなのかははっきりさせられない」と述べており、「私の考えではいずれももはや不可能なはずなのだ」と付け加えているのだから[3]。したがって、このテクスト自体、ユートピアなのか政治的プログラムなのか明らかでない提案を出しているのだが、一方で明らかなのは、もはや可能ではない、あるいは少なくとも可能であるはずがないことをこのテクストが行っているということなのだ。であるならば、ジェイムソンの提案の本質を分類することの困難、つまりそれをプログラムないしユートピアに分類することの困難は、その提案を特徴づける不可能性そのものに由来するのではないとしても、それと内的に関連していると推論できよう。明確に決定しうるにせよしえないにせよ、テクストそれ自体の本質を明らかにするためには、形式的分析の実践が必要となる。この実践によって、ジェイムソンの提案が発せられた特定の場が究明できるからだ。これは、偶発的な出発点ではなく——形式の分析にあれほどこだわっている著者を相手にしているのだから——問題の核心へとまっすぐ迫るものなのだ[4]。だから私は、テクストの議論へとまっすぐ進むより前に、このテクストに特有の不可能なステータスをまず明示することが役に立つと論証するつもりである——そしてまさにこの意味において私は、ジェイムソンの方法論的出発点を調べることから始めたい。これは、概念的に絡み合う六つの異なる側面を区別することで、可能となる。

ジェイムソンのテクストが不可能なステータスを持つ第一の理由は歴史的なものだ。その提案はそれ自体で不可能なのではなく、むしろそれが表明される特定の時代において不可能なのである。つまり、それ自体の歴史的状況と関連して不可能なだけなのだ。こういうわけで、その提案の不可能性は、何よりもまず、存在論的ではなくむしろ歴史的なのである――それが特定の状況の中で生産され、それが登場する歴史的事情によって媒介される限りにおいて。

このことから、ジェイムソンの提案は第二に、認識論的に不可能なようだと推論できる。というのも、もし不可能性が中立的様相ではなく、歴史的に特定の環境において生産されたものであり、それゆえその様相的機能が歴史化されなければならない（第一のポイントだ）とするならば、そのような（歴史的に特定の）不可能性は、ある物事、思想を思考不可能なものとして提示することによって生み出されるからだ。つまり、どんな「今ここ」が想像され思考されうるかには、歴史的に特定の解釈がつねにあるのである。

さらに第三に重要な点だが、認識論的に不可能だと考えられるものに対する歴史的に特定の決定が、究極的には存在論的効果を持つということに留意すべきである。なぜかというと、歴史的状況の内部で、歴史的状況によって不可能と決定されたものは、現状に関する不可能性としてのみ必ずしも現れるのではないからだ。[5] むしろそれは――少なくともその状況（の観点）内部から――それ自体が不可能、本質的に不可能なものとして現れざるを得ない。[6] それによって、不可能性の歴史的生産は、自らの様相的産物を必然的に存在論化（かつ自然化）するのだ。したがって、今不可能に見えるものは、ずっと昔から永久に不可能だったように見えることになる。[7] こういうわけで、ジェイムソンの提案は歴史的に特定のものに見えるだけでなく（1）、認識論的に不可能なものに見えるだけでもない（2）。それはむしろ、その存在論的効果とも関連している（3）。要するに、逆説的ではあるが、ジェイムソンが意見表明をする場所はそれ自体、存在論的に不可能に見えるのであり、歴史的、認識論的、存在論的、様相的「無人地帯」のように見えるのだ。[8] しかし、以上の奇妙な連鎖に取り組むことは、いかにして可能となるのか——それが不可能なものだけに。この問いに答えるためには、別の側面を持ち出さなければならない。

第四に非常に重要な点は、不可能性のこれら三つの決定的側面の混合が、政治的であると同時に実際的な結果をもたらすことに留意することである。歴史的特殊性から認識論へ、さらに存在論へと向かう（決定的）移行は、まさにそれが生じた歴史的状況へと回帰することになる。つまり、何かが着想不可能なものとして、ある歴史的状況の中で解釈されるならば、それは究極的には、この「何か」を存在論的に不可能なものへと変えてしまい、可能な行動や不可能な行動のパターンを決定づけることにもなるのだ。[9] ジェイムソンのテクストは文字通り——この語の二重の意味において——不可能な何かを行っている。だが、これらのパターンはどのように現れるのだろう。不可能性の第五の側面が登場するのは、まさにこの点においてなのだ。

第五の側面は、かつてジェイムソンが違う文脈で「集合的あるいは社会的想像界《イマジナリー》の広範囲の麻痺」と呼んだものに関係している。[10] なぜ不可能性と集合的想像界の麻痺の間には関連性があるのか。一つの回答法は、アルチュセールによるイデオロギーの有名な定義——存在の現実的状態との想像上の関係——を参照することかもしれない。つまりそれは、ジェイムソンがかつて「イデオロギー公理」と呼んだもののように、〔不可能性の〕最初の四つの側面が刻み込まれた想像上の関係に他ならないだろう。[11] 別のより正確な回答法は、「アメリカのユートピア」の冒頭から一つの診断を取り上げるというものだ。今日、ラディカルな政治的変革を考えようとするならば、すぐに概念的袋小路にぶち当たるように見える。左翼の「政治的プログラム」つまり革命（または共産主義）と、その対案である「政治戦略」つまり改良主義（または社会主義）という、影響力ある歴史的な区分に取って代わるものが、ないように見えるのだ。しかし現在の歴史的環境において、この分断は埋まっている。なぜなら、もはやどちらの側も、想像可能かつ／または組織的な政治的選択肢をまったく提供できていないからだ。[12] 革命思想は、本質的に信じ得ないものとなった（誰が成し遂げるのか、現下のシステムを何と取り替えるのか、等々）。また改良主義は最初から、それが改良しようとしたらしいまさにそのシステムのせいで、堕落していることも判明した。[13]
もしこれが正しく、「グラムシの有名な選択肢――機動戦と陣地戦――の両方が現在の状況に対してもはや理論的に〔…〕適切でないように見える」とすれば、今日人々は、古い流儀にとらわれているように見える。つまり、もはや誰も信じない革命という時代遅れの言葉（もう一方には、時代遅れの堕落）にとらわれているだけでなく、二つの実行不可能な政治的（非）選択肢の時代遅れの区別にもとらわれているようなのだ。ここに見られるのは、以下の経緯の正確な意味である。つまり、歴史的に特定の環境が、他ならぬ認識論的不可能性を生み出し、この認識論的不可能性は存在論化され、ある物事を想像不可能にすることによって、実際的かつ政治的行為を決定づけるのだ。もし人々がある区別にとらわれており、その中では区別されたどちらの側も機能しないのであれば、唯一の突破口は両方の選択肢を批判することである（「いいえ結構、どちらも今より悪いですから」）。この拒絶は、これまで存在しなかった選択肢を示唆するが、そのような作戦は、単に抽象的拒絶として終わる危険性を伴ってもいる（それでも、前よりは具合がよいが）。しかし、ラディカルな変革の想像を阻む概念的道具にとらわれていることこそが、集合的想像界《イマジナリー》を麻痺させるものであることは明らかなはずである。
この麻痺は、したがって、現状に対して逃げ道がなく、出口の選択肢がないように見える状況の徴候なのだ。このように、ジェイムソンが言うところの後期資本主義は、時間を飲み込んで吸収してしまう――もし現況との差異をまったく想像し得ないのであれば、その未来はもう本当の未来ではありえない。「こうした意味において、われわれの現在のシステムである後期資本主義における進歩そのものが、われわれ自身と未来との間の障壁となっているのだ」——未来はそれゆえ過去の反復となり、時間自体も失われることとなる[14]。このような「歴史の終わり」の想定は、「ユートピアそのものを思考するときの、われわれの認知的限界を証し立てているに過ぎない」。換言すると、歴史的に特定の不可能性が存在論的に不可能なものとして考えられており、実質的にはどこにも行く場所がない状況では、想像力は麻痺してしまうのだ。もし時間が残されていなければ、あらゆる政治は空間の政治となる。「あらゆる政治は不動産に関するもの」であり、領土の略取、維持、管理に関するものなのだ（グローバリゼーションとは、目下のところ、そういう不動産政治の最も影響力ある別称である）。最終的にはどんな対抗的傾向も「瞬間の政治」であることが判明する。それは、持続することがなく、永続的な組織や持続可能性という概念を概念的に放棄する——そして、そのパラダイムとは少しアナーキックな突発的暴徒なのだ（理論的には、アントニオ・ネグリが「構成的権力」と定義したものによって最も適切に把握される[15]）。そういうわけで、行き先を想像できず、もはや他の場所があるとすら想像できないために、人々は立ち止まり、途方に暮れている。このように不可能性の第五の側面は、ジェイムソンの提案が想像という意味で、不可能だということを示してくれる。とはいえ、不可能な提案を定式化することなど、一体どうしたら可能なのだろうか。

反ユートピア主義としてのシニシズム

こうして不可能性の第六側面が登場する。これはジェイムソンの提案がユートピアなのか政治的プログラムなのか明らかでないことの理由と関連している。この判別不可能性はどこに由来するのか。もしジェイムソンの提案が、政治的転換を実現するための明らかな政治的プログラムであるならば、必然的に革命のための政治的プログラムとなろう――そして後者は可能ではないのだから、前者も可能ではないのである。これは一種の論点先取だ。すなわち、ラディカルな変革のための政治的プログラムが存在論的に不可能であるため想像不可能であるときに、そういうプログラムが表明されても、それ自体不可能とならざるを得ない。したがってジェイムソンの提案は、最も厳密な語義においてのみユートピア的でありうる。なぜなら、ユートピアの他ならぬ機能とは、その形式を使ってはどうしても想像し得ないものを想像することだからである。このユートピア的形式が強調するのは、「その徹底的な差異」こそが、「いかなる代替《オルターナティヴ》案も可能ではなく、システムに代わる選択肢は存在しないという普遍的なイデオロギー的確信への応答」なのだという点である。[16] しかしそうであれば、ジェイムソン自身にとってすら、彼の提案がユートピアなのか政治的プログラムなのか明らかでないのはどういうわけか。それは、今日的な不可能性の解釈それ自体がユートピアまでも不可能に見せているからである。かつてユートピアは決して「単なるフィクション」ではなかった。それはつねに、存在論的可能性そして不可能性の歴史的に特定の構築物を拡大させるものを可能性として提示した。しかし今日ではこれらの構築物そのものが、ユートピア生産を存在論的に妨害しているように見えるのだ。

なぜか。これに答えるため特に参照しうるのは、今日の「一般化されたシニシズム」である。「そこではみながマルクス主義者であり、資本主義の力学と略奪行為を、それを変えることが可能だと感じないまま理解しているのだ[17]」。想像の対象がまだ残されていると想像できないときに、ユートピアは想像不可能となる。要するに、知識が――だからここではシニシズムが問題なのだ――想像界《イマジナリー》の機能そのものを邪魔してしまうとき、ユートピアは想像不可能となるのだ。[18] というのも、知識が提示される形式、すなわち知識の形式それ自体が、この知識が効果的にならない理由となりうるからである。一般化されたシニシズムは、社会をまったく透明なものとして——あらゆる構造がむき出しであるかのように——想像上提示することにより、想像界《イマジナリー》（の真の核心）を廃止してしまう。

そもそもシニカルな主観性は、資本主義「世界」が機能する様を明らかに見ることができると想定しているが、まさにこの明瞭さ、この透明性こそが、人々の視界を覆い、暗くし、曇らせるのである。シニシズムにおいては、透明性は不明瞭さやあいまいさの新しい手段として機能する。言い換えると、資本主義の力学のむき出し状態こそがその最新の変装として機能するのであり、このために想像界《イマジナリー》は最終的に麻痺してしまい、ユートピアの生産までもが不可能に見えるようになるのだ。[19] したがって麻痺の効果は、使用期限切れで政治的に無力な区別にとらわれた状態からのみ生じてくるのではない。それはまた、後期資本主義の主観性に特有の以上の性質からも生まれてくるのだ。いわゆるナイーヴでない態度、「啓発された虚偽意識」——要するに、冷笑家《シニック》——は、自分が資本主義の機能を明らかに見抜いているつもりでいるが、結局彼らが見ているつもりのものとは、資本主義が作用する状態も事実も変えられないということなのだ。[20] したがってシニシズムとは、資本主義力学の機能の完全な透明性らしきものの産物なのである（万物の背後に自己本位の利益があることは誰でも知っている、云々）。なぜなら、この力学を見抜いたところで彼らが見ているつもりのものとは、想像しうるものは何も残されていない、現状に変わる選択肢はない、ラディカルな変革の形式もないということなのだ。また、彼らが見ているものとは、後期資本主義があまりに複雑過ぎて変革することも適切に理解することもできないということなのだ。したがって理解できるのは唯一、理解できないということである。実際、訓練された財政専門家でさえ理解（そして承認）できないのだ。冷笑家《シニック》は、それゆえ、彼らが主張したかったことのちょうど正反対を主張するよう導かれる。つまり、彼らは何もかも見抜いているが、究極的にはどこにおいても何も、見るべきものを何も、見ていないのだ。彼らは何もかも理解しているが、最終的には、見抜いているものを理解できないことを理解するに至るだけである。とすれば、どこにおいても悪を見つける目の中に悪は存在するというヘーゲルの有名な格言〔『精神現象学』より〕に多少ひねりを加えてもよいだろう。何もかも見抜いていると信じる目の中には何も（想像しうるものなど）ない。だから想像界《イマジナリー》が麻痺すれば、ある意味で視界を失ってしまうことになるのだ。

　こういうわけで冷笑家《シニック》の主観性は、システムの変革を想像するいかなる選択肢も自分が見ないということを見ている。なぜならその主観性は、システムをシステムとして見られないことを想定しているからである。これは、もはや資本主義の全体性のようなものはないという想定へとつながる。システムがないのだ。なぜならシステムとは、秩序ある構造——物事やプロセスなどが関連づけられ、それゆえ理解可能な状態にある——を持つ実体だからである。しかし、もし理解しうるものが何もない、システムもないと理解するのなら、これは究極的には、もはや資本主義は存在せず、それぞれが異なるローカルな現象があるに過ぎないという逆説的な見解へとつながる。一例を挙げれば、コンゴの社会的および政治的状況は、西洋諸国の政治的議題とは何ら関係がないと想定することになるのだ。もし人々が資本主義の力学を見抜き、いわば不意をついて資本主義を見ているつもりであり、同時にこの力学のための理解可能なシステムがないと想定するならば、彼らは、資本主義の力学を見抜いているのと同時に、資本主義がないと想定していることにもなる。なぜなら、まさにこの資本主義《キャピタリズム》という用語は意味をなさないからだ、もしこの語が——「主義《イズム》」が示唆するように——体系的でありそれゆえ理解可能でもある全体性という発想と関係しないのであれば。[21]

システム性や理解可能性の不在が資本主義力学のいわゆる透明性から生じるということは、透明性が複雑性のイデオロギー――世界は非常に複雑なので理解可能ではない――と直接的に関連する理由を説明してくれる。（これによって個人の経験は、ジェイムソンが言うように、「身体的感覚と経験」というローカル性に還元されてしまう。初期マルクスがすでに気づいていた事実であるが。[22]）さらに、複雑性のイデオロギーは、どうして大多数の人々は「自由市場が現に存在していると信じている」のかも説明してくれる。しかし彼らはあまりに自由なので、政治的決定や世界で起きている事柄に満足できたりできなかったりする、とまったくのアニミズム精神によって想定してしまうのだ。そして、市場が自由だということは、市場があまりに自由であるために、それが自らの決定や法を独立した人間主体に変え、それもいかなる体系的論理にも従わない仕方でそうすることをも意味する。[23] これをユートピア的用語で解釈してもよいだろう。冷笑家《シニック》にとって、ユートピアはもはや必要ではない。彼らが世界で見ているつもりのものは、つねにすでにユートピアなのだから。もしすでにそこに住んでいるのなら、誰がユートピアを必要としよう。したがって、全体性というカテゴリーの消失は、変革すべきものは（残されてい）ないという確信の――表象された――片鱗なのである。資本主義が自らの透明性において、またその透明性によって消失するならば、変革すべきものは何も残されていないことになるからだ。だからシニカルな主体、後期資本主義によって生み出された主観性の類型は、[24] 資本主義を（文字通り）見抜いているつもりであり、そしてそれが究極的に見ているものとは、それを変革することの不変的不可能性に他ならない。

　それでは、これがユートピアの生産にもたらす影響はどのようなものか――このせいで必然的に、政治的プログラムが実行可能には見えなくなるのだとすれば。ユートピアの生産は、ナイーヴで、空虚で、啓発されていない無益な実践となるが、これはそれでも最良のシナリオなのである。あるいは悪くすると、危険であると判明する。というのも今日、「ユートピア的なもの自体に全体主義の種子を探知し、「完全なものは善の敵である」という格言の古めかしい知恵を反ユートピア的立場に変換することが流行し〔ているからだ〕。そういう立場に立つなら、ラディカルな変化（…）を求める政治は不可避的に暴力につながる、なぜなら「人間性」が不自然な鋳型に容赦なくはめられ、ユートピア的、超人間的次元を無理やり帯びさせられるからだ[25]」。なぜユートピアの生産が危険とならざるを得ないのか。それは、資本主義の力学を見抜いている以上、人類の不変的性質が人類を、つねに私利私欲のみを追求する自己本位の利己主義者へと変えてしまうことを見ていることにもなるからだ。要するに、偉大な平等主義思想が始めは結構に聞こえるのだが、人間が資本主義的動物であるために、その思想が最終的にはプロト全体主義であることを見ているのである[26]。これは、今日「新しいユートピアの生産が縮小した」理由の一つであるとともに、広く共有された次の臆見を生産することにもなる。「新しい創造は不可能である（…）だけではなく、ユートピアも同様に想像不可能だとされるのだ。つまりユートピアのイメージはつねに一種の擬人的投影を反映しており、それは自分たちの社会やその偏狭な固定観念の投影だと認識することによって、私たちはそれに限界を設けることになる[27]」

ユートピアの生産は、今日のあらゆる解放的政治プログラムと同じくらい不可能になる。シニシズムとは反ユートピア主義である。なぜなら、ユートピアは無益か危険であり、あるいはこれは最悪のシナリオだけれども、ユートピアとは単に、それが逃れているふりをする他ならぬ現状——歴史的状況であれ、より一般的に人間の資本主義的状況であれ——の反映に過ぎないからだ。それによって後期資本主義は、われわれが資本主義を超え、資本主義の後に世界を夢見る方法を、すなわちわれわれが、語の強い意味における未来と関わりを持つ方法を決定づけてしまうのである[28]。このような観点からは、共産主義とは、われわれが破棄すべき究極の（潜在的に全体主義的、非人間的、暴力的な）資本主義の幻想なのだ。こうして、われわれが読んでいるのが政治的プログラムなのかユートピアなのかが根本的に不明であることの第一の——否定的——理由にお目にかかることができる。どちらも、同様に不可能であり想像不可能なのだ。したがって、ジェイムソンのテクストを読むことは、不可能な政治的プログラムかつ不可能なユートピアという形式をとらざるを得ないものを読むことを意味するのである。

予備的説明——始めは（不可能な）ユートピアとして、次に（可能な）政治的プログラムとして

ユートピアも政治的プログラムも不可能に見える状況において、ジェイムソンは自らが意見表明する立場をまさにこの不可能性の中に位置づけている。それは意見表明の不可能な立場である。しかしいかなる不可能性がここで作用しているのか——いかにして第六側面をさらに決定づけるべきか。この疑問に答えるには、治療の精神分析的定義に関するアラン・バディウのコメントをここで振り返っておくのが役に立つ。

治療の目的《アンジュー》は「無力を不可能なものに昇華させる」ことである、とラカンは言っていた。最悪の徴候が明白な無力であるようなシンドロームにかかっているなら、われわれは無力を不可能なものに昇華させることができる。だが、これは何を意味しているのか？　多くの事態である。その意味するところは、いかなる犠牲を払ってでも捉えなければならない現実点を発見することである。現実点は無力や歴史的ノスタルジー、抑うつを構成する要素といった、曖昧模糊とした網などにはかからない。だ

が、それを発見し、構築し、摑む。これにかんして、いずれその現実点を摑むであろう、との確信はある。というのも、まさにそれは状況の法則では記述不能の点だからである。〔これは〕（…）支配的な意見によって、絶対によからぬものであると同時に（…）完全に実現不可能なものだと宣言された点、がしかし、いかなる犠牲を払ってでも摑むだろうとあなた方自身が宣言した点[29]〔なのだ。〕

フレドリック・ジェイムソンはこのきわめて方法論的で形式的な手段を講じている。彼はこの無力、すなわちシステムの無力しか見出さない無力を昇華させるのだ。これによって不可能なヴィジョンが生み出される。ジェイムソンの方法に精神分析的治療の思想を外側から適用してこう言っているわけではない。むしろジェイムソン自身が次のように主張しているのだ。自分は「ディストピアの根本的治療」を提案しているのであり、それによってわれわれは「反ユートピア主義に対して議論ではなく治療でこつこつ立ち向かう」のだ、と。ここにいう治療とは、前述したラカン派の治療という意味における治療に他ならず、ジェイムソンはこれを、「文化革命」と彼が呼ぶものに関連づけてもいる[30]。

集合的想像界《イマジナリー》の麻痺は現在の無力の徴候であるが、この無力状態を治療するには、嘆かわしく実現不可能なものとしてしか見えない不可能な提案を定式化しなければならない。とはいえ、話がここで終わりではないのも明らかである。実のところこの提案は、ラディカルな変革の想像に対する現代の無力状態を生じさせる不可能性の複雑な行程（一から五まで）を横断することで、姿を見せるのだ。それによって、不可能性――以前に議論した不可能性とはまったく異なる性質の不可能性――の点が生産される。しかし、どのように見つけたらよいのか。第一にこの行程は、一種の歴史的忘却に対抗することで、また革命と改革の古典的モデルを超えて、資本主義から抜け出す道を想像するための別の選択肢を参照することで、不可能性の歴史的次元に取り組む。これがすなわち、「議論されることはもちろん認知されることもあまりない」、見たところ忘れられた選択肢としての二重権力なのである。これを強調しつつ、第二にジェイムソンは、新しい形式の思考可能性を創り出し、不可能性の認識論的側面に取り組むだけでなく、第三に、その存在論的反響にも取り組むことになる。それは、現下の支配的存在論に変革をもたらし、そうすることで第四に、今まで除外されてきた新形式の集合的実践を表現することが可能になるのだ。したがってこの提案は、第五に、われわれの時代の想像界《イマジナリー》とともに――もっとよければ、その中で――作用するのである。だが、どうしてこれは、単に以前の意味で不可能だというだけにとどまらないのか。

この答えは、ジェイムソンの提案が政治的プログラムでもユートピアでもありえない（不可能なプログラムおよび不可能なユートピアという意味では、そのどちらでもある）にもかかわらず、彼が後者であると宣言している事実に見られる。ジェイムソンは、非ユートピア時代のためのユートピアを提案しているのだ。そうすることで彼は、ユートピアの生産のいわゆる不可能性に対抗するのだが、これが意味するのは、それを提案するという行為により、ユートピアが再び想像可能になるということである。もっとも、これは再び、論点先取――単に逆向きの――に過ぎないのではないか。確かにそう見えるかもしれないが、実はジェイムソンのテクストは、自らの可能性の条件を遡及的に措定する行為の形式的構造に従っているのである。ジェイムソンの提案は不可能であるが、これは、不可能性の最初の五つの側面の否定的意味においてのみそうなのではない。彼の提案はまた、現に不可能なことを行い、それによって思考可能性、現実性――現実（Wirklichkeit）[31]――そして「不可能な可能性」の具体的想像可能性を生み出している ために不可能なのである。では、どのようにこれは現状へと肯定的に関わるのか。そして、不可能なことを行うことは、どのように反ユートピア主義の治療と関係があるのか。ここで問題となっている不可能性の第六側面は次のように理解されるべきではないと強調しておくのが肝要である。すなわち、ジェイムソンのテクストが、不可能なことを行うことで、雄大で英雄的な身ぶりを具体化しているのだと理解すべきではない。むしろその実力、機知ならびに奇才は次の事実の中にある――ユートピア的ヴィジョンにおいては、その「新しい世界は古い世界とまったく同じに見えるのだ、ほんのわずかな違い〔…〕を除けば」。こういうわけで、不可能な提案を発表することで不可能なことを行うことは、究極的には、ほんのわずかな、控え目でさえある違いを提案することとまったく変わらないのである。そして不可能性の真の点が存在するのは、これらのわずかな違いにおいて（そしてもちろん、それらが生産するだろう根本的帰結においてて）なのだ。想像上の無力は、不可能性の真の点へと引き上げられ、人々は何があろうとその点にしがみつくことができる――これはまさに不可能に見えるかもしれないが、控え目な提案に過ぎないからというだけの理由でである。

「共産主義は並みのもの」と題された美しい詩の中で、かつてベルトルト・ブレヒトは類似の指摘を行った。

既存の秩序の転覆を求めるなんて
恐るべきことに見えるかもしれない
しかし存在するのは無秩序なのだ。
暴力に救いを求めるなんて
悪に見えるかもしれない。
しかし絶えず働いているのは暴力なのだ…

共産主義は極端な外れ値ではない…
共産主義とは本当は最小限の要求である
最も近くて、最も合理的で、並みのものである。[32]

ラディカルな変革は、とりたててラディカルでも暴力的でもなく、むしろそれは合理的で最小限の要求に過ぎない。[33]だから次のように——これはまさにその提案の控え目で合理的な性質に由来してもいるのだが——言えるかもしれない、ここでわれわれが遭遇しているのは不可能であると同時に控え目で、必要でもあるものなのだ——なぜならそれはなすべき合理的な物事だから、と。それは必要であると同時に不可能である（そしてこれが、現実界《リアル》のありうる定義の一つであることを忘れるべきでない）。

このような不可能性の一つ（あるいは複数？）の点を示唆し、その必要性を論証することで、集合的想像界《イマジナリー》のかつての無力は克服され、不可能なことが想像可能となる——そして、これが想像されうるのは、それを生産するのにほんのわずかな修正が必要なだけだからである。しかし、ユートピア的提案が想像可能となった途端、それは瞬く間にその性格を変えてしまう。この点は、不可能性の第六側面——ここで作用している、政治的プログラムとユートピアの判別不可能性と関連している——をさらに決定づけるのにきわめて重要だ。われわれは、しがみつける不可能な点を見つけるが、これはそうは言っても控え目なものであり、急進的な結果をもたらす最小の変革を想像し始める。そしてまさにこの瞬間、ユートピアはそのユートピア的性質を失うのだ。なぜか。われわれがこの地点に到達した途端、提案されたユートピアは結局政治的プログラムであったことが、内在的に判明するからである。

こうしてわれわれは、例の判別不可能性、プログラムとユートピアの識別不可能性の妥当な理由と出会うことになった。第一に、不可能なユートピアを提案するというまさにその行為が、それ自身の可能性の条件を措定する――新たに可能な想像界《イマジナリー》を創り出す――のであり、この行為が遂行されるやいなや、第二の反作用が加わり、これによって、その行為の後ではユートピアはつねに政治的プログラムであり続けてきたという事実が生まれるのだ。だから、ユートピアと政治的プログラムの識別不可能性を生み出すのは倍加された反作用なのである。この点にわれわれは、不可能性の束を通じて生じた想像界《イマジナリー》の麻痺や無力を治療することが、現実のものに対して想像界《イマジナリー》を開くことにつながる理由を見出すことができる――それは、現実界《リアル》のものを想像界《イマジナリー》へと再導入するのだ。表明以前には、それはどちらでもありえず、表明を通じてどうにか両方に、つまりプログラム兼ユートピアになるのだ。このように不可能性の第六側面は、プログラムとユートピアが今日どちらも不可能に見えるという事実と関連しているだけでなく、われわれが不可能性のまさに想像界《イマジナリー》の構成を治療した途端、不可能なユートピアに見えたものがつねに現実的で可能な政治プログラムだったことになるという事実にも関連している。形式的レヴェルでは、現代の反ユートピア主義に対するジェイムソンの治療の方法論は、次の論理に従って機能する。始めは（不可能な）ユートピアとして、次に（可能な）政治的プログラムとして。

治療の開始――恐怖の対象を抱擁する方法

ここでわれわれは、これまで説明してきた治療法に、どのようにまさに着手すべきかという問いを立ててもよいだろう。もしわれわれが、ハーバーマスなら「よりよい論究」の「強制力ぬきの議論の力」と呼ぶものに頼ることができないとすれば[34]、われわれはいかにして、ジェイムソンが思い描く文化革命を可能にする具体的な第一歩を踏み出したらよいのだろうか。ジェイムソンはそれが、「回り道にある」「神経症患者の最良の治療法」と似ていると主張する。つまり、「ユートピアを構想する者は〔次〕のように歩まねばならない。未来の幸福のヴィジョンに専念するのではなく」——これでは、完璧な未来社会で今日的問題をすべて解決するというあまりに進歩主義的な「治療」という問題含みの思想になりかねないから——「むしろ、そういうヴィジョンに、また、この今や世界大になった社会における肯定的変化へのあらゆる提案に、われわれが対立させがちなあの頑固な抵抗の治療にこそ専念せねばならないのである」。彼は続けてこう言う。「今日、あらゆるユートピアは反ユートピア的恐怖の精神治療として、それらの恐怖を白日の下にさらさねばならない。(…)さらに、それを甘やかせてやらねばならない、なぜなら、悲しい情念を完全に治療するには、それを情熱的に抱擁し、心から支持してやるのが一番だからである」。しかし、まさにこれらの恐怖の対象、恐怖そのものをいかにして抱擁すればよいのだろう。

　この治療作戦を明確にするには、しばしばスラヴォイ・ジジェクが持ち出すよく知られたジョークが助けとなりうる。スターリン時代のロシアのある労働者が数年間の収容所《グーラグ》生活を言い渡された。出発前にこの男は、すべての手紙が検閲されることを見越して、どうにかメッセージを届ける方法について計画を立てた。その計画とは、真実はすべて青インクで書き、その他はすべて赤インクで書くというものだった。彼の友達が最初の手紙を受け取ったとき、そこにはいかにシベリアが美しいか、いかに誰もが、特に守衛が素晴らしいか、素晴らしく冷たい新鮮な空気のもと何時間も激しい労働をした後にはいかに気持ちが健康的になっているのかが記されていた。何もかもが完璧である。欠けていたのはただ一つ、赤インクがないのだ。

　このジョークが例証するのは、他ならぬ言語、何が誤っているのかをわれわれが明確化するための媒体そのものが、欠落しているかもしれないということである。こういうわけで、これらの状況では上等な議論は助けとならないのだ。そのため問題は、身近の状況を処理する方法のプログラムかないという点にあるだけでなく、問題を問題として感知できない——たとえば、反ユートピア的恐怖がユートピアのいわゆる不可能性の一部であることに気づかない——点にあるのだ。[35] したがって治療を施すには、問題の所在と正体を認識する的確な言語を発見しておく必要がある。ジェイムソンの提案はだから、現状では明確化しえないことを表現するためにいかにして言語、つまり赤インクを発明するか、そしていかにして問題をあるがままに感知するかという問いへの答えを伴っているのだ。とはいえ、そうなるとまず答えるべきなのは、不可能に見えるものをいかにして明確化するのかという問いである。

ジェイムソンの提案の中には、アラン・バディウやスラヴォイ・ジジェクのような思想家の作品に表れた方法——恐怖の対象を直接抱擁すること——を見出すことができる。これは風変わりな戦略だ。二人とも、政治的に誤った反動勢力へと（永久に）落ちて行ったように見える概念や発想を復活させるのである。そして二人とも、不可能に見える概念に頼ることで彼らの立場をしばしば明確化する。つまり、不可能に見えるものを明確化する言語とは、それ自体が不可能な言語なのであり、そうでありえるし、たぶんそうでなければならない。たとえばバディウが、今日の政治的主観性を解放的に概念化するために、規律の概念をつねに擁護してきたことを思い起こしてみよ。今日の平均的な社会民主主義者やリベラル派の耳には、規律が、現在の政治的枠組みにとって無用な概念のように聞こえるとしても、それが生み出す他ならぬ恐怖は、問題となることがもっとあることを指し示している。実際、規律は、権威主義や非平等主義ヒエラルキーを暗示してしまう。これらは、保守的あるいは反動的と見えざるをえず、それゆえ改革や革命を考えるため、さらには全体主義などの危険を回避したいユートピアを考えるためには禁じられた不可能な領域である。しかし広く共有されたシニカルな意見に反して、バディウは、規律の概念には内在的に反動的なところはないとあくまでも主張する。確かに、規律に反動的概念という烙印を押すことで、「持たざる者は規律だけを持つ」という事実が隠されてしまうのは本当だ。(36)

ここで反抗しなければならない想定とは、金融資産がなければ今日何も実現しえないというものである。バディウは次の点を強調することで、この臆見に反対している。すなわち、物的手段を持たない者が必ずしも途方に暮れていたり無力だったりするのではない、なぜなら彼らには自分自身を実際的に働ける状態に置くことが不可能ではないからである。このいわゆる実際的不可能性をいかに克服するかという点に答えを与えるのが、厳しい規律という考えなのだ。それは想像界《イマジナリー》にある何かを変える。だからここでの方法とは、誤った(歴史的、認識論的、ゆえに存在論的、したがって実際的かつ想像上の)装いを伴っているために、解放について改めて考えるためには採用不可能に見えた概念を採用するというものなのだ。同じ論理に従って、バディウは最近、主人《マスター》つまり政治的指導者という概念を再び取り上げており、ジジェクも類似の文脈でこれを提唱している。さらにジジェクは、この方法論的戦略を多くのケースに適用してきた。そのうちの一つ——文化革命に関するジェイムソン的理解に役立つもの——は、アンゲラ・メルケルが、「移民の社会的統合」の問題を解決するためにドイツの支配文化(Leitkultur)が必要であると主張した後に起きた議論へと介入するものだった。確かに支配文化という概念は徹頭徹尾反動的に聞こえざるをえないが、ジジェクはそれを放棄するよう提案したのではなく、左翼の支配文化の必要性を肯定するように提案したのだ——なぜならこの概念自体が、一定の文化的形成と教育を伴うものだから。

より一般的に言えば、恐怖せざるをえないようなものを抱擁するこの方法は、精神分析の基礎と体系的に関連している——だから、それが反ユートピア的治療に関するジェイムソン自身の解釈において重要な手段となっても何ら驚きではない。フロイトはただ単に無意識を発見したのではなかったのだから、精神分析それ自体が、新しい「赤インク」の発明として（それゆえ、身近な問題の性質を真に理解する「テクニック」として）理解されるべきなのだ。事実フロイトは、たとえば「心の自由という錯覚」を攻撃し完全な精神的決定論を選ぶときに、このまさに方法論的ジェスチャーのパラダイムを提供している[37]。自由か決定論かの選択——この点に関しフロイトは魅力の乏しい方を選ぶ——は、有名な最後通告、「金を渡すか命をよこすか」の論理を反映している。この状況では、われわれは金をやるしかない。そうしなければ金も命も奪われてしまうからだ。この意味で、自由か決定論かの選択は、二つの選択肢の一つにより重層決定されているのだ。確かに、あらかじめ決定された選択について話すことは直観的に誤っているように見えるかもしれない。けれども、われわれは誤って見えるもの、つまり選択それ自体の決定された性格の中に生じる決定論を選ばざるをえないのだ。もちろんこの状況は抵抗を引き起こしうる。われわれは決定論を、これが自由を廃止してしまうようだという理由で恐れているが、この恐怖は、直面し抱擁する必要がある。

そもそもフロイトの主張の要点とは、誤りに見える側を選ぶことが、真実のものが現れるのを可能にするという点にあった。自由か決定論かの選択において、究極的には自由は、合理主義への直接攻撃を暗示する。なぜならそこから基本的に導かれる考えとは、ある種の出来事は何ら理由もなしにただ起きるということであり（このようにして今日自由市場が機能していることを想起せよ）、それらに関し合理的に説明を行うのは不可能であるということである。フロイトは合理主義を放棄しない。これは、決定論を選択することを暗に意味しており、それは、人間の精神には決定されないものはない、つまり本質的に説明不能、非合理的、無関係のものなどないという合理主義的主張を伴っている。だから人間の精神にはもはやその場限りのものはない――何もかもが等しく正当であり同じく注目を受けるに値するのだ。この平等は、一見したところかなり直観に反していそうなものを選択する行為に由来している。この特有の逆転により、われわれは、いわゆるその場限りの現象でさえ、人間の主観性の核心へとより直接的に通じていることが確認できる。それによってフロイトは、偶然的なものと本質的なものの間のヒエラルキーのみならず、（ひょっとしたら）存在すると考えられるものと不可能なものの間の関係をも反転させているのだ。この反転は、新しい赤インクの発明である。そして赤インクの発明とは、不可能な提案を表明する言葉を不可能な言語で話すことを意味する。もっとも、不可能に見えるものを選択する行為からのみ、真実のことが現れうるのだ――これは同時に、合理主義的な立場でもある。

この方法がジェイムソンのテクストで作用していることは、はっきりと見てとれる。具体的にはジェイムソンが、「カウツキーと社会民主主義者の〔…〕民主的な常套句」に対抗して――ほとんどバディウ的に――規律を擁護し、規律された軍隊組織というトロツキーの発想に特権を与えること、国営化という発想を復権させること、官僚制を擁護すること、文化革命の概念を積極的に回復すること、そして最も明らかなことだが、彼の提案の中核を形づくるもの、すなわち軍隊を（国家的、自動－官僚的、文化革命的ツールとして）擁護することの中に、そのような作用が見出せるのだ。しかしこの方法はまた、転倒した形でも作用している。つまり、政治的あるいは社会的変革のあらゆる構想に永久に銘記されたように見え、破棄することが不可能に見える概念、発想、さらには思考の支脈までをも批判する行為の中で、作用しているのだ。ジェイムソンが、政治理論の完全な衰滅を求めていること（政治理論の対象は究極的には国家であるから）、政府という発想自体を放棄するよう要求していること、そして効率性や進歩のあらゆる観念を攻撃していることにそれが見て取れる。だからここでわれわれが遭遇しているものとは、不可能な提案の具体的言語であり、不可能な提案のまさに不可能な物質性に他ならない。それは、復活した不可能な概念から作られており、可能であり過ぎる思想や概念から清められているのだ。さらに、不可能な提案が表明される言語とは、可能な言語でもなければ単なるその否定でもないということを指摘しておいてもよいだろう。だからそれはむしろ非言語なのだ——それは、必要でもある不可能性を定式化し生じさせる、書かれた非言葉であり、非カテゴリーなのである。

それでは、最初の言葉とは何か。それは、革命と改革の区別の実際的非効率性ならびにシニシズムの効率性によってもたらされた排除から現れてくる。それは忘れられた言葉であり、ジェイムソンによって呼び戻されるだけでなく、それらに関する問題の反復を通してある種の力を与えられてもいる——ここでわれわれは、思い出すことはできずただ反復によってアクセスするしかないものがつねにあるということを想起すべきだ。こういう言葉とは二重権力である。それは、古典的革命の様式の変革を指示するのではない——究極の治療がありうると想定する政治的変容のビッグバン理論ではない——し、かといってシステムの改良主義的な内的修正を伴うものでもない——よりよい状態に際限なく近づいてゆくという理論でもなければ、進歩が絶えず続くという理論でもない。つまり無変化でも絶対的治療でも進歩でもないのだ。むしろ最初の言葉が指示するのは、もう一つの移行理論であり、それ自体が一時的な理論である（こういうわけで、それははじめがユートピアで、次に政治的プログラムとなる）。それは、戯れにスピノザの用語〔神の知的愛を実現する「第三種の認識」〕をもじって言えば、資本主義から抜け出すための第三種の移行であり、逃避したい対象を抱擁する方法によって作られるのだ。

ジェイムソンの「アメリカのユートピア」を読んだ者なら誰でも知っているように、二重権力という正式名称のもと、資本主義から抜け出す第三種の移行として提案されるのは、国民皆兵制であり、十六歳から六十歳までの全男女を徴用するというものである。この一般化された制度——この「制度」という言葉は根本的に新しい意味を受け取るであろう——の導入によって、「新しい社会構造」が生み出されることになる。というのもそれは、「管理しようのない多人数」の集合体を生み出すことができるだけでなく、誰もが自身の官僚となるように官僚制を普遍化することで、国家とあらゆる種類の政府を無用なものへと効果的に変えてしまう集合的自己組織の必要性を創り出すことができるからだ。[38] そうなるとこれは、「新しい種類の非国家」である。国民皆兵制はだから、現代の問題のすべてではないにしてもその多くを処理することができるのだ——実際それは、医療システムの問題を含め、問題であると認知すらされない諸問題に対する解決策を提供してくれるだろう。さらに国民皆兵制は全員に公教育を施し、食料および住宅を供給し、雇用を保障するだろうし、みなに対し、文化的産物を創り出したり、何もしなかったり、馬鹿なことをしたりする十分な時間を与えさえするだろう。そして国民皆兵制は——この点がその一つの文化革命的側面なのだが——ともに生活し、存在し、行動する新たな習慣を、つまりは新しく普遍的に規律された第二の天性を創り出すであろう。したがってこのユートピア的提案は——その歴史において政治理論がほとんどつねにそうしてきたのと違って——新しい憲法という発想を伴っていない。むしろそこから読み取れるのは、「革命を考え直す」試み、集合的なものという概念を真剣に受け止める試みである。このユートピアは、社会性についての考え方のまったく新たな表現を含む集合的行動と組織のモデルを提案しているのだ。それはまた、新しい集合的フェティッシュのヴィジョンを提示しているが、これこそがジェイムソンに、しばしば社会の絆と呼ばれるものの結束そのものを提供するものなのだ。この集合的フェティッシュは、軍隊の媒介的組織構造を通じて、つまりそこに含まれる「交際の強制」や「乱雑な人間関係」を通じて、集合的なものそれ自体であり、「社会的存在としてのチーム」なのである。[39]

新しく「まったく異なる動機付けのシステム」というこのヴィジョンは、集合的フェティッシュの機能を通じて、新しい統一の意識を生み出すだろう。というのも、それが「心性の集合的転換」を予期しているからである——だから、ここにはナショナリズムの肯定的要素も関係しており、これは集合的なものによって使用される言語の上に沈殿することさえあるのだ。しかし、このような新しい統一そして(もちろん)連帯の感覚は、単にその構成員の特殊性や単独性を統合し、標準化するのではないだろう。確かにそれは、後期資本主義においてあまりに決定的な単独性のフェティッシュを破壊するだろうが、同時にそれは「さまざまな種類の神経症患者の集合体」としても効果的に機能するはずである——ジェイムソンにとってはあらゆる社会がそのように機能するのであり、ほんの少し違いがあるだけなのだ。国民皆兵制の下でも、われわれは誰もがまだいわゆる逸脱者であるが、ともに生きることを強制された逸脱者である——この表現のまさに空間的意味において。ここに見出せるのは、いかに反ユートピア主義に対する治療法——恐怖を抱擁すること——がジェイムソンの提案全体を十分に構造化しているかということなのだ。なぜなら国民皆兵制における交際の強制を通じてこそ、ジェイムソンが人間性に刻まれた最も本質的な恐怖と見なすものの一つを抱擁せざるを得なくなるのだから。その概念とは彼が「戦略的本質主義」として復活させた「他者への原始的恐怖」である。この意味で、確かに敵対関係はいまだこの恐怖から生まれてくるとしても、このような敵対関係はいかなる階級構造からも独立しているはずだ。

まさにこの原始的恐怖ゆえに、この提案は、それをわれわれが想像し始めると、軍事「民主制」の「真の恐ろしさ」、「集合的なものの恐怖」――つまり、抱擁する必要がある恐れそのもの――を引き起こさざるを得ない。しかし、ジェイムソンがニューヨーク市立大学大学院センターで、社会に革命を起こすためのその提案を披露したとき、それはパニックや恐怖ではなく笑いをもたらしたのだ。提案を真剣に受け取めず馬鹿にしているがゆえの嗤いではなく、むしろ正真正銘の笑いであった。一体どういうことか。私は次のように主張することで締めくくりたい。すなわちあの笑いは、ジェイムソンの提案に対する置換された、あるいは誤った反応ではなく、まったく適切なものだったのだ、なぜならそれこそが、コミック・ユートピアと私が呼びたいものとして解釈しうる――おそらく解釈すべき――ものだからである（そしてたぶんこれは書かれた最初のものだろう、たぶん新しいコミックな赤インクで）。どうしてこの提案はコミックでなければならないのか。少なくとも三つの理由がある。第一の理由は、その起源に関係がある。ジェイムソンが書いているように、

> それが私に最初に思い浮かんだのは、かなり昔、私たちの最も偉大な風刺漫画家の一人が描いた漫画を見たときに違いない。（…）きらびやかな軍服を着たアイクが、大統領執務室のデスクの端に気楽に腰かけ、くだけた調子で述べるのだ、「医療国営化が必要なら、私がしたように軍隊に入りさえすればいいのさ[40]」。

だから、そのユートピア的ヴィジョンの起源は、ある漫画に登場したジョークなのである――そうであれ

ば、このヴィジョン全体がコミックな性質を帯びていないということがありえるだろうか。[41] この些細な理由には、さらに第二の些細な理由を追加することができる。ジェイムソンの提案の含意には、ひたすら陽気なものがあるのだ。すべての平和主義者に武器の開発や保管を任せるというアイデアを思い出してみよ。それから、個人的、集合的治療とともにあらゆる雇用を組織することになる精神分析斡旋局という魅力的なアイデアも。さらに、国家が何らかの巨大な集団治療へと衰滅するというアイデアさえあった（これは発表されたとき大きな笑いを引き起こしたのだが）。そういう集団治療においては、われわれはみな、他者への自分の恐怖やそこから生じる自分の症状に恒常的に直面することになる――この恒常的な治療は、それから決して逃れられないがゆえに恒常的なのだ。

しかし私の見解では、このユートピアのコミックな性質の最も根本的理由は、それが不可能なことをする仕方にこそ存在している。アレンカ・ジュパンチッチ〔スロヴェニアの哲学者。ジジェク、バディウに師事。『リアルの倫理――カントとラカン』（二〇〇〇）など。一九六六―〕が喜劇に関する著書を締めくくるときに用いたジョークを参考にすることで、この点は明確にできる。

ミュジジョはサハラの冒険をハソに説明していた。――私は砂漠を歩いて行った。周りにあるのは砂だけ、本当に人っ子一人なし（…）突然ライオンが私の前に現れた。さあ何をしよう、どこに隠れよう――そして私は木に登ったんだ（…）――待てよミュジジョ、君はそこには砂しかないと言ったはずだ、一体どこから木が出てきたのかね？――ハソよ、ライオンが出てきたときにそんな質問をしてはいけない！　走って逃げて、最初に見つけた木に登らなければ。[42]

ジュパンチッチはこれを、人間の現実そのものを無視したジョークとして読むのではなく、「砂漠の只中に木を突然出現させること」のできる「人間の欲望の現実界《リアル》を十分に認識するもの」として読むのだ[43]。翻って、ジェイムソンの不可能な提案の反ユートピア治療法も、まさにこのように機能するのではないか。政治砂漠の只中に新しい普遍的平等主義社会が出現するのを、われわれはちょうど目撃しているのではないか。ジェイムソンの治療法は再び、人間の欲望の現実界《リアル》——たぶんこれが、このユートピアが究極的に指示するものだ——を考慮しそれを集合的想像界《イマジナリー》の中に再銘記するが、それによって、不可能なことを想像し実行することが面倒でなく、可能であると信じられるようになる。この方法は、ミュジョが砂漠で行ったことと近いし、別のイメージを使えば、ミュンヒハウゼン男爵〔十八世紀ドイツの軍人、冒険家。「ほら吹き男爵」として知られる〕が泥沼にはまった身体を自らの髪で引っ張り上げたこととも似ている——おそらく偶然ではないだろうが、かつてジェイムソンはこれを、ヘーゲルが止揚（Aufhebung）と呼ぶものと話のついでに比較したことがあった[44]。結局、集合的想像界《イマジナリー》の現下の麻痺を取り除くには、ジェイムソンが考えるようなコミック・ユートピアニズムが、実際のところ最もよく効く治療法なのかもしれない。その目的は、不可能なことを行い、考え、想像することを可能にする点にある。そのスローガンには次のようなものがよいかもしれない。不可能なものがあるところには、人々に変化への恐怖を笑い飛ばすよう強いるものも育つ。

8 十月の後、二月の前——二重権力の形象

アルベルト・トスカーノ

今から、第一の責務は「想像せよ！」だ。それとただちに関連する第二の責務は、「この能力を弱らせる者たちと戦え」だ。

——ギュンター・アンダース『モルシアのカタコンベ』

1

改良主義はわれわれのユートピアだ。[1] これこそが、南ヨーロッパ左翼の最近の再編と選挙のうねりに付随する言説から引き出すべき合理的結論である。新自由主義の九〇年代に成人となった政治家たち——抵抗運動に対する彼らのイメージは、いわゆる反グローバリズム運動によって永続的に形成された——は

今、ある単純で真面目なメッセージをもって彼らのイデオロギーの支持者に語りかけている。すなわち、社会民主主義的、キリスト教民主主義的分断を越えた戦後ヨーロッパの国家、資本、労働間の協定の政策常識を構築したもの――つまり社会的市民権拡充という統整的理想によって導かれた福祉国家――は今や、ヨーロッパ秩序の「不可能なものの点」（バディウの定式を使えば）であると同時に、緊縮に反対する国民的、大衆的コンセンサスを、左と右を越えてというよりむしろその前に、築くべき唯一の基礎である、というメッセージである。(2)

「アメリカのユートピア」の中でジェイムソンは、社会民主主義がその破綻の教訓を学ぶよう根気強く奮闘しなければならないという自身の信念に沿って、(3)この反抗の契機を、現在のための移行プログラムの構成要素としてではなく、再編された政党幹部が代表制を通じて行いうる――しかし究極的には、資本主義権力に実質的に挑戦する任務と連続しない――「言説闘争」として刻み込むのである。この局面は、革命的方針と改良主義的方針、レーニン的機動戦と社会民主主義的陣地戦――すなわち、社会主義、共産主義運動のあらゆるインターナショナルの戦略的地平――の二重の圧縮としてジェイムソンが構想するものの産物であるだけではない。それはまた、改良主義的改革と非改良主義的改革を区別する、アンドレ・ゴルツ〔オーストリア生まれ、フランスの哲学者。政治的エコロジーの提唱者。一九二三―二〇〇七〕の構想の他ならぬ挫折の産物でもあるのだ。すなわち、現状をより大きな平等や自由へと徐々にではあっても永続的に転換させると理解されるあらゆる改良主義は、新自由主義によって不可能性の烙印を押されているのである。これは、ユーログループ〔ユーロ圏各国の財務相の会合〕とギリシャの急進左派連合主導政府の会談という憂鬱な茶番劇によって確かに立証された。(4)いずれにせよ、現代の急進主義が、現状との決裂をつくるための基礎として、改良主義の非ユートピア的特徴を対立的に再機能化することで大衆的アピールを明確に打ち出さなければならないという事実は、啓発的である。それは、現在の想像的かつイデオロギー的閉止＝完結性《クロージャー》——われわれの目に今日明らかなように、これは暴力的に再生産されたものであり、日常生活という、資本の宗教の単なる発出ではない——に対するジェイムソンの診断を裏づけているように見えるのだ。それは彼が指し示す言説闘争の例証にもなっているのだが。

2

無力だとしても拡散している「反資本主義」は、左翼やその他の生き残り（退行的、反動的形態も含む）において一種の常識として浸透している。とはいえ、新自由主義の蹂躙に対する一種の抑制力《カテコン》、非常ブレーキとして改良主義に向かう姿勢は、移行の問題が、現代の批判的思考からは不透明あるいは思考不可能なままであるということのもう一つのしるしなのだ。[5] こういう時代——暴動の時代かもしれないが、均衡《ステイシス》／停滞、反動、革命なき反革命の時代でもある——において移行について議論することは、悪趣味に見えるかもしれない。古い状況主義的言い回しを用いれば、死体を口にくわえて話す場合のようだ。勢力の世界的均衡を考慮すると、このような議論が場違いで時代遅れに見えるだけでなく、政治思想における「共産主義志向」と呼びうるものの主要な変種すべてが、移行の拒絶を前提としているようにも見える。この拒絶は、この概念の構成要素すべてに関することなのだ——段階の線状性という観点から理解される移行の時間。コミューン、国家、飛び地《エンクレーヴ》、区域《ゾーン》といった移行の空間。政党や関連組織によって具体化される移行の政治的形態や主観性。

このような否定、このような（移行などもう古いという）主張に付随するのは、移行の古典的イメージに通底する「進歩主義的」歴史哲学――それは資本主義の開始と窮乏の類似性、ブルジョワ革命とプロレタリア革命の類似性を前提している――のより包括的な拒絶である。インターナショナルによる移行的想像の拒絶は、いわゆる共産化理論の中に現れる。その理論では、資本の限界と、労働者のアイデンティティや生産過程（「プログラマティズム」）における彼らの立場から革命は生じるとする見解の限界が、即時の共産主義的方策のみが革命的過程を進めうるとする結論を導くのだ。(6) 一方でそのような拒絶はまた、庶民の会話の中にも現れる。そこでは、解放のための生きた基礎として役立ちうるのは、統一的政治戦略を通して国家や資本を体系的に解体するプロジェクトではなく、協力という非排他的な空間と実践の擁護や生産なのである。多種多様な無政府主義的、予示主義的（prefigurationist）行動主義もまた、移行の問題そのものを拒絶するが、それは彼らにとってこれが、国家社会主義の歴史に永久に染まっているように見えるためだ。大雑把に言うなら、以上のような現代の対抗的観点は、移行の語彙全体を拒否している――われわれの資本主義の現在とそのアフォーダンス〔環境が行為を促そうと提供する機能〕の診断と関係のある、おそらく倫理的、戦略的または分析的な理由によって――だけではない。そのような観点はまた、ユートピア的プログラムをおおむね避けもするのである。それらは否定的ユートピア衝動の方を、また時には、反乱への欲望を「コミューン」の出現と結びつける具体的ユートピアの方を好む。「コミューン」は、計画、プログラム、青写真の事前の準備を要求しない――と言われている――集団の集合的実践から生まれてくるものだ。否定的ユートピアとしてそれらを、無力のユートピア――ジェイムソンが示唆するように、これは一九六八年以降ますます顕著となった――あるいは新しい力を持つユートピアのどちらに分類すべきかは、しばしば不明である。(7) 換言すれば、それらは反プログラマティックな反ユートピアなのか、それとも革命的創造力のある超《ハイパー》ユートピアなのか。この超《ハイパー》ユートピアにおいては、「習うより慣れよ」の著しい一般化を通して地方固有の共産主義的協力が社会的再生産の崩壊に取って代わるという発想こそが、ユートピア的なのである。しかし、アントニオ・マチャド〔スペインの詩人。「九八年の世代」の一人。一八七五―一九三九〕の有名な詩をパラフレーズして言えば、真のユートピア的ポジションにとって、道は歩くことによっていつも作られるわけではないのだ。

3

移行の英雄的な紋切り型が実際の革命的実践とは非常に希薄な関係しか持たないことを、移行を熱烈に支持したはずの者たちが公言するに至った経緯を明らかにするには、実際の革命の複雑なアーカイヴを調べることが、無駄かもしれないが比較的簡単であろう。より一層皮肉なことに、極左の微小生息域において人々はレーニン・フェティッシュをまだ磨いており、ボルシェヴィキの政治的実践がさまざまな時期に移行の線形論理のほぼすべての構成要素と断絶した経緯を無視している――それは、必要とされる段階を飛ばしたり、それが代表しようと意図した他ならぬ労働者階級の社会学的消滅を認めたり、戦時共産主義における資本主義の早められた終焉の後で資本主義の要素を戦術的に再構築したりしたのだ。決定的なことだが、線的移行の象徴的な力は、二十世紀のあらゆる革命的経験を特徴づけた不均等や非同時代性の条件に対応していた。消えない影に付きまとわれているように見えたかもしれないが、二十世紀の革命的モダニティは、非資本主義的生産様式や非資本主義的小作農の存続によって重層決定されていたと言えるかもしれないのだ。それらの革命はすべて、若きグラムシの意味において「『資本論』に反対する」革命であった。それこそが、革命は資本主義的近代化の策略に過ぎなかった――東ヨーロッパのジョークにあったように、共産主義とは単に資本主義と資本主義の間にある最も長い道のりだった——というシニカルな意見の背後にある真実の核心なのだ。ちなみに、このオチを最も素晴らしく裏づけるのが現代中国である。逆に、一部の者にとって、真の革命の基礎、つまり資本による生の現実的包摂、あらゆる外部や遅延《ラグ》の終焉として現れるものは、多くの点で、革命のメドゥーサであることが明らかとなる。アンリ・ルフェーヴル〔フランスのマルクス主義哲学者。『弁証法的唯物論』（一九三九）など。一九〇五―一九九一〕が『空間の生産』〔一九七四〕で示した公式によると、「もうひとつの生活のための諸条件をはらんだ空間は、同時にその諸条件の実現を妨げている空間でもある」〔『空間の生産』、斎藤日出治訳、青木書店、二〇〇〇年、二八二頁〕。だから、条件が未熟なときには移行は議題の上にあったが、資本がわれわれの生活世界を満たしてその他の生産様式を終了させた状況ではそれは議題から外れてしまう。一体、この皮肉——どう見ても最近の発見ではない——を熟考すること以外に、移行の構想を保持すべき理由があるだろうか。

4

ジェイムソンの論文の核心は、左翼の萎縮した戦略的想像界《イマジナリー》から障害を除去するには移行の新しい概念が必要だという、私の考えでは非の打ち所のないその確信にこそある。それにもかかわらず印象的なのは、移行がここで、肯定的ユートピアの問題（別の未来に向かう否定的ユートピア衝動の問題だけでなく）と非常に密接に関連づけられている点だ。結局、マルクス主義の伝統に関しては、移行の問題——『ゴータ綱領批判』、『国家と革命』、その他多くの小冊子やプログラムの中で体系化された——は、意図において大いに反ユートピア的であるとまで主張してもよいかもしれない。つまりそれは、国家や資本の権力を解体する方法の戦略的アウトラインを描いてはいるが、一方で、ユートピア的図式の履行として革命を捉える枠組みを脇に追いやってしまうのだ。（いかにしてボルシェヴィキによる不完全な移行が、脱都市化のプロジェクトから指揮者なしのオーケストラまで、具体的かつ思弁的ユートピアの激増につながったのかについて、われわれは確かにここで熟考する必要があるだろう。[8]）この点は、ジェイムソンが「第三の」移行（革命的機動戦や改良主義的陣地戦の後）として提示するもの、すなわち二重権力について、より一層当てはまる。レーニンの定式においては、後者は極端な変種または逸脱として、つまりブルジョワ革命の欠陥とプロレタリア革命の早過ぎる噴出が重なり合う非常に独特な条件を表す真にロシア的例外として現れている。したがって、ジェイムソンが、閉じているように見える現在のために移行とユートピアの両方を再機能化する道具として二重権力を選んだ点には、一種の弁証法的倒錯があるのだ。その効果を評価するため、回り道をしていくつかの二重権力を見ておく必要がある。

5

一九一七年、帝政崩壊と十月革命の間の無秩序な空位期間にレーニンは、政治形態のパノラマの中に途方もない変種が前例のない形で現れたことを強調している。これがすなわち二重権力である。新聞『プラウダ』上でレーニンは述べているが、「ブルジョアジーの政府である臨時政府とならんで、まだ弱く、萌芽的なものではあるが、とにかく疑いもなく実在して成長をつづけている、もう一つの政府が、すなわち労働者・兵士代表ソヴィエトが、成立している」。[9] 国家権力の掌握の善悪をめぐるしばしば不毛な論争は、権力の分立――暴力や政治的権威の非独占的状況における二つ（以上）の社会的勢力の対決という形式のみならず、権力の類型における根本的な非対称性という意味において——という観点から革命政治を考えることで示される、はるかに大きな課題を見えなくする傾向にある。ソヴィエトにより行使された権力は、それに対応するブルジョワの権力とは比較できないのである、どんなにそれが「民主的」であるとしても。なぜならば、その源泉は議会の法令ではなく大衆のイニシアティヴにあり、またそれは常備軍ではなく武装した国民によって執行されており、さらにそれは政治的権威を、官僚制の玩具から、すべての役人が大衆の意志とその解職権の言いなりになる状況へと変換するからである。この新しい権力のモデルはパリ・コミューンである。一九一七年の春から夏にかけて、議会型の国家すなわち「ブルジョワジーの独裁」と共存したのは、萌芽的で潜在的な「パリ・コミューン型の国家」であった。レーニンのテクストから引き出される伝統において——これはつかの間のそして例外的なカテゴリーが、よかれ悪しかれ、超歴史的あるいは少なくとも超状況的なカテゴリーに転換するという、マルクス主義におけるもう一つの事例である——このように二重権力をプロレタリアートの「非国家的国家」の初期組織を強固にするものとして捉える見解は、きわめて重要である。実際グラムシ自身も、可能性としての国家としてこれを論じたのである。法律的な見地からは、労働者の権力の萌芽形態としての二重権力は、合法性なき正統性の場でもあり、それゆえ新しい合法性——言い換えると、大衆の直接的イニシアティヴに基づく新しい権力関係——の孵化器ないし政治的コンデンサーなのである。[10] しかし、そのように新たな権力を準備するには、二重権力の観念は、深遠な形式で先在する集合的アイデンティティを必要とする——それは確かに、これらの組織によって政治的に媒介され意識的に強化されたものであるが、同時に階級帰属に根を下ろしたものなのだ。（二重権力の社会的基礎の問題には、後で戻ることとしよう。）

6

空位期間のコンテクストに戻ると、まだボルシェヴィキの覇権の下にはなかったソヴィエトは絶え間ない脅威にさらされ、改革を、すなわち原理的にまったく一元的な国家権力への中和的合流を、熱狂的に支持する者たちによって、より一層悪い状態に置かれていた（この意味でレーニンとトロツキーは「ウェーバー的」であり、事実この偉大なドイツの社会学者は、暴力の独占に関する自らの有名な定式化を補強するためにトロツキーを引用することで、お返しをするだろう）。このような非常事態における唯一の戦略とは、「プロレタリア意識を明晰にし、それをブルジョアジーの影響から解放することによって」新しいタイプの権力を強化することである、なぜなら「大衆にたいする暴力が存在しないあいだは、これ以外に［国家］権力に到達する道はない」からだ〔レーニン、二三―二四頁〕。したがって、有力な共産主義ブロックを構築し、ブルジョワジーの独裁を本当に崩壊させる実力へと新しい勢力をまとめ上げるという問題は、自律と分断の問題であり、その「粉砕」を準備するため国家機構から距離を置くプロレタリアの政治能力（権力のもう一つの主要な意味だ）を規律正しく入念に構成するという問題でもある。この構成のプロセスの特徴は、決定が容赦なく一時的であることだ。二つの独裁制の「絡み合い」は、非常に不安定な合体を生み出すのであり、そこから、「二つの国家に二つの権力は存在しえない」という公理が生じるのだ[11]。だから二重権力とは、好機であるとともに脅威であり、そこでは自律性やイニシアティヴが破棄されたり浪費されたりしかねない。こういうわけで一九一七年七月、生産領域において資本家による攻撃に直面したレーニンは、「悪の根源は、二重権力にある」と宣言したのだった[12]。そしてこの危機の元凶、「悪」の先駆けとは、二つの権力の間で蝶番として働こうとする者たち、つまりはブルジョワジー（少数派の独裁）の利益のためにソヴィエト（多数派の権力）を主導する「ナロードニキとメンシェヴィキ」に他ならない。いずれにせよ、「今日の二重権力は、長いあいだ持続することはできない」のだ〔レーニン、四七八頁〕。二重権力が象徴するこのほんのつかの間の時機《カイロス》は、二つの独裁制——権力の二類型——の熾烈な抗争に基づいているが、その時機が意味するのは次のことである。レーニンは、自治の組織（これは、あるブルジョワ議会形態と両立可能でさえあるかもしれない）としてソヴィエトの「フェティシズム」を受け入れることはできない。しかしまた彼は、政党という根源的審級を通して、アントニオ・ネグリの言葉を借りれば、「評議会のなかに搾取の全般的経験に対する階級的不服従の直接的な政治表現と形態を見定め」ようとし、「自律＝組織」の二項式を維持しようとするだろう[13]。階級の自律がなければ組織化はないし、組織化がなければ階級の自律——自立したプロレタリアの政治能力——もなくなる。この文脈において二重権力は、ネグリが指摘するように——メンシェヴィキが、労働者の自治と自主管理の「地域的」実例としてソヴィエトを国家に組み入れるのに反して——「法制化されうる関係ではな」いのだ〔ネグリ、一九〇頁〕（この逆説めいた内戦の制度化、均衡／停滞については後述する）。ネグリにとって、二重権力のあいまいさは、「労働者の観点から取り組まれ、解消されねばならない。二重権力に関して提案すべきことは、この対立のプロレタリア的契機をまずもって強調することであり、ついでこの契機を促進し、ついには二重権力を評議会形式においてプロレタリアート独裁を基礎づけるものにすることである」〔ネグリ、一九一頁〕。

7

ジェイムソンが、政治理論を批判する中で、つまり理論的かつ実践的キメラとしての政治的なものを批判する中で、二重権力を持ち出すのに対し、レーニンの著作では二重権力がまさに変種、逸脱、例外として――ただし戦略的に掌握されるべき変種、逸脱、例外だが――特定のマルクス主義的政治思想のためにスペースを設けていると言えるだろう。これは、国家とその二律背反の超歴史的規範性についての思考ではなく、資本の廃止に向けた政治形態の、危機的状況における必然的創出についての思考である。『ラテン・アメリカの二重権力』〔一九七四〕の中で、ボリビア人理論家レネ・サバレタ・メルカード〔思想家、政治家。二十世紀後半のボリビア文化および社会に多大な影響を与えた。一九三五―一九八四〕は、一九七〇年代初頭のボリビアやチリにおける二重権力の不十分な経験を解明しつつ、二重権力の観念のそのような特異性を示している。メルカードはまた二重権力の観念を、「特別な国家的矛盾や移行期の国家的危機を意味するマルクス主義的隠喩」と評することで、ロシアやコーノ・スール〔南米大陸南部〕におけるその観念の概念的かつ政治的歴史に注意を向けてもいる。(14) 私見では、メルカードの今の言葉が意味するのは、古典的政治理論の概念とは異なり、二重権力は、社会的、国家的危機の独特さを評価しようとする用語として、その個々の事例を明白に包摂してはいないということだ。サバレタ・メルカードは、この点に関するレーニンとトロツキーの相違を強調しつつ(たぶん強調し過ぎているが)、次のように主張している。レーニンの考えでは、二月と十月の間の二重権力の現象は、先行する革命理論にとって非常に特異な例外であり、組織と戦略的反応の創出を必要とする重層決定された事実であった。これに対し、もっと後でトロツキーがロシア革命史の中に二重権力の観念を体系化した際には、二重権力とは革命の日常性、社会法であり、革命前のイギリスにおける議会と国王の対立や、革命前のフランスにおける憲法制定会議と君主制の対立などさまざまに異なる危機に同様の事例が見られるものであった。トロツキーは見事に歴史的類似性を演出したが、サバレタ・メルカードによれば、二重権力を社会法に転換すると、究極的には、レーニンの提案の特異性が消し去られてしまうことになる。そもそもレーニンの提案とは、非対称で比較不能な二つの権力――より正確には二つの革命、すなわち先天的に不恰好なブルジョワ革命と潜在的だが強力なプロレタリア革命――の質的同時性と対立的発展という段階として、二重権力を把握するというものだった。権力には量的衝突のみならず質的非対称性があるのだ。この政治的不均等については、実際は「法」は何もなく、ただ形象があるだけだと私は言いたい。思考様式、フェティッシュとして「レーニン主義」が非常に弱いのは、一つには、それが一九一七年のきわめて例外的な状況、そしてボルシェヴィキの強制された選択を、来たるべき革命や反乱のレシピにしようとしたからである。この点で、二重権力は――脈絡は違うが移行それ自体と同様に――概念や理論ではなく問題（あるいはサバレタ・メルカードの意味での隠喩）なのだ。

8

『戦略の工場』でネグリが示すように、レーニンの闘争とは、二重権力が「憲法上ミイラ化する」ことに抵抗する不断の闘争であり、ソヴィエトを階級独裁制ではなく民主的代表制の組織に変換し、革命の国際的プロセスへと編入することに反対する不断の闘争である。つねに共産主義者はこの転換を拒まねばならない。運動は続けなければならず、それはそれ自体を乗り越えなければならないのだ。確かに、ネグリのレーニンについての講義の中で最も興味深いくだりは、崇高な改良主義運動（たとえばニュー・ディール）を通して資本が自らをソヴィエト的形式に組み込んだ仕方に関するものである。すなわち、労働者の自治と、産業労働のメカニズムとイデオロギーへの彼らの共同参加という装いの下に、自治機構を制度化した方法である。この回復的弁証法に反する自治主義的命令とは、対立の制度化、「階級の、階級のための、階級における諸制度」の創設である。すなわち、

これが意味するのは、資本制が支配のためだけに制度化できるものを、逆に資本に対抗しつつ制度化することであり、権力機能のなかで闘争を強化することであり、闘争それ自体の観点からみた闘争や現存するものの破壊過程を後戻りできなくすることなのだ。(15)

ネグリが請け合うのはこういうことである。すなわち、レーニンを反復するには、まさに権力という意味における変容のみならず、階級構成における（すなわち、階級の主観的能力と資本主義的発展の力学への参入の両方における）変容をも考慮に入れなければならないのだ。二重権力はその妥当性を保持するものの、これは、権力の孤立した頂点や所有者としての国家という観点からのみ考えられることはなくなり、「資本総体と国家との（有機的に融合した組織化と指揮命令としての）傾向的同一化」という視点から考えられるのである〔ネグリ、二一三頁〕。現実的包摂のこれらの条件下では、権力は豊満状態にあり、資本家の権力が充満するのと同時に労働者の権力も充満しているのだ。つまり、社会の資本主義的統一とその全体化組織化が、社会構造全体に、階級対立の十分な効力を再生産するのであり、これこそが資本の定義にとって本質的なものなのである。（明らかに、現在についてのジェイムソンの熟考において、この充満状態は片方

だけだが、それも無理はない。）しかし、社会が資本の下に現実的に包摂される条件下で、権力の全般的概念が国家権力それ自体の掌握と同一化されえないとすれば、ネグリの主張に従って、さらに別の「新型」の（プロレタリア）権力が登場すると言えるかもしれない。二重権力とは決定的で爆発的だがまだ一時的段階なのだというレーニンの見方は、「非弁証法的な絶対」とネグリが呼ぶ権力概念に依存していた〔ネグリ、二二三頁〕。これは、独占としての権力というブルジョワ理論――ウェーバーを好例とし、至高の国家理性という古典的教義の中で予測されていた――からそう遠くないものである。それとは反対に、ネグリによれば（これらの該当頁で、彼はひるまずに、遠くの目撃者として毛沢東を引き合いに出している）、一九六〇年代および一九七〇年代の労働者の闘争は、「弁証法的絶対」として理解される、権力の新しい経験と新しい概念を決定づけるのである。そして、「弁証法的絶対性としての、二重権力の長期間の持続としての、闘争としての権力経験こそが、資本関係をねじり、そこに破壊への自覚的意志としての、労働者という変数を登場させる」のだ〔ネグリ、二二二頁〕。このより新型のプロレタリア権力は、逆説的にも、過激な漸進主義の形式と評されている。すなわち、「権力の漸進性であり、権力を獲得し管理運営する漸進性なのであって、それが資本制権力や資本関係を一歩ずつ破壊していく」のだ〔二二三頁〕。そこから、新ソヴィエト主義の背後にあるテーゼが生まれてくる。ネグリは、労働者の力〔イタリアの左翼団体、一九六七―一九七三〕の活動に没頭していた時期に、新ソヴィエト主義とは「反乱概念が継続的内乱の概念に転換する」ことであると宣言している〔二二四頁〕。このような挑発的な提案の長所について踏み込むことはせず、あるいは実際いかにそれが階級勢力と階級構成の戦略的な（誤）算出と関連しうるかについても触れないが、この継続的内乱のヴィジョン、新型の長期的、漸進的／破壊的二重権力のヴィジョンが、自律性と「自己評価」の物理的領域――「赤色の土台」または解放区――を収用し防衛する試みにつながったと述べておく価値はある。これらの毛沢東主義的概念の存在は、現実的包摂の条件下で二重権力を自治主義的に理論化すること、すなわち二重権力の二つのモデルと実践が融合したものの主要な側面を指し示している。その二つのうち、第一のものは、集中的かつ都会的な「ジェネラル・ストライキ・シナリオ」（パリ・コミューン、ペトログラード・ソヴィエト、あるいはハンブルク、広東、バルセロナにおける蜂起で現れた都市的反乱のモデル）であるが、これはジェイムソンによる二重権力と蜂起の区別を問い質すことにつながるかもしれない。第二のものは、広範囲かつ地域的な長期の「大衆戦争シナリオ」であるが、辛亥革命がその模範として有用であり、これはジェイムソンによる二重権力と飛び地《エンクレーヴ》の形象の分離を修正することにつながるかもしれない[16]。新しい階級構成における都会的プロレタリアートの完全（かつ不可逆的？）な権力の確信に基づいて、長期間に及ぶ人民戦争は都市構造へと導入されるのである。

9

もっと最近になって、マイケル・ハートとの共著においてネグリは、二重権力に関するこれらの初期論考に生政治的なひねりを加えた。ゲリラ戦の遺産について書く中で、彼は次のように指摘している。

ゲリラ戦が生政治的生産の特徴を積極的に採り入れ、社会構造全体にますます広がっていくにしたがい、その目標は主体性――経済的かつ文化的であると同時に、物質的かつ非物質的な主体性――の生産にあることがより直接的に提示されるようになった。言いかえれば、ただ単に「心と精神を獲得する」だけではなく、新しいコミュニケーション回路や新しい社会的協働形態、新しい相互作用様式の創出をとおして、新しい心と精神を創り出すということだ。こうしたプロセスには、近代のゲリラ組織のモデルを超えてより民主的なネットワーク型の組織形態へと向かう動きが認められる。(17)

二重権力の主題を回復し改変するための現代の地平とは、「生政治的」地平だろうか。今われわれが話しているのが、ポルト・アルグレ〔ブラジル南部の都市〕のように非対立的形態の市民参加型二重権力であろうと、寡頭政治の抑圧に対抗して「市民社会」の自己組織化の領域を防衛するサパティスタ〔メキシコ革命の農民軍指導者サパタ（一八七九―一九一九）の思想を引き継ぐ、主にメキシコ先住民によるチアパス州を中心とする左派運動〕の試みであろうと、ボリビアやベネズエラの国家的、大衆的プロジェクトとともに下からの民主主義形態を明確化する試みであろうと、（ハートとネグリの洗練された意味、そして福祉というより単純な意味の両方で理解される）生政治的要素は顕著である。(18) この点で、レバノンのヒズボラ〔急進的シーア派イスラム組織〕は重要な存在であり、二重権力の文脈において一種の「生政治的イスラム主義」の台頭を表している。そもそも非常に独特な歴史的かつ政治的集合体が、反イスラエルの民族的抵抗闘争や、血なまぐさいセクト主義にいつ陥るかわからない多宗派国家レバノンの条件によって深く規定されたホメイニ主義的政党イデオロギーや、シリアとイランへの相反する支持や、広範囲に及ぶプロレタリアのシーア派の社会的基盤を結びつけている。このような集合体によって決定づけられたヒズボラは、（軍事的、地域的、道徳的）二重権力の体系的運用という点で繁栄してきたし、レーニン的な時機《カイロス》のモデル、人民戦争のモデルのどちらにも還元しえないこの政治形態の変種を象徴してもいるのだ。むしろこの二重権力の変種は、恒久的空位期間のようなものの中で機能するのであり、そこでその権力は強制的に行使されるものの、これは一方による掌握という意味においてではない。

このように不安定な勢力図において、「生政治的」要素は、二重権力の実質の大部分を提供している。マイク・デイヴィス〔米国の批評家、社会学者。『スラムの惑星――都市貧困のグローバル化』（二〇〇六）など。一九四六―〕によって分析された「スラムの惑星」において、サーヴィスや連帯の新自由主義的撤退に対する「生政治的補完」が、単なる軍事戦略のいずれと比べても不可避で重要なものだとまで言えるかもしれない。ヒズボラの覇権の軌跡は、大部分、生の統治に関する主要な問題に取り組み、「広範囲の実情調査に基づく、草の根運動と協力した支持のプロセス」を採用することで成り立っている。このようなある種のイスラム主義研究において、水問題などの課題は、科学的＝学術的方法を通して（ヒズボラの開発学センター）、またこれらの福祉事業に地域的基盤を与えうる「住込みのプロ集団の形成」を奨励することで、取り組まれている。[19]長期にわたる二重権力の状況下では――ネグリの想像とは逆に、ここで問題なのは、寸断された不平等で擦り切れた国家によって脇に追いやられた住民（ジュディス・パーマー・ハリク〔米国の政治学者、ヒズボラ研究者〕が単に「見捨てられた者たち」と呼ぶもの）に対して相対的覇権を獲得しつつ、内乱を回避することだ――二重権力とは生権力であり、日常のゴミ収集、大規模な医療保障、緊急時の水の供給が、第一級の武器なのである。「権力の均衡」観念が、日常的だとしても激しく悲劇的な意味を帯びる独特の状況から、直接的に推定できるものはほとんどないが、ヒズボラにおける「生政治的イスラム」の重要な変種は、二重権力の再考と実践のための現代の条件の一部を示唆している。ここでは、自治的政治能力の分離と新型の権力（革命的、保守的、反動的のいずれにせよ）の創出は、社会生活の生産と再生産の次元――つまり、生存の問題――を無視しえないのだ。このような準国家権力の隙間的、分離主義的ないし並行的形象は、今度は、国家形態それ自体の変質に拘束されることになる。そこでは、とりわけ新植民地主義、新帝国主義活動に狙われた地域に関しては、もう国家、地域、住民の重なりを措定できず、その代わりに「区域《ゾーンズ》」による暴力的統治が提案されるが、これは血統や安全に関する流動的な必要条件に合わせて変化するのである。[20] 資本と行政および司法空間の関係を変化させ、また不完全な主権という危機における公共事業機関と飛び地《エンクレーヴ》の暴力的な重なりの急増を世界の特定の地域で準備しているのが、以上のような新自由主義の文脈なのだ。

10

そういうわけで、具体的に移行を考え始めるための足がかりとなりうるのは、一種の二重生権力とでも呼べそうな決定的な現象を考えることなのである——これはすなわち、国家や資本が放棄してきた、あるいは耐えられないほど排他的なものとしてきた社会的再生産の諸側面を、住宅から医療まで、政治的に専有する集合的な試みなのだ。今日、これらの側面こそが——ちなみにそれらは、現時点で提案しうるあらゆる非改良主義的改革の特権的な場でもある——進歩主義的であれ反動的であれ、大衆運動の成功を基礎づける主導的役割を果たしている。しかしこれらはまた、権力の作用における政治的断絶の前提に依存することなしに、つまり「その翌日」——抑圧的機構の掌握や「蒸発」——を待つことなしに、資本主義的社会形態および関係を解体することを考えるための支柱でもあるのだ。私の考えでは、その一例が、乱暴に抑圧されることになったブラック・パンサーによる実験、すなわち朝食提供プログラム、鎌状赤血球症のスクリーニング、黒人「ルンペン」——彼らの用語を使えば——への代替的医療制度の実験である——これらは単なる状況改善の試みと解釈されるかもしれないにしても。そして彼らが自衛の概念を使って行った思想表明は、われわれの時代とも無関係ではない。[21] ジェイムソンが魅惑的に口にする「疫学的二重構造」はこれと共鳴するものであり、われわれは、社会的再生産の危機に苦しむ段階において、移行の想像に対して健康が果たす中心的役割に気づくべきである（私に言わせれば、これは生政治に関する議論の批判的かつ理性的核心なのだ）――ギリシャの急進左派連合の台頭に付随して起こった現在進行中の、みなのための連帯運動から、いかにして健康が「第一の革命的措置」の重要な中心となりうるかについてのハザンとカモのユートピア的思弁まで。[22] 社会的再生産や集合体の形成の領域において、危機のきわめて不均等な不安定な時間や空間を通して、われわれが空間的および時間的「二重性」、すなわちまったくの断片化と「区域制《ゾーニング》」に目を向け始めるとき、われわれはまた、これらの経験のうちどれを普及し拡大しうるのかについて考え始めるのかもしれない。ただしこれは、分離独立の幻想、あるいはポスト資本主義が今本当に可能だという幻覚の中でという意味ではなく、むしろ資本主義的関係を解体する必要性を、その権力を制限する試み、（われわれの）死んだ労働を新しい目的のために変化させる試みの、不完全にせよ現実の経験の中に根づかせる方法としてという意味である。

11

仮にわれわれが、サバレタ・メルカードに従って、二重権力を、普遍的なもの――その特殊な部分は目録化できる――というよりも、隠喩あるいは問題として扱うとしても、その要素のある部分について正体を把握することは可能である。これらに鑑みて、ジェイムソンが彼のユートピア的思弁を、二重権力の具体的制度としての「国民皆兵制」の中に位置づけることについて論じたい。われわれが二重権力の時空間を、国家の不均等だが限定的な危機の時空間として認定しようが、社会生産の（再び不均等だが）長期的または「恒久的」危機の時空間として認定しようが、二重権力への希求の大部分は、それを危機と不可分なものと見なすレーニンの先駆的仕方に従っているのだ。確かに戦争は、以上の議論の間接的または直接的な地平にある——その議論が検討するのが国家とその機能の危機であるという点では。しかしわれわれは、すでに見てきた二重権力の全形象が、さまざまな程度で、ジェイムソンの次の重要な要請に応答していると言えるかもしれない。「われわれは戦争が提供するものよりもましな、危機の世俗的モデルを、長期のものも短期のものも、創出せねばならない」。大衆の統一というレヴェルで戦争の心理的類似物が生み出されるかどうかはまた別の話だが、総動員はおそらく二重権力の教訓を求めるべき場所ではないとはもう言ってもよかろう。そして危機と並ぶ第二の要素は明らかに国家である。ボルシェヴィキの議論がそうであったように、二重性を許容しえず暴力を統一的に独占する国家の概念から逃れられないにせよ、権力の二重性（多重性）について、支配や再生産の領域を失っていく国家の衰退や分裂という観点から想像するにせよ、二重権力のイメージは、国家権力の既存の様相と分かち難く結びついている。再びサバレタ・メルカードを引用すれば、それは「特別な国家的矛盾や移行期の国家的危機」なのだ。この矛盾は、私が強調したい第三の要素——つまり代替的権力、質的に異なる権力（および国家）の萌芽形態の出現によって決定づけられたものとしての二重権力——によって悪化する。そういう権力は、公的、合法的権力の時空間を共有し形成するとともに、新興階級の能力の中にその根を下ろす。その結果——この究極的には非古典的な観念の「古典的」理論の上では少なくとも——政治用語としての二重権力は、生産領域それ自体から起こる二重権力によって予示されることになるのだ。

12

ジェイムソンによる、二重権力を伴うアメリカのユートピアは、他の二つの要素ではなく、この第三の要素、すなわち資本主義国家の権力以外の権力の萌芽組織の同定を前景化しているように思われる。有望ではあるが不安定なこの戦略的逸脱を国家の全般的危機の特性と関連づける二重権力の「古典的」——つまりレーニン的——形象に対抗して、ジェイムソンは、国家構造における断絶——これはそもそも古典的二重権力の可能性の条件だった——の外見上の不可能性という観点から、二重権力の候補を探そうとする。古典的二重権力が、ブルジョワ革命とプロレタリア革命、陣地戦と機動戦の不均等な質的絡み合いを示したのに対し、思弁的ユートピアとしての二重権力は、これらの区分が可能であった地平そのものが閉塞したように見えることから生まれるのだ。多かれ少なかれ限定的な政治的断絶と、前述した社会的再生産の圧縮の両方の意味において、危機は確かにこの勇敢な思弁的努力に影を落としている。けれどもそれは、必要不可欠な象徴的要素——すなわち集合体のために「フェティッシュ」を動員するものとしての戦争の類似物——という形式をとる場合は別として、二重権力概念にそれ自体として組み込まれているわけではないのだ。またジェイムソンの共産主義的作り話は、政治的時間との奇妙な関係を、彼が別の所で見事に分析したユートピアの多くと共有しており、その関係は二重権力という用語を持ち込むとさらに奇妙になる。つまり一方では、革命的危機が見込めないため、新たな二重権力観念への転換が必要とされており、この転換は、認知的かつ実践的麻痺に陥った状況を打開するためのメカニズムとなる。他方で、テリー・ビッスンの素晴らしい『ファイア・オン・ザ・マウンテン』〔一九八八〕を参照すればわかるように、国家と現に「競争」状態にあるそのような二重権力は、断絶後に初めて考察されうるのだ（印象的なことに、二十世紀におけるユートピアのテクスト、プロジェクト、経験の並外れた急増は、ボルシェヴィキ革命後に起きたことであり、その準備として起きたのではない）。間違いなく、古典的二重権力そのものは、一つの断絶（二月）の後かつ決定的な断絶（十月）の前だったが、思弁的ユートピアとしての二重権力は、この確定的不確定性――これは二重権力を空位期間の危機と結びつける――から、いくぶん異なるシナリオへと方向転換している。そしてこのシナリオにおいては、古典的形式の背後にある条件が欠けているように見えるのだ。今日われわれは十月の後にいるが――いまだにボルシェヴィキの爆発の破片を引きずっており、その破片には無益な遺物もあるが潜在的な武器もある――世界の大部分において、われわれはまだ二月の前に留まっており、国家による支配の断絶はまだ見えてこないのだ（アラブの二月が厳しく示してきたように、革命の不完全さが反革命の残忍さを和らげることは決してないのである）。

13

移行の国家的危機としての二重権力のこうした置き換え、あるいはブラック・ボックス化は、この概念が当初の公式化から経てきた議論や変遷を通じてアプローチすることができる――とりわけ、二重権力や社会主義への民主的道筋に関する一九七〇年代のラテン・アメリカやヨーロッパの議論におけるこの概念の復活、それから、国家による多くの社会的再生産機能の放棄から浮かび上がる二重または複数の権力を強調する、すでに触れた一連の理論や実践が重要である。これら二つの歴史的、概念的問題群の双方において、われわれは拡散した二重権力のようなものについて話すことができるだろう――ただし、サバレタ・メルカードの警告に従って、二重権力のこのような拡散、もっと言えば一般化には、その観念の変則性を希薄にし、それを致命的に分解してしまう危険性があることを認識しつつではあるが。「同じ」時空間の中の権力の制度的二重性に古典的力点を置き続けながら（つまり二重権力の潜在的候補としての飛び地《エンクレーヴ》、「暴動コミューン」に対抗して）、ジェイムソンのアメリカのユートピアは、二重権力のポスト・レーニン主義的変形から、いかにして決定的断絶の外で移行制度を考えるべきかという問題を引き継いでいる。この点でジェイムソンの提案は、二重権力という用語を保持しているにもかかわらず、二重権力のトロツキー主義的ヴィジョンよりも、ニコス・プーランツァス〔ギリシャ生まれ、フランスで活躍した政治学者、一九三六―一九七九〕の民主社会主義の戦略的地平――ブルジョワと国家の結束の一種の衰退を予見した――より多くのものを共有しているのだ。そもそも前者のヴィジョンは、若きアンリ・ウェベール〔フランスの政治家、欧州議会議員、一九四四―〕によって、プーランツァスに対抗して提起されたものだった。ウェベールにとって、軍事的＝政治的断絶は、革命のいかなる概念を保持するにも不可欠なものだった――その断絶とは、拡散した社会的二重権力（社会的危機が長引く状況で出現する自己組織と大衆権力の萌芽形態の複数性）を、資本主義国家に対する正面からの抵抗へと強固にすることによってもたらされるものなのだ[23]。したがってウェベールは、軍事的次元を伴った衝突または決定的断絶は回避しえないという古典的見解を再び主張するとともに、プーランツァスに反対して、成熟した二重権力なしでは断絶はありえないと論じるのである。移行と二重権力に関する一九七〇年代の議論の視点から見ると、ジェイムソンの思弁的ユートピアはちょっとしたケンタウロスなのだ――二重性へと確かにコミットしつつ（プーランツァスが民主的闘争をはるかに「分子的に」概念化するのに対抗して）、彼のユートピアは、その制度（この場合は国民皆兵制）の長い道のりの存続を明確化しようとする一方で――そしてもちろん、いかなる議会制的幻想をもさっさと片づけてしまうアメリカ的視点のせいで、そのユートピアは、これまでの議論を支配してきた代表と政党形態の問題をすっかり脇に退けてしまうのである。(24)

14

それでは、軍隊の中に二重権力の場を求めることが挑発的なのはどういうわけか。今日蔓延する似非反資本主義の、しばしば否定されるアナルコ個人主義的あるいは急進的リベラルの傾向と対比するなら、当然ながらこの挑発は、ジェイムソンが結局は容認するように、実践の他ならぬ要点であり、集合的なものに対するわれわれの根深い恐怖を明らかにする一種の反応体として役に立つ。しかしジェイムソンは彼のユートピアを、革命的分析と戦略の事実の中に位置づけるので、われわれもまた、この次元においてそれにアプローチしてもよいことになる。その点で最初に述べておくべきなのは、ジェイムソンが二重権力の実験台を現存の制度の中に探すことが、われわれがすでに見てきた議論の多くの性質と反するということである。産業ベルト〔サンディアゴの工業労働者による連合組織〕あるいはチリ民衆議会、パンサーの健康プログラム、イラン革命の評議会、労働者／兵士代表ペトログラード評議会のいずれにおいても、この初期の革命的権力は、新しい制度をめぐって組織されており、そしてこの制度は初めから、自らが国家の既存の制度とは非対称であり両立不能であると断言するのである。もちろん現存の制度の再機能化が、革命理論にないテーマだというわけではない――それどころか大部分の革命とは、国家の粉砕を必然的に承認しているにもかかわらず、このような再機能化に他ならないのだ、そこにはあらゆる矛盾、挫折、反究極性《カウンターファイナリティ》があるとしても。だがこれは、一般に二重権力を援用して明確化する――解決するというより記述する――べき独特の問題ではない。
さらに、そしてこれが国民皆兵制について私が述べたい第二の点だが、ジェイムソンのユートピアは、軍隊を二重権力そのものに変換することで、二重権力の古典的問題――簡単に言えば、一つの国家に二つの抑圧的機構、あるいは一つの国家に二つの国家は、現実にあっても、ありえないのだとする――をそれ自体の解決策に変えてしまう。しかし彼自身の記述によれば、そのユートピア的軍隊は二重権力の状況に出現し、

国家とその公式の軍隊［本章筆者の強調］の傍らに並行する力として誕生し、なおざりにされた福祉事業の達成と、まったく異なるタイプの人民との共存とに、自らの第一の仕事、いや使命を見出すのである。

このような二重権力状況の形象はレーニンが直面したものとまったく違うということに、われわれは気づく。レーニンにとって、定義上、軍隊は二重権力の場とはなりえなかった。並行する力（正面からの闘争に関わる力というよりも）は、ひとたび断絶が生じてから出現しうるに過ぎず、最初の移行手順として国民皆兵制を命じうるような統治権力の台頭があって初めてそれは可能となるのだ。しかしわれわれはたぶんここで、「古典的」二重権力とはかなり異なる場所にいるようである。それはおそらくもっと矛盾する政治形態であり、その中では権力の二重性は上からも下からも実験され、またその中では国家（の部分）と社会（の部分）が、正面衝突の形をとらない移行作業に関与している（もし同じ領土内で異なる社会的、政治的命令を象徴する二つの軍隊の存在があれば、正面衝突は即時に起こるだろう）。われわれがこれ

を拡張あるいは拡散した二重権力と呼びたいにせよ、（プーランツァスが促すように）その用語をすっかり捨ててしまいたいにせよ、われわれがポスト・レーニン主義あるいは非レーニン主義の地平にすっかり立っていることは明白なのだ。そしてこの地平では、国家は道具でも要塞でもなく、闘争の現場である（ちなみにジェイムソンの国民皆兵制は、それが合衆国の州の反解放的特徴を弱めるものとして想像されているとしても、あるいはそうであるからとりわけ、多くの点で国家に留まっている）。[25]二重権力の問題のこのような拡散（そして潜在的な分解）は、二十世紀を通じて多くの時点に見出せる。たとえば、カール・コルシュ〔ドイツ生まれのマルクス主義理論家、一八八六―一九六一〕は上下からの社会主義化を求める評議会主義的提案を出し、チリにおいては人民連合のアジェンデ政権〔一九七〇―一九七三〕の最後の数ヶ月で民衆の力が議論され[26]〔「民衆の力」は、労働者、農民によって組織された各地域の社会主義的団体の総称でもある〕、すでに引用したようにネグリは「恒久的二重権力」について熟考したのだった。さらに言えばサルトルやアルチュセールのように、いかにして政党を再想像しうるのか、理論的奮闘を重ねる者もいた。つまり、もはや権力の独占者の政党ではなく、大衆イニシアティヴや自己組織化の形態と新たに連携する政党である。それは、まだ断固として反リベラルで、二重権力を権力の均衡状態へと堕落させることを許さない非レーニン主義的政治をわれわれが構想するのを許すだろう。[27]実際、こうやって、今世紀に、ベネズエラのボリバル革命〔ウゴ・チャベス政権（一九九九―二〇一三）の反米社会主義的政策〕の制度的経験を理論化しようとした者たちがいるのだ。[28]たぶん羨望に関するジェイムソンの清々しい考察と共鳴するのだが、この問題を別の仕方で提起するなら、均衡／停滞、すなわち政治形態を壊乱する分割を何らかの方法で制度化しうるか否かということなのだ。ポストマルクス主義者は、説得力のない仕方で、このような闘争的政治を内包するものとして後期自由主義を解釈したが、所属、アイデンティティ、階級に染まっていない敵対関係の様相を創出することが、共産主義への移行にとっての課題であることは間違いないだろう。この点で、あるインスピレーションを与えてくれるのは、内戦においてどちらの味方もしなかった市民すべての処罰を命じた、ソロン〔アテネの政治家、詩人、前六四〇頃―前五六〇頃〕の驚くべき布告かもしれない。もちろんソロンの提案は、市民という政治的に再生産されたアイデンティティに依拠していたが、今日の二重権力の妥当性を評価する際にわれわれが自ら考えるべき問題の一つは、権力の萌芽形態と既存のアイデンティティ――階級、エトノス〔民族、種族〕、コミュニティのどれであれ――の関係を断ち切れるかどうかというものである。結局、ジェイムソンの提案が古典的革命論の先を行っているもう一つの側面とは、階級の区別を無効にする点のみならず、階級の相違に基づかない二重権力を可能にする点に、国民皆兵制の機能を見出していることなのだ――この意味でそれは、二重権力の古典的そして拡散した形象の両方でわれわれがお目にかかる多くのものとは異なっている。この問題がさらに切迫したものとなるのは、次の事情を考慮するときである。すなわち、私が二重生権力と呼んだものは頻繁に――とはいえ、スペインの住宅ローン被害者の会（ＰＡＨ）からギリシャにおけるみなのための連帯運動まで、ヨーロッパの反緊縮の例が示しているように、つねにではないのも確かである――民族的、宗教的、人種的コミュニティの中に自らを根づかせるのだ。そしてこれらのコミュニティは、ジェイムソンの考察を依然として背後から支えているように見える国民国家アイデンティティ形成のモダニティからは程遠いのである。

15

当然ながら、ジェイムソンのユートピアの背後にある合衆国のコンテクストこそが、国民軍の古典的モダニティらしきものに、反システム的性格を加えている――ジェイムソンのヴィジョンには、まるで合衆国の連邦制に無効化されたジャコバン主義への期待のようなノスタルジアが満ち溢れているかのように。ここで、ジェイムソンが、連邦を脱退したアメリカのユートピアの混乱をまるごと乱暴に取り除いた点は見逃されるべきでない。合衆国憲法やそれに先行する独立宣言との根本的関係をすべて廃止することは、一部のアメリカ進歩主義者に見られる問題含みの傾向――ハンナ・アーレントがすぐれてフランス的な「社会問題」という陥穽らしきものの対極に合衆国の革命的伝統を位置づけたのに共鳴する傾向――を断ち切るだけではない。それはまた、合衆国において生まれたばかりの二重権力を実践する者たちが以上の関係を維持したこととも、対照的である――その実践者の典型はブラック・パンサー党であるが、彼らの十ヶ条の方針は、独立宣言の鋭い引用で締めくくられるのだ。

> 連続せる暴虐と簒奪《ユーザペイションズ》の事実が、明らかに一貫した目的のもとに行なわれ、人民を絶対的暴政《デスポティズム》のもとに圧倒せんとする企図を明示するにいたるとき、そのような政府を廃棄し、みずからの将来の保安のために新たなる保障の組織を創設することは、彼らの権利であり、また義務である。〔ジェファソン著、「独立宣言」、高木八尺訳、『世界の名著33』、松本重治編、中央公論社、一九七〇年、二三二頁〕

ジェイムソンがさらに力強く対立するのは――私はこれを有益なものだと論じたい――フロンティア・アナルコ＝コミュニズム（開拓者植民地主義に蝕まれている）である。これは、アメリカ極左の大部分の政治的無意識として機能しており、その起源は、白人至上主義右翼の周縁できわめて盛んな市民軍の理想よりもむしろ、あれら非常に多くの実験――十九世紀のヨーロッパ革命の失敗から逃れてきた人々によって促されただけでなく、チャールズ・ノードホフ〔英国生まれの米国の小説家、一八八七―一九四七〕が古典的著作『合衆国の共産主義社会』〔一八七五〕で数え上げたような、アメリカのキリスト教の力強い党派性によって特徴づけられてもいる――にさかのぼることができる。

16

ジェイムソンのユートピアは、政治理論に対抗して、主要観念の一つ――これまでマルクス主義者は、その観念をめぐって独自のマルクス主義政治（「非国家的国家」という問題そのものを提起することで、古典的政治理論や哲学と袂を分かった政治）を創出しようとしてきた――を再機能化しようとしているが、彼の提案の核心が決して戦略的でないことは、この言葉の通例の理解において明白である。二重権力の軍隊という故意に逆説的な仮説からおおむね独立して、現代のためにフーリエ主義を再形成しようとするジェイムソンの勇敢な試みは、この「治療的」ユートピアの核心が文化革命にあることを示している。文化革命のテーマは、ジェイムソンの著作で強調されているが、ここでは「ある社会で訓練された主体が他の社会で機能するためのプログラミングと再転換」という発想に要約できる。まさしくこうした用語は――エンゲルスの露骨に「現実主義的」な「権威について」〔一八七二執筆、一八七四発表〕を想起させる、軍事化に関するトロツキーの厳然たる指令書からの長い引用と同様に――リバタリアン的反応を誘い出すために選ばれている。正当にもジェイムソンは、合衆国の文脈においてこの反応を、反共主義言説が進歩主義者の精神的習慣の中に投射してきた深いもつれと関連づけている。この論文からわれわれは、現代の極左言説においてほとんど常識となった考え――今日の闘争、日常のあらゆる断絶、資本主義のあらゆる亀裂は、疎外された生がその外皮をすべて剥ぎ取られることを予言している——に対する有益な解毒剤を手に入れることができる。こうしてわれわれは、慰めを与えてくれる信念、「われわれが待っていた変化は、われわれ自身なのだ」〔バラク・オバマが二〇〇八年の大統領選で同趣旨の発言をした〕に対して、フランコ・フォルティーニ〔イタリアの詩人、評論家、一九一七—一九九四〕の詩的忠告、「敵の名前の中に／君の名前も書け」を置いてバランスを保ちたいと思うかもしれない。(29) 国家という妖怪の（部分的に正当化される）恐怖のためか、（ジェイムソンが見事にパンクさせる）人間の条件に関する一種の存在論的楽観主義のためか、いずれにしても、今日の「共産主義」（庶民の、共産化の、あるいはコミューンのそれ）は、まさにこの問題、人類学的移行とでも呼びうるものの問題をほとんど却下してしまう。最終的にジェイムソンは、新しい人《ニュー・マン》というスターリン主義の悪夢（そして新しい人間《ニュー・ヒューマニティ》というファノン的言説）とともに抑圧されている、その問題を提起するために、二重権力の戦略的特異性を思弁的道具へと再機能化するのだ。これは重大な貢献であり、共産主義とはイメージなき現状打破運動だとする疑似偶像破壊的言説が束になってかかっても、これに取って代わることはできない——なぜなら、現状打破はまた、われわれ自身の、そしてわれわれの地位の打破、「プログラミングと再転換」でもなければならないからだ。

17

ジェイムソンの思弁的提案の富は汲みつくせるものではないが——精神分析斡旋局という気を揉ませる提案から、生産者の自主管理を括弧に入れてしまう問題（今日の世界的プロレタリアートの厖大さを思えば、これは間違いなく些細な問題ではない）まで——結論を出すにあたり、さらなる……思弁が必要だと思われる特徴のうち、二つに触れておきたい。一つ目は、「二重生活のユートピア」というテーマだ。思うに、ジェイムソンが融合的想像をしない、すなわち自由と必然性が、継ぎ目なく社会化された遊戯に合流するという想像をしないのは正しい。今日のためのユートピアは、否定性を十分に想定し動員する（「羨望」のテーマが力説するように）のみならず、マルクーゼにならって、過剰な疎外と対立するものとしての必然的疎外と呼んでよいものに注意を向けるべきである。しかし、たぶんボルシェヴィキのものが最も顕著だが、革命的努力にしばしば付随して起こる悲劇的で衝撃的な二重性を、二重生活は考慮に入れる必要がある。ロベール・リナール〔フランスの社会学者、一九四四―〕がその鋭利な『レーニン、農民、テイラー』〔一九七六〕の中で示したように、レーニンやトロツキーの主張では、新国家の行政官として労働者を政治的に教育し解放することは、例外的で極端な生産統制と同時に行われた。それならば二重生活が懲罰的分裂――労働者が政治的に（リビドー的に）解放されても、彼らの名前で話す代理人によって生産面で手かせ足かせをはめられる（どれだけ少ない時間だとしても）しかない――を再燃させずに済むだろうか。レーニン主義的「習慣」は、この難題を喜んで解決したりしないだろうし、国家の持続性という心理＝政治学的問題、すなわち移行期における、制度としてのみならず超自我的実体としての国家の超越という問題に答えることもないだろう。私は懸念するのだが、政治および政治的なものに対するジェイムソンの敵愾心は――棒を健全に曲げるのには役立っているが〔「曲がった棒をまっすぐに戻すには、逆方向に曲げ過ぎなければならない」とレーニンは言ったとされる〕――これらの問題を提起することを確かに難しくするかもしれない。あるいは、レーニン自身が二重権力というこの奇妙で不安定な「隠喩」を新造することで示したように、移行について考えるためには、共産主義政治――これは二重権力と同様に、ブルジョワ政治と非対称でなければならない――の創出が必要であるという事実を検討することを難しくするかもしれない。これは第二の重要な点だが、私の考えでは、そのような創出は、「アメリカのユートピア」に広がる一つのテーマからインスピレーションを得られる。つまり、政治的（そして主権の、と言ってもよい）権力を停止させるための多様な手続きを想像するジェイムソンの試みのことである。これは移行「後」もずっと必要となるフェティッシュ（またはバディウ流に言えばアイデア）への彼の注意と関連している。移行に関するわれわれの人類学は、国家と恐怖の結束のみならず別のホッブズ的テーマ、すなわち支配欲そしてそれと関連する衝突への欲動としての政治の持続性を直視する必要があるだろう。その人類学は、古典的語義における政治が「かのように」という様式で存続することを必要とするだろうか。それは、これらの儀式やフェティッシュの有効性にほとんど寄与しないシニカル理性の方向へ行ってしまわないだろうか。ジェイムソンのユートピアの地平は、こういうわけで、構成的権力の地平ではなく（この点は合衆国憲法への彼の異議から明らかだ）、ジョルジョ・アガンベンの最新の研究にならい、脱構成的趨勢の地平なのである。そこでは、脱構成され、くり抜かれ、掘り崩されるべきものは政治そのものとされる。しかしながら私は主張したいのだが――この点でアガンベンを読むことは啓発的である――脱構成とは、反政治的のみならず反戦略的な概念、メシア的概念でもある。私の考えでは、ジェイムソンのアメリカのユートピアを貫くユートピア的なものと戦略的なものの実り豊かな緊張を保持するためには――サバレタ・メルカードの『二重権力』を最後にもう一度引くと――脱組織力を創り出すことに思弁的かつ実践的な注目を向ける必要がある。そしてこの力が脱組織化すべきものとは、資本主義国家の制度のみならず、ジェイムソンが正しく指摘するように、その制度が、革命を求める欲望――あるいは革命がないことを求める欲望――を含め、われわれの欲望の構造そのものに浸透する仕方なのである。

9 ユートピア的セラピー——労働、非労働《ノンワーク》、政治的想像力

キャシー・ウィークス

フレドリック・ジェイムソンの「アメリカのユートピア」は、マルクス主義の伝統で言うところの移行の問題、より具体的には、一部の人々がまだ共産主義と呼ぶものへの最終的移行の問題の省察である。飛び地《エンクレーヴ》、蜂起、改革、革命といったなじみ深い変化の定型を拒み、その代わりにジェイムソンは、二重権力のモデルに専心する。彼がその地位、すなわち、資本主義を乗り越える移行のための組織的媒体として役に立つ可能性を秘めた並行制度、に推すのは軍隊である。その実践には二つの段階がある。第一に、国民皆兵制の実際的提案。次にこれは転化され、集団的および個人的自由が栄える新しい社会のユートピア的ヴィジョンの物質的基盤となる。

しかし軍隊？ ユートピア的ヴィジョンの一部として？「軍事的民主制」は、より良い未来を描写するものというより、長旅の車の中で暇つぶしにやる人気のゲームに貢献しそうな響きがある——「ジャンボ・

シュリンプ」や「ヴァケーション・バイブル・スクール」とともに〔それぞれ「大きな小海老」「休暇中の学校」の意、矛盾した言葉を組み合わせる言葉遊び〕。よもやこれに当惑する読者が私一人ということはあるまい。私が即座に示した反応は、なるほどフェミニスト政治理論家からの予測可能な異議ではあるが、おそらく珍しくはない。第一にその理由は、私にとって、ジェンダー中立的な軍隊――つまり、性差のアイコン的構築との長い歴史上の関わりをどうにかして抹消させた軍事的文化、組織――を想像することが困難である点にある。軍隊のジェンダー化を認識するのに本質主義的形而上学に訴える必要はない。このジェンダー化された歴史の重みを考えると、軍事化した男性性のモデルを男権主義的軍事化のモデルと堅く結びつけてきた緊密性を断ち切るためには、国民皆兵制は本性上不適切に見える。政治の不在は、私にとって、このユートピア的軌道に沿って考える上でのもう一つの障害である。ここで私は、ジェイムソンが定義するような、国家の技術や権力としての政治を指しているのではない。集団的意思決定のプロセス、社会的敵対関係の媒介の場としての政治を指しているのである。この意味で政治とは、衝突が演出される現場そして協力関係が結ばれるプロセスを指す。私の考えでは軍隊というものには、その内部構造や関係力学に関するこういった問題を脇に追いやる機能がある。なぜならそれは、秩序の本質そのものと同一視されるからだ。つまり組織化、特にヒエラルキーの組織化が、どういうわけか軍隊制度に内在的なもの、もしくは軍隊制度を定義づけるものと考えられている。指導者と従属者を生み出すジェンダー化された機械として、軍隊が、それが国民軍であっても、時が経つにつれ民主主義的能力や平等主義的価値の発展と共存しうるものになるとは――ましてやそれに寄与する学校になるとは――私には想像しづらい。

ユートピア的解釈学

しかしながらジェイムソンの提案には、考慮すべきもっと有望な点が多くあり、上述した点にアプローチするのにもっと有益な方法もある。当初の反感を乗り越え、ジェイムソンの思想実験が持つ潜在力を評価するためには、ユートピアに対する彼の積年の関心との関係においてそれを位置づけることが役に立つ。マルクス主義の伝統における他の者たち——時折マルクス自身も含まれる——がユートピア的なものを蔑視するのとは対照的に、ジェイムソンは、豊かに複雑で絶えず適切な実践形式としてユートピアにアプローチする。ユートピア文学が代替案の表象であると捉える、より慣例的な見解とは決別し、長い間ジェイムソンはユートピアが批評の形式として作用する仕方を強調してきた。ユートピア研究に対する彼の最もよく知られた貢献の一つは、ユートピア的ヴィジョンの肯定的内容から、現在の秩序からの離反やその中性化をもたらす否定的機能へと焦点を移したことである。この角度からは、思弁的思考の失敗さえも、現在に対する批評のツールとして有効となりうる。このテーゼの最も有名な定式において、ジェイムソンは驚くほど挑発的な主張を提出する。すなわち、ユートピアの「深遠な使命とは、われわれが〈ユートピア〉そのものの想像を構造的にできなくなっていることを、局所的かつ明確に、豊富な具体的な詳細とともに理解させることである。しかもそれは、なんらかの個人の想像の失敗のせいではなく、われわれが多かれ少なかれとらわれている制度的・文化的・イデオロギー的な閉止《クロージャー》＝完結性の結果なのである[1]」。

「アメリカのユートピア」は、ジェイムソンの以前のアプローチからの劇的飛躍として読むことができる。ここでジェイムソンは、実質的代替案のアウトライン付きで具体的な政治的提案を出す。これまでの彼のコミットメントとは見たところ逆に、内容が形式に対して優位に立つ。インスピレーションが批評に取って代わるのだ。彼はかつて印象的に主張していた。「形式としてのユートピアは、根源的な代替《オルターナティヴ》案の表象ではない。それはたんに、それを想像せよという命令なのだ」[2]。ところが「アメリカのユートピア」では「おそらく、今日のユートピア主義の課題は、別の社会システムの必要性を説くよりもむしろ、別の社会システムのもっと精巧なヴァージョンを提案すること」ではないかと考えている。しかし私のこうした言い方は、方向転換を強調し過ぎだろうと思う。「アメリカのユートピア」の中でジェイムソンはまた、ユートピア的思考の批判的機能と形式自体の効力を支持してもいるからだ。ここでも彼が強調するのは、ユートピアの基本的機能が未来の感覚を再生させる点にあり、そのためには、心地よく親しみ深い現在の制約からわれわれが飛び出すのを妨害する勢力に対して狙いを定める必要があるということだ。それゆえ「ユートピア主義は反ユートピア主義のこの治療と同義」であり、この二重の任務のため、形式と内容は、形式がそれ自体の内容としてアプローチされうるよう、協働しなければならない。別言すれば、「アメリカのユートピア」を完全に文字通りには読まないのが、あるいは文字通りにだけ読まないのがベストである。しばしば引用される初期ジェイムソンの批判的文章を借用すれば、逐語的内容のみに着目してユートピアにアプローチしても、「貧しい内容しか生まれてこない。この貧困化は、ユートピア的観念の多面的なレベルを、社会計画という単一の、どちらかというと抽象的な領域に還元することによる」[3]。

ジェイムソンはユートピア主義という実践が、評価すべき単なる一連の主張というよりも、経験すべきもの、政治的、イデオロギー的セラピーの一形式であると示す。このように内容を超えるテクストの形式的有効性の例を二つ、手短かに紹介したい。ジェイムソンが見切りをつけたがる一部の移行メカニズムの政治的実用性に対して、私は依然としてもっと楽観的であるが、二重権力のモデルと国民皆兵制の提案はともに、ある種の左翼的気質に対する大胆な挑戦である。第一に、移行を考える際の実践として、二重権力の戦略は――このモデルの実質的具体性とは関係なく――今日われわれのほとんどが望んでいるように見える思考と比べて、より大きな社会的規模において、より長い時間的軌道に沿って思考することを余儀なくする。根本的かつ体系的変化という目標により、二重権力のモデルは、不完全かつ即時の改革に慣れてしまった政治的想像力を拡大するよう、われわれに迫るのだ。政治的想像力が、制度のネットワークや、構造および主体のエコシステムとともに、社会的全体性のレヴェルで働けるようにするためである。二重権力のモデルは、抜本的変容のために必要な大きな時間枠に沿って思考し、次の移行への移行に過ぎない移行について熟考できるよう、われわれの歴史的能力を未来へと拡張させる。以上のようにジェイムソンの二重権力プログラムは、その特異な性質にも拘らず、彼が別の場所で「量を肯定的に考えることの（われわれの）困難」と言及するものの少なくとも二つの形式を有益にも明らかにする。(4)

国民皆兵制の提案は、典型的読者に向けた第二の挑戦である。ジェイムソンは自らの企図が誘発する反応をよく意識している。それは、既存の軍隊が権力を持つという見込みから生じる恐怖である。軍隊をこの革命的地位に推挙することは、反制度的左翼に決闘を挑み、否が応にも彼らの抵抗を、批判的に検証されうる状態へと明るみに出すことである。より具体的に言えば、革命的形式として軍隊を考え始めるため、まず、完全な決裂としての革命的移行モデル――そこでは未来は灰から生じるが、その灰の汚れを帯びはしないと想像される――に対してわれわれがまだ抱いているかもしれない愛着に立ち向かわなければならない。『共産党宣言』におけるマルクスとエンゲルスのように、ジェイムソンのユートピア的未来への道は、多くのわれわれにとってディストピア的現在の典型であるものを通過していく。この分析は、だから、これ以上ないほど明瞭に、過渡期の思考の厳密に内在的な論理のモデルを作る。国民皆兵制をどのように考えようとも、ジェイムソンによるその擁護論が大きな効力を発揮する点は、事態の真相に迫って、われわれが抱きうる願望や嫌悪と対決するよう命じることである。ここにいう願望とは、これまでの状態からきれいに決別する純粋さを求める願望であり、嫌悪とは、複雑な共謀や先の長い闘争の混乱に対する嫌悪である。この点で、その実践は、多くの注目すべき前例といくらか類似している。たとえばマルクスが、ポスト資本主義的未来の潜在的な種子あるいは徴候として合資会社に関心を持っていたこと。ウォルマート〔米国の大手ディスカウント・ストア・チェーン〕のユートピア的教訓についてジェイムソンがかつて思弁に耽ったこと。ダナ・ハラウェイがサイボーグを、(5) 軍事化したテクノサイエンスの産物であると同時により良い未来を考え出す方法でもあると支持したこと。異なる未来を構築するための手段として軍隊を指名することでジェイムソンは明らかに、あえて言えば教訓的に、われわれに配られたトランプで遊んでいるのだ。

無制約の労働

こうして「アメリカのユートピア」の中で最も興味をそそる要素の一つに辿り着く。論文の残りの部分ではそこに焦点を当てたい。すなわち、この未来の雛形において労働はいかに位置づけられるかという問題である。そのヴィジョンは、土台と上部構造の大雑把な区別を軸にまとめられており、この区別は経済と文化、必然性と自由、労働と余暇の区分をマッピングする。このような二項対立の組み合わせでは、前者の方が狭く境界を定められている。それにより、発展と繁栄のためにペアを組む相方、つまり生活領域のための条件が整えられる。この図式において群を抜いて魅力があり――ジェイムソンの言葉を借りれば――治療的でもある部分とは、労働と非労働《ノンワーク》の間に彼が維持する厳密な分離である。労働は短縮され、不可欠な社会的再生産に一日二、三時間取り組めばよいことになる。これは作業服を着てチームで行う。ジェイムソンは完全雇用を力説するのだが――私にはこれは不必要に見える――厚く保証された報酬は、今われわれが闘いを強いられている、労働と収入の関連性が持つ強制力を弱めている。この議論において労働が称賛されることはほとんどなく、「通常の骨折り仕事、必要な労役など」として格下げされる。疎外されない労働という多くのユートピア的夢想とは異なり、ジェイムソンは、労働を盛装させたり自由と呼んだりしない。むしろ彼はそれを（単なる）労働と名づけ、労働者の時間を短縮し、制服という略装をさせるのだ。[6] このようにして、経済的（再）生産の労働を囲む境界線は厳しく引かれている。それは、労働を基礎として成長する自由な――台本なし、責任なしの――時間というヴィジョンに十分な場所を残すためである。

以上のように注意深く範囲を定められた労働のヴィジョン――労働はより短い勤務時間、不可欠な仕事の遂行のみに限定される――は、労働と労働価値の現在のヘゲモニーに対して、効果的に反撃を加えまた治療を施すことができる。労働が無制約であり過大評価される現状に対して声を上げ異議を唱えることで、このユートピアの中で互いに完全に遮断された労働と非労働《ノンワーク》の二重生活は、われわれに労働の内ではなく労働の外の時間と空間において自由を想像させる。土台と上部構造の注意深い分割は、ジェイムソン自身、いくつかの点で昔ながらの教会と国家の分離に喩えているが、世俗化に向けての強壮剤のように機能する。そして、われわれが、労働の形而上学と労働の生産主義的《プロダクティヴィスト》福音へのほとんど宗教的な献身状態から抜け出すのを助けてくれるのだ。

ユートピア的思考においてこのようにジェイムソンが実践していることとの真価を認めるためには、それが正そうとしている現下の問題の大きさを把握しなければならない。労働はわれわれの生活に対して著しく支配的となり、それに従属しない人生を想像することは困難を伴う。ジェイムソンの描く二重生活のユートピアは、われわれが労働中毒、労働価値の崇拝、労働外の生活を想像する能力の欠落を診断し治療する。労働に身の程を思い知らせ、さらなる労働以外の形で非労働《ノンワーク》を想像することが難しいのには多くの理由がある。マルクス主義的な言い方をすれば、労働を超越した思考を阻む一般的障害とは、再生産の生産への、生活の労働への形式的包摂から現実的包摂への移動と表現しうる。家族、学校、軍隊、監獄、病院のような社会制度の主な基体が、雇用可能性を生産し回復させるものに単純化されるにつれ、経済と社会の伝統的区分は、より一層薄弱となる。また、文化や社会性が投入量《インプット》、産出量《アウトプット》の双方として経済的生産に吸収されるにつれ、労働の時間、空間、関係、活動と非労働《ノンワーク》の時間、空間、関係、活動の間にある境界は、より一層ぼやけたものとなる。そしてわれわれの存在を定義する自由が労働に与えられるのだ。生活を労働に包摂することの、マイナーだが重要な一つの徴候について述べると、「ワーク・ライフ・バランス」という怪しげな概念は、人的資源管理《ヒューマン・リソース・マネジメント》の世界において、「ワーク・ライフ・インテグレーション（統合）」というさらに不吉な目標に置き換わりつつある。[7]

　労働内容や労働と非労働《ノンワーク》の関係を違う形で想像するのを妨げているもう一つの障害がある。それは、労働倫理という現代のヘゲモニーである。崇高な職業や道徳上の義務として、すなわちそれ自体が目的でありわれわれのアイデンティティや社会性の正統な中心として、労働を他の活動よりも尊重する点で、労働倫理は、われわれを現状に固定化する一種の接着剤なのだ。つまりそれは、個人的業績や社会的貢献を求める――私的成長や社会的連帯を求める――われわれの多くの欲望を、賃金関係のケチな条件へと同調させる。労働倫理は、われわれが、欲望する消費者だけでなく、おそらくより重要なことに、志願した生産者――労働のために生き労働を通じて生きることで、資本の目的に奉仕することをほとんど厭わない主体

――でもあると絶賛することで、われわれを仕事へと拘束してしまう。

このような労働エートスのヘゲモニーは、社会機構全体に拡大し、個人の精神へと深く浸透している。われわれの生活を労働に捧げよとする倫理的命令は、社会契約の基本である。それは、われわれが互いに負うものの本質であり、社会的相互関係における主要通貨なのだ。労働の責任は、価値ある市民を測る唯一にして最重要の尺度となる。事実、生産力のある市民はどういうわけか、社会的に責任を負い応答する市民の道徳的等価物となった。労働への忠実なコミットメントや生産性への確固たるコミットメントは、労働倫理によって説き勧められ、今日でも社会的統合の基本的メカニズム、社会秩序の結合組織として有効である。

こういった労働倫理はわれわれの骨身に染み込んでいる。実際、新自由主義の主体件は、労働への起業家的熱狂や生産主義エートスへの忠誠により規定される。メリッサ・グレッグ〔シドニー大学ジェンダー・カルチュラル・スタディーズ学部上級講師、一九七八―〕は、その結果の一部が、多くの労働者が労働に対して持つこれまで以上に親密な関係、そして、彼らが労働に対する愛や献身を記述するために用いるロマンス・ナラティヴにあると述べる。[8] 効率性の価値を内面化してきたため、これらの新自由主義的労働主体は、とりわけ生産性の感情の中に快楽や承認を見出す。[9] これは集合的快楽ではないし、集合的なものの快楽でもない。それはむしろ、深く個別化されかつ個別化する労働倫理であり、ニーチェの遠回しに嫌味な表現――「今日の真の美徳は、あることを他人よりも少ない時間でやってのける、ということである」――にも合致する。[10] クライシス・グループ〔ローベルト・クルツらによって一九八六年に結成されたドイツの急進左派グループ〕の『反労働宣言《マニフェスト・アゲンスト・レイバー》』は、労働価値のヘゲモニーを次のように説明する。すなわち、ある活動の重大性や価値を表したいときはいつでも、われわれはワークという言葉を付け加える。彼らの挙げるリストには、ドリーム・ワーク〔潜在意識を夢の内容に変換させること〕、リレーションシップ・ワーク〔人間関係の困難について第三者と相談すること〕、グリーヴィング・ワーク〔喪の作業〕といった、われわれにとって非常になじみ深い活動が含まれている。しかし「ワーク」の呼称を得るものは、称賛に値する活動ばかりではない。活動そのものがワークの範疇を通して理解され、その優先順位により形成される。彼らが言うには、「テレビ・チェアから立ち上がればすぐに、あらゆる挙動は労働に似た行動に変換される」[11]。またしても、これらの価値は根深く、われわれの意識的生活のみならず無意識の生活をも構造化している。一つの特に印象的な例を引けば、ロブ・ルーカスは最近のエッセイで、いかに彼がＩＴ労働者としてコンピュータの暗号で夢を見ていたかを詳述している。彼が仕事について夢を見ていたというのではない。仕事の原理の中で夢を見ていたのである。彼の報告によれば、「仕事に取り掛かる際に私が用いる反復的な思考パターンや特定のロジックが組み込まれていくようであり、考えるために使うデフォルトのロジックとなっていくようなのだ」[12]。これは、「自らを疎外するものをまるごと飲み込んでしまう疎外」であり、主体の奥底にまで浸透する疎外である。何をおいても——グレッグの言葉を借りれば——労働の親密こそわれわれの精神へと深く潜り込み、批判的距離の達成を妨げるとともに政治的想像を植民地化するものなのである。

クライシス・グループは、労働に対するこの親密な関係の結果を雄弁に物語る。

数世紀にわたり飼い慣らされた後で、現代の人類は労働なしの生活など想像もできない。社会的命令として、労働は狭義の経済の領域を支配するだけでなく、社会的存在全体に充満している。日常生活に入り込み、誰の身体にもしっかり取りついているのだ[13]。

それゆえ、ジェイムソン自身の主張――資本主義の終わりを想像するより世界の終わりを想像する方が簡単だ――に合わせてここで言えば、労働の終わりを想像するより資本主義の終わりを想像する方が簡単かもしれない。

非労働《ノンワーク》の破綻したヴィジョン

労働に対するわれわれの愛着の広さと深さ、それに依存する諸関係、われわれがそこで創作し運用するよう奨励されるアイデンティティを考慮に入れると、どのようにわれわれが、ジェイムソンの表現を使えば「古いシステムの強力な麻酔作用からさめ」うるのかを想像するのはたやすい作業ではない。二重生活のユートピアは、その大部分が労働とは無縁に存在するものであり、今日さらに包容力と親密さを増す労働世界に苦しむ者たちへの説得力ある批判と治療法を提案する。そうは言っても、思うに二重生活のユートピアは、生活が労働に包摂された現状に対して実質的代替案を示す啓発的ヴィジョンというより、批判的教育法として大きな効力を持つ――これは、「アメリカのユートピア」の以上の側面をしっかりとジェイムソンのユートピア作品群の伝統の中に位置づけただけの結論である。そうであれば、非労働《ノンワーク》の積極的内容を想像するという難問は、依然として未解決である。しかし労働やその価値に限界が無いときに、どのように労働のコードの外で夢を見ることができるのか。労働について違う考え方をする際にわれわれが直面する深刻な障害のさらなる証拠として、私は別のアーカイヴを手短かに調べたい。これは、労働の向こう側に生活を考え出そうとする不十分な試みの集積である。

非労働《ノンワーク》の想像の失敗を記録したこの極めて不完全なクロニクルは、三つの見出しから編まれることになる[14]。第一の見出しは、労働が生産的活動ならば非労働《ノンワーク》は非生産的活動だという具合に、想像力の対立論理を通して非労働《ノンワーク》を考えるものである。最も分かりやすいのは、唯一想像される非労働《ノンワーク》の在り方が怠惰によって規定されるときかもしれない。仕事がなければベッドから起きる理由もソファから立ち上がる理由もなくなるのではないかという、あのたびたび声に出される恐怖がそうである。もし活動そのものがあまりに厳密に労働と同一視され労働に還元されるのであれば、非労働《ノンワーク》はその不在により、純粋な怠惰として定義される。私の考えでは、フランコ・ベラルディ〔イタリア人マルクス主義理論家、活動家、一九四九―〕が「無慈悲な生産性」という新自由主義の命令に反対して「急進的受動性」の様式を最近擁護していることや、アイヴァー・サウスウッドが強制的積極性の文化への解毒剤として批判的否定性の異化能力を支持していることの背後には、これと同じ想像の論理が原動力としてある。[15] ジョナサン・クレーリーは、その著書『24/7――眠らない社会』の中で、睡眠は代替案の雛形とともに資本主義への限度をも設定しうると主張しているが、この主張は、以上の一般的範疇のうちに収まる。前述した例と同様、クレーリーが睡眠を好む一つの理由とは、価値がそこから搾取されえないからである。しかしもっと有望なのは、彼が詳しく説明する睡眠のさらなる二つの長所である。その一つは、次のような彼の主張にある。すなわち、われわれは睡眠を私的かつ個人的経験として捉えているが、より正確にはそれは、「わたしたちが自らを他人のケアへとゆだねていくわずかに残された経験のひとつ」であり、つまり攻撃されやすいゆえに他者に依存した状態、あるいは「個体からの」一時的「解放」状態でさえあると特徴づけられる。[16] 代替的想像界《イマジナリー》の一部としての睡眠の第二の美点は、クレーリーによると、このカテゴリーが二つの形式における夢を含むことである。彼にとって、後期資本主義の年中無休という時間性が過去と未来の双方に対する現在の勝利を表象するのに対し、夜の夢はわれわれが過去にアクセスすることを許可し、白昼夢はより良い未来の可能性を考えることを許可する。ルーカスは労働の暗号で見た夢について悲観的に話していたが、クレーリーは睡眠の定義や可能性について興味をそそる議論をしている。にもかかわらず、私は断言したいのであるが、睡眠――積極的覚醒や非生産性のパラダイムの反対物としてのそれ、またクレーリーはこの見方に反対だが、資本主義文化の外にある自然に置かれるものとしてのそれ――は、労働社会を超越した未来を想像するための手段というより、労働社会を反作用的に反転させたものである。

　第二の定式では、非労働《ノンワーク》は労働の裏面ではなくその鏡像として考えられる。今われわれは職場や自宅で同じことを同じ時間かけ、ただし違う条件の下で行っていると記述される場合である。すなわち、勤勉な創造性の時間という見方である。この非労働《ノンワーク》の想像界《イマジナリー》は、対立の論理ではなく連続の論理によって支配される。ここで私が特に思い浮かべるのは、左翼が怠惰の罪や消費の下品な娯楽から非労働《ノンワーク》を遠ざけるため非常に真剣な努力を重ねてきたということである。ヤン・エルスター〔ノルウェー出身の分析的マルクス主義者、一九四〇―〕やマイケル・ウォルツァー〔米国の政治哲学者、一九三五―〕のような著述家はわれわれに次のことを確信させてきた。共産主義下で変容した労働は、受動的で、つまらない、快楽主義的な気晴らしや放縦ではなく、目標指向の、規則に支配された、目的のある行動を伴うものとなるだろう[17]。だから非労働《ノンワーク》の第二の観念――創造的勤勉――の限界とは、労働倫理が労働の本質として称えるような一意専心、自己規律、価値ある結果という観点でそれがしばしば表現されるという点にある。それゆえ、あるマルクス主義的説明によれば、搾取も疎外もない労働の達成は、われわれの生活における労働過程そのものや労働の役割を改める問題というより、生産関係を改める問題なのである。そうであれば、「今われわれが知る労働ではない」というそのヴィジョン自体、われわれが知り過ぎるほどに知っている労働とほとんど変わらなくなる。また、勤勉な創造性というこの第二カテゴリーに、私は労働に対する別の注目すべきオルターナティヴ、すなわち遊びを含めることにしたい——少なくともこの遊びが、規則に縛られた有益な創造性のもう一つの代用として提供される限りにおいて。かつて遊びは産業労働のモデルにとって他者として機能していたかもしれない。しかし今日、遊びは——「ファンサルタント」〔全従業員をよりポジティヴにするための助言を与えるサーヴィス〕が雇用者に売るそのひどいコピーまでも——経営のレジームに編入され労働の一部として再編されているため、代替的想像界《イマジナリー》を生み出す能力は衰えている。価値の高い（と思われる）従業員を持つ雇用者が、従業員の創造力を鼓舞すると同時に自らがそれを利用するのを正当化するため、彼らに懸命に働くと同時にそれ以上に懸命に遊ぶよう奨励する姿を目にすることは、今日ではすっかり日常的である。以上の点からは、遊びは、労働を想像する今日の方法を変質させるものというよりそれと連続的なものである。

　非労働《ノンワーク》を想像する試みの第三セットは、それが内側を外側と間違えるために限られたものとなる。つまりそれが既存の労働世界の外側の立脚点として提供するもの自体、その内側にしっかりと腰を落ち着けているのである。仕事以外の時間が増えればわれわれは自分たちの時間を買い物で浪費してしまい、さらに深く商品フェティシズムに陥るだろうという警告がよく繰り返されるように、生産の否定的オルターナティヴとして典型的に仮定される消費は、この範疇のうちに収まる。生産と消費はここで対立的に想像されているが、それらは同じシステムの裏表に過ぎない。われわれの情熱や活動を貪欲の中へ沈めてしまうものとしてマルクスが特徴づけるものが、労働者の主体を構築する上で中心的になっているのだ。(18) 消費者の満足への現下の欲求とは、彼の言葉で言えば、「蠅がもち竿におびきよせられる」ような欲求であり、つまり、生活するためにせっせと働き続けるようわれわれに求めるシステムそれ自体にとって機能的でしかもそれと共謀するような欲求なのである。(19) この第三グループの中には、仕事疲れを癒し仕事の準備をする時間として伝統的に理解される余暇を含めることもできる。余暇と労働の関係は、休暇という観念において特に明らかである。この観念は、賃金労働者とその家族をしばしの間仕事と家庭から解放することで、彼らに対する報酬として、また彼らを回復する手段として構築されている。このような労働のための非労働《ノンワーク》には、われわれの労働をグレードアップするための余暇が含まれる。これは、十九世紀に、道徳的美徳を育むため労働者階級にもっと「精力的な余暇」を与えよという声が上がったのと同様である。二十一世紀に入ってからは労働者が、自身のネットワークつまり仕事仲間を拡大して雇用可能性を高める時間を必要とすることも承認されている。[20] 消費と同じく、この伝統的意味における余暇は、経済的生産や主体構築の既存システムを再生産する機能を果たすのだ。最後に、労働時間のオルターナティヴとして家族時間を提案する者も、内側にある外側を想像しているのだ――あたかも家族制度が、生産的労働に必要な再生産労働の組織化と配分のためのメカニズムではないかのように。あたかも家族が、労働の所得分配機能を補う形で働くことはないかのように。あたかも家族イデオロギーが、労働倫理の禁欲主義的理想と深く結びついてはいないかのように。要するにあたかも、家庭が労働の場ではないかのように。これらの例では非労働《ノンワーク》のモデルはすでに労働に組み込まれているのだ。

要約しよう。第一のケースでは非労働《ノンワーク》は非生産的であるとされ、第二のケースでは別の仕方で生産的であると示され、第三のケースでは労働者の主体を再生産するものと見なされる。第一のケースでは非労働《ノンワーク》は労働の他者であり、第二のケースではそれは双子の一方、第三のケースでは労働の補完物である。第一の例は想像力の対立の論理を用い、第二の例は連続の論理を用い、第三の例は、想像力が克服しようとするものから引き出された想像力を用いる。これらは非労働《ノンワーク》のカテゴリーに見えるかもしれないが、どれも生産性の想像界《イマジナリー》あるいはそれをもたらす主体のモデルを免れていない。私が主張したいのはこういうことだ。労働の拒絶というこれらの観念が依然として労働倫理の影響下にあるため、それらが創り出す非労働《ノンワーク》のモデルも、われわれの知る労働の軌道のうちにしっかり固定され、その引力からずっと遠くへわれわれを押し出すことができない。

ジェイムソンの以前のテーゼに戻れば、以上の想像力の失敗はそれ自体が教訓的であるというもっともな論が成立する。彼の主張によると、政治的想像力の失敗に直面することは、われわれが、本当はどこまで現在へ感情的執着を抱いているのか、本当はどこまで現在とイデオロギー的に共謀しているのかを、よりよく認識する手助けとなりうるのだ。ここでの私の意図のためその洞察を借用すると、非労働《ノンワーク》の想像の失敗は、われわれが労働に対する批判的理解を深める手助けとなるかもしれない。またそれは、非労働《ノンワーク》を想像する能力の欠如のみならずポストワークの未来のユートピア的想像に対する恐怖や抵抗に立ち向かう機会を提供するかもしれない。この恐怖とは、個人的無為や集団的無規律という妖怪がとりわけ巧みに生じさせるものである。

私は、次の発想に比べれば、非労働《ノンワーク》の想像という難問への以上の態度に同情を感じる。その発想とは、経験例を使えば問題を解決しうるというものであり、慣行を参照すればより具体的に非労働《ノンワーク》の時間の可能性を想像することができるかもしれないという考えである。なぜなら、われわれの知る労働を越えて想像することが難しいのは、われわれが現在の労働の実際的、イデオロギー的、主観的要求に圧倒されてしまうせいだけでなく、既存の雇用世界を知らないために、非労働《ノンワーク》の有望な見本を見つけることができないせいでもあるからだ。労働社会に関するわれわれの認知地図《コグニティヴ・マッピング》は、導き手として悲しいほど無力である。われわれは自身の仕事について知りたいと思う以上に知っているかもしれないが、他の仕事の経験や状況に関する知識はきわめて限られているのだ。労働の抽象化、つまり具体的労働の多様性を労働一般に組み入れることは、種々の形式の労働が持つ特質に対してわれわれを鈍感にする。労働倫理はいかなる賃金のいかなる仕事も評価することを教える。つまり、いかなる雇用も生産的雇用であり、道徳的実直の表れであると考えられる。こういうわけで政府の雇用創出イニシアティヴは、どういう仕事が創られるのかについて滅多に言及しないのだ。労働社会の実行可能な海図が不在の中、われわれの航行可能な座標は、われわれが直接的、間接的に知る狭い範囲の仕事に限定されてしまう。すなわち、主に自身の階級分派のために備えてある雇用の大きな蓄えのうちごく小さな部分へと限定されるのである。現在われわれがほとんど知らないものを超えた未来を想像するというのは、まず不可能である。

非労働《ノンワーク》の生きた見本を得る可能性は、歴史がわれわれの現在への視界をしばしば遮ることからも阻害される。われわれは、労働の過去――より大きな労働世界の典型として示される多くの例が持つ回顧的でノスタルジックな内容で明かされるもの――からも逃れられない。共産主義の下では、朝は狩り、午後は釣り、夕方は牧畜、夕食後は批評をして一日を過ごすという、かの有名なマルクス主義の見本を想起せよ。テレル・カーヴァー〔米国出身の政治理論家、マルクス主義研究者、一九四六―〕が主張しているが、『ドイツ・イデオロギー』にあるその部分の草稿からすると、同セクションを書いたのはエンゲルスで、そこにマルクスが補足をしたらしい。マルクスは、ユートピア的社会主義者が提示した過去の牧歌的ヴィジョンの皮肉なパロディとして、その部分を強調しようとしたのだ[21]。時代遅れの見本は後の産業時代にも生き続け、職人技や手工業の労働のイメージが労働者を表象するのに使われた。さらにポスト・フォーディズムの今日でも、労働が取り上げられたり、慢性的な失業者や不完全就業者が自らを改良する方法として新聞の求人広告が出されたりするとき、フォーディズムの会社員の姿がよく喚起される。

労働との根本的に新しい関係性を思い描く際の、また、過去や現在に非労働《ノンワーク》を求めるのではなく異なるモデルを使って非労働《ノンワーク》を想像する際のこれらの障害に鑑みると、そういうものへのわれわれの想像力は、未来へとしっかり向けることがより有益だろう。それについて、取り戻したり守ったりすべきものではなくむしろ創り出すべきものとして考えるためである。だがここで、おそらくポストワークの思弁にとって最大の障壁にぶち当たる。つまり、自分たち自身が個々人として消滅することへの恐怖である。ジェイムソンはこれについて他の所で書いており、まさにこのユートピアの恐怖とは、違う状態になることへの恐怖であると述べている。すなわち、「変容の流れの中で失うことに耐えなければならないものを前にした、徹底した不安である。その変容はあまりに勢いが強いので――想像の中でのことではあっても――今ある情や習慣や営みや価値観を無傷で残すとは考えられないのだ[22]」。われわれは、自身を主体として構築するための条件がラディカルに変容することに耐えられないだろう。この形式の反ユートピア的抵抗は、個々の自己を存続させるコミットメントとして、完全に字義通りの意味における自己保存の欲望から生じる。今日われわれが作るように期待されている、労働との親密な関係や労働価値を考慮すれば、ポストワーク社会の見通しは、こうした線に沿った特に強い抵抗を引き起こしうる。

ポストワーク・セラピー

ジェイムソンは次のように主張している。「反ユートピア主義に対して議論ではなく治療でこつこつ立ち向かうのだ。今日、あらゆるユートピアは反ユートピア的恐怖の精神治療として、それらの恐怖を白日の下にさらさねばならない。そうすれば悲しい情念が目のくらんだ蛇のようにのたうちまわることだろう」。この最後のセクションでは、ユートピア的想像の新たな実践を築くために、最新作「アメリカのユートピア」も含めたジェイムソンのより大きなプロジェクトを参考にする。ジェイムソンの説明に従えば、このあまりに実際性を欠いた実践は、反ユートピア的な恐怖や不安の治療を意図したものである。この治療法は、とりわけわれわれが個々人として存続し得ない未来に対する不安、主体として崩壊する恐怖を暴露し増殖させることに専念する。ユートピア的思考の治療能力は、ユートピアの形式と実質的内容双方における批評的性質とインスピレーション的性質が混合することにより生まれる。しかし「アメリカのユートピア」を読むのに用いた解釈実践と同様に、私は、ユートピア的内容の文字通りの表象よりもその実践が持つ形式の潜在的効果の方に関心を向けたい。このようなポストワークの思弁に貢献するため、私はマルクス主義の伝統に立ち返り、そのユートピアのテクストから二つを手短かに検討することにする。一つは初期マルクス、もう一つは第二波フェミニズムのシュラミス・ファイアストーン〔米国のフェミニスト、一九四五―二〇一二〕のものである。

『経済学・哲学草稿』の「人間の欲求の意味」と題されたセクションにおいてマルクスは、非労働《ノンワーク》時間の過ごし方やポストワークの自己を創り出す方法をいかに考え始めたらよいかという点について示唆に富む見解を示す。それにあたりマルクスは、今われわれの抱える欲求を満たしうる時間として非労働《ノンワーク》を捉えるのではなく、新たな欲求の可能性との関係でそれを捉えるのである。ブルジョワ経済学を告発する中で、マルクスはそれを、まるで価値にとらわれない科学、自らの道徳的理想に従って労働者を形成する「禁欲の科学」であるかのようにふるまう道徳的教義であると説明する。曰く、「自制、つまり生活とすべての人間的欲求との断念が、その主要な教義である[23]」。こうして国民経済学者は、われわれの欲求――食料や家への欲求から活動、快楽、社交への欲求まで――を実用的最小限に減らすことで、人類を労働者に仕立てるのである。

この労働社会モデルの中でわれわれは労働者としてどのようになるのかを説明するマルクスの記述には、

感覚の疲弊や「鈍感になった快楽への感受性」への言及が含まれる。[24] 感情的能力や社交様式も同じく縮小される。なぜなら「経済的であろうとする」なら、「一般的な利害へと参与するとか、同情するとか、信頼するとか等々、そうしたすべてのこと」を自ら節約し、私利私欲を恣にすべきだからである。経済的主体となることは、今日われわれの雇用可能性として言及されるものにうまく対処することを意味する。この経済倫理に従えば、「君は君の持ちものであるすべてを売れるように、つまり有用化するようにしなければならない」。[25] 勤勉の倫理を説き、「あれもこれも欲しい／受けたい気持ち」を貶す連中とは異なり、以上の見立てからは問題が、われわれがあまりに多くを求め望み過ぎる点にあるのではなく、あまりに少ない欲求と小さい欲望しか持たない点にあることになる。

特筆に値するのは、マルクスの同テクストにおける批評が、消費快楽に対するお決まりの禁欲主義的非難の例ではないということだ。われわれを資本主義労働社会の倫理的主体へと変えてしまう教訓についてマルクスが嘲りながら描写しているのを考えてみよ。

食べたり、飲んだり、書物を買ったり、劇場や舞踏会や料理屋へ出かけたり、考えたり、愛したり、理論的に考えたり、歌ったり、絵をかいたり、フェンシングをしたりすることなどが少なければ少ないほど、それだけますます君は節約しているのであり、それだけ紙魚にも埃にも蝕まれない君の財貨、君の資本が大きくなる。[26]

このように、行動、存在、共同生活の多様な形式は、所有に従属させられるのだ。マルクスは右の助言を要約して言う、「君がより少なく存在すればするほど」「それだけより多く君は所有する」のであると。[27] 注意すべきは、できるだけ控えるように忠告される類のものとしてマルクスがリストに挙げたものは、非生産的怠惰、生産的創造性、再生産的余暇としてわれわれが評価しそうなものでは必ずしもないということだ（非労働《ノンワーク》の想像の失敗として私が前述した三つの例を想起せよ）。それどころか、われわれの欲求に着目して――その質、量、増大、減少をめぐって――批判的分析を行うことで、彼はそういう活動や経験が生産的であるか非生産的であるかという問いを避け、その代わりにそれらがわれわれの主体性に及ぼす影響はいかなるものか、われわれは何者になるよう奨励され何者になれるのかといった問いを強調しつつ、存在論的次元に関する問題を提起するのだ。

強調しておきたいのだが、私がこの読みから取り上げたいのは、国民経済学者が警告しマルクスが是認する非生産的、非再生産的気晴らしの具体的内容そのものでは必ずしもない。（おそらくフェンシングが好例を示している。）以上のリストに加え、同セクションのもっと後でマルクスは、われわれが新しい欲求をいかに創り出すかを示す例として、他のものにも一瞥を加えている。そこで彼は、プロレタリア活動家が政治的行動のために労働者として結集するとき、新しい「社会的結合の欲求」、ある形式の社交に対する欲求が強くなるとともに、存在の別の様式が現れる経緯を説明する。ここにいう社交とは、労働の資本主義的分業を通して編成されるものではなく、初めに反資本主義のために彼らを労働者として結束させたような社交性とも異なる。活動家が結集するとき、そのプロセス、その組織化の手段や方法――マルクスは「社会的結合」「団結」「懇談」をリストに挙げる――はそれ自体が目的化する。(28)「営利、労働と節約、分別」の倫理的理想との関係で構成される倫理的主体とは対照的に、われわれはこういう例から、新しく豊かな人間的欲求を開拓する機会として、未来の軌道の上で非労働《ノンワーク》を考えるよう求められているのだ。(29)

経験例を越えて思考するため、回復すべき内容ではなく創造すべき可能性として非労働《ノンワーク》を想像するため、これまでマルクスを参考としてきたが、以下ではさらに理解を深めるため、ファイアストーンへと目を向けたい。私にとって特に興味深いのは、一九七〇年の偶像破壊的傑作、『性の弁証法——女性解放革命の場合』の最終章である。その中でファイアストーンは、彼女がふざけて言うところの「危険なユートピア的」提案に関する思弁をはっきりと擁護し、そのプロジェクトに貢献するため、サイバネティックでポスト家族的な共産主義のヴィジョンを提供している。彼女は詳細な計画らしきものは一切提供しない。彼女のわざと「素描」的な提案は、「実際の活動を示すよりは、むしろ新しい領域へと思考を進める際の媒介を与える」ことを意図する。[30] われわれには「人類の生産と再生産の双方に対する関係の本質的変化」が必要であると主張しつつ、彼女は二つの提案を出す。すなわち、ポストワーク共産主義への第一歩としてのベーシック・インカム保障、そしてポスト家族的世帯《ハウスホールド》形成への多様な選択肢である。[31] ここでもまた私に最も興味を抱かせるのは実例ではない。他のユートピアと同様、このユートピアも先見的であると同時に時代遅れでもある。ファイアストーンが最も挑発的でないのは、同時代の実例を参照するときであることは特筆に値する。その実例とは、家族の代わりとなりうる、あるいはそれに発展しうると彼女が考える種子であり、彼女はそれをつねに引用符付きで「共同生活《リヴィング・トゥゲザー》」と呼んでいる。

むしろ私は、ユートピア的思索における彼女の実践の第三要素にスポットライトを当てたい。それはわれわれの知るジェンダー・アイデンティティ、セクシュアル・アイデンティティを超越した世界のヴィジョンである。彼女は宣言する。「女性解放革命の最終目標」とは、「初期の女性運動の目標とは異なって男性特権の廃止にとどまらず性の区別そのものの廃止にある。人間の生殖機能の相違はもはや文化的にはあまり重要ではなくなるであろう[32]」。この特殊な形式のフェミニズム的反アイデンティティ主義は、今のフェミニズム理論では珍しい。これもまたファイアストーンをここで再読すべき理由である。このジェンダーレス・ユートピアの内容を魅力的と感じる者もいればそうでない者もいるだろうし、ファイアストーンがジェンダーの衰滅を叫びつつ自身のジェンダーに深くコミットする姿勢に教訓を見出す者もいればそうでない者もいるだろうが、それでもこの実践の形式は重要であると私は思う。マルクスよりさらに深く、ファイアストーンは主体性の根本的変容がわれわれのものではないことを理解していた。私の読解によれば、マルクスが、徐々に創造すべきものとして未来の軌道に沿って非労働《ノンワーク》について考えるのを助けてくれるとすれば、ファイアストーンは、非労働《ノンワーク》の未来がわれわれの未来とはならないだろうとする洞察をそこに加えているのだ。未来を考えるには、われわれの欲望、主体、社会性の構造が消滅するのに十分な期間の中で、われわれ自身を越えて考える必要がある。ポスト個人の時間性を支持する一環として、ファイアストーンは私的変化の規範主義的政治には警告を発し、個人的変化よりもむしろ集団的かつ構造的変化を要求する。彼女は次のように主張する。

> 特別の感情的欲求を中心にしてすでに基本的なものが形成されてしまっている精神構造の中に、そうあるべき論理を押しつけるのは実際的なやり方ではない。(…)たとえわれわれが生きている間には不可能であっても、最終的には、われわれの性心理の抜本的再構成(あるいは、破壊というべきか)を目指して、われわれの精神構造を生み出した社会構造の変革に力を集中した方がよいであろう。[33]

われわれはこの変化の対象ではなく、この未来の主体でもない——仮にその媒介者の一部であるとしても。彼女がわれわれに求めるのは難しいことである——われわれの未来ではない未来のために考え、望み、闘わなければならないのだから。一方では、政治活動に従事するために、われわれが欲するかもしれない異なる未来を切望し想像する必要がある。他方では、その世界の主体とはならないだろうし、なることもできないだろうということをわれわれはまた認めなければならない。

　このように実践の形式はわれわれにポストワークの未来の内容を想像し始めるよう要請する。労働倫理の経済的、感情的禁欲主義に対抗し、労働世界を超える豊かなケア、社交、快楽、活動、欲望、感情を育てていく方法を考えなければならない。その上でわれわれは、自分たちのものであるが自分たちのためではないものとして未来を想像するのを厭わなくなる方法を学ばなければならないのだ。

10 想像力の種子

スラヴォイ・ジジェク

現代の文学、映画理論は、「想像力の種子」、すなわち、芸術作品の虚構宇宙を生み出す起点に関する観念を練り上げてきた[1]。この幻想の核は、基本的プロットや主人公やそうしたいかにも当てはまりそうな単純なものではない――それは通例、最終的な産物の中には見出されない要素なのだ。たとえば、ヘンリー・ジェイムズの傑作『大使たち』は、父が死んだと知った後でヨーロッパから合衆国に帰ったアメリカ人という発想から生まれている。ヒッチコック映画の「想像力の種子」は普通、物語的要素でさえなく、シーン、ショット、ジェスチャーなどの形式的モチーフである。おそらく哲学の革命も同じように進行する。その「想像力の種子」、つまり、革命の過程を引き起こす特定のトピックや行き詰まりは、通例、結果的にできる新しい構成物の中には見出されない何かである。カントの超越論的転回の「種子」は、幽霊に関する彼のこだわり、スウェーデンボルグの神智学を拒否しようとする彼の試みだった。ヘーゲルの成熟した弁証法の種子はイギリスの国民経済学だった（ゲオルク・ルカーチが『若きヘーゲル』で示したように）。そうした「種子」は偶然的で、止揚される平凡な出発点は、新しい思考形式が成立すると忘却されるかもしれない。あるいはそれらは重大で、理論的構成物の「抑圧された」次元を指示するという症候的価値を持つ場合もある。あるいはその両方かもしれない――つまり、それらの偶然的起源こそがそれらの症候的ポイントかもしれない。今日のラディカル左翼に必要なのは、共産主義社会の新しいヴィジョンを持てるようにしてくれるだけでなく、われわれの後期資本主義社会における恐るべき想像力の貧困化から抜け出せるようにもしてくれる、そうした「想像力の種子」なのだ。

二〇一五年七月から九月まで、米国南西部で「ジェイド・ヘルム15」――大規模軍事演習――が行われるという発表があったとき、この演習は、憲法にもろに違反してテキサス州に戒厳令を敷くという連邦政府の陰謀の一部ではないかという疑惑がすぐに生じた。この陰謀パラノイアには、チャック・ノリス〔米国の武術家、俳優、政治評論家、一九四〇―〕に至るまで常連がみんな参加した。一番狂っていたのはウェブサイト「オール・ニューズ・パイプライン」で、演習によってテキサス州のウォルマートがいくつも閉店すると言った。これらの巨大なストアは、やがて、「食料配給センター」として使用され、中国からの侵略軍本部になってしまうのだろうか。中国軍は、オバマ大統領がホワイトハウスを去る前のミシェル・オバマとの約束に従ってアメリカ人を一人ずつ武装解除しに来るわけだ(2)。

この事件をより不吉なものにしたのは、テキサス州共和党の主要な政治家の不可解な反応だった。グレッグ・アボット知事はテキサスの州兵に演習を監視するよう命じ、テッド・クルーズ上院議員は国防総省から詳細な情報を要求した。これほどあからさまに「不合理」なことがどうして起こりうるのか。エズラ・クライン〔米国のジャーナリスト、一九八四―〕にとってその究極の理由は、党派性は自分の仲間への愛よりはむしろ敵に対する憎悪と恐怖によって突き動かされるから、というものである。テキサスの保守派はオバマへの憎悪にひどく駆り立てられているため、中国によるアメリカ南西部の乗っ取りをオバマが実際に手助けしたがっているといつでも信じてしまえるのだ。もちろんテキサス州共和党の主要な政治家は、こんな狂った陰謀説を進んで公式に採用するわけではないが、それでも、有権者の中の熱狂的反オバマ分子との連帯を示したいと思うのだ。(3)

この無気味なパラノイア的構築物をどのように読んだらよいだろうか。そのイデオロギー的備給は明らかにあいまいである。一見すると、これは、抑圧的国家装置へのまったく正当な不信がポピュリスト的に歪曲されたものであるのは間違いない。けれども、これを、米軍にある意外な解放的ポテンシャル――この本で議論されるジェイムソン論文のトピックだ――への正しい洞察を練り上げたものと読むこともできる。このようなアイデアがわれわれには不吉な奇想にしか見えないという事実は、オルターナティヴを想像するわれわれの能力の宿命的限界を証し立てているのだ。ところで、最近の科学報道によれば、未来のバイオテクノロジーを使うと囚人の精神にトリックをしかけて千年間服役したと思わせることができるらしい。時間はずっとゆっくり過ぎると囚人に思わせる薬が開発されるのだ。レベッカ・ローチ〔英国の哲学者〕によれば、

人々の時間感覚を狂わせる向精神性医薬がいくつもあるのだから、千年間服役したと感じさせるような丸薬や液体の開発を想像してもよい。二番目のシナリオは、人間精神をコンピュータにアップロー

ドして、精神が働く速度を速めるというものだ。加速が百万単位でなされるなら、千年間の思考も八時間半で完遂されるだろう。囚人の精神をアップロードして通常より百万倍速く動かせば、彼は千年間の刑期を八時間半で終えられるだろう。もちろんこれは、囚人の寿命を延ばして実際の時間で千年間服役できるようにするよりも、納税者にとってははるかに安くつく。(4)

ここで議論に倫理的ひねりが加えられる。

誰かをたった一つの人生の大半にわたって監禁するのは本当にオーケーなのか、それとも、彼の脳をいじって解放してやる方が人間的だろうか。このように問うとき、目標は単に未来の刑罰を想像することではない――目標は未来のレンズを通して今日の刑罰を見ることだ。(5)

だが、十分間のセックスを何百年間も経験できるというような反対向きの介入はどうなのか。時間が両方向に完全に操作可能で、十年間の服役がたった十分間に感じられるような人生はどうなのか。そのように時間的に操作された人生はどのように見えるのか、そしてどのように経験されるのか。つまり、われわれの時間感覚の操作可能性の帰結を、服役をより生産的なものにするかどうかという線にだけ沿って想像するのは、未来に対するわれわれの想像力の貧困と限界の極端な例ではないのか。この限界は、批判的ディストピアにも明瞭に感じられる。最近大ヒットした映画や小説(『エリジウム』、『ハンガー・ゲーム』)に多いディストピアは、見たところ左翼だが(極端な階級格差のあるポスト黙示録的社会を提示している)、想像力に欠け、単調で、政治的に間違ってもいることを強調するジェイムソンは正しい。こうした想像力の貧困の極端なケースがもう一つある。ドイツの、シオニズム支持で反ドイツの左翼は彼らの計画書にこう書いた。共産主義が到来し、それによってナショナル・アイデンティティが解消したならば、ユダヤ人は、彼らの極端な苦難を理由に、ナショナル・アイデンティティを放棄する最後の者たることを許されるだろう、と。これほど倒錯した考え方を想像することができるだろうか。ここで前提になっているのは、共産主義はわれわれの貴重な特質を犠牲にするので、ユダヤ人には特別な配慮が与えられエスニック・アイデンティティをほんの少し長く享受することを許されるべきだ、ということなのだ。

転覆の試みすべてをすぐに包摂してしまうグローバル資本主義の完全な勝利という荒涼としたイメージは、それ自体がイデオロギー的想像力の産物である。これによって、グローバル資本主義の核心にたくさんある新しいものの印にわれわれは盲目になってしまう。たとえば、『限界費用ゼロ社会』〔柴田裕之訳、NHK出版、二〇一五年〕において、ジェレミー・リフキン〔米国の経済学者、一九四五―〕は、モノのインターネット（IoT）の出現とともにわれわれが財とサーヴィスをほとんど無料で享受する時代に入りつつあることを記述している。グローバルな協働型コモンズの勃興が資本主義を失墜させるというのである。資本主義の核心には、それを偉大なものにしたが今や死へと向かわせているパラドックスがある。つまり、生産性を上げて限界費用を下げる、競争的市場に固有の事業家的ダイナミズムにより、企業は消費者と市場シェアを獲得するために財とサーヴィスの価格を低減するのである。（限界費用とは、固定費をカウントしない場合、財やサーヴィスの増加分を生産するための費用である。）経済学者はいつも限界費用の低減を歓迎してきたが、限界費用をほとんどゼロにするかもしれない技術革命の可能性を予期したことは決してない。そういう革命は財とサーヴィスを、価格がなく、ほとんど無料で、ありあまった、そしてもはや市場の力に従属しないものにするのだ。

近い将来、限界費用がほとんどゼロの状態に経済生活の大きな部分を押しやる可能性を秘めた、恐るべきテクノロジー・インフラが今や登場しつつある。コミュニケーション・インターネットが、生まれつつあるエネルギー・インターネットとロジスティックス・インターネットと合わさって、すべてのものとすべての人を結びつける新たなテクノロジー・プラットフォームを創り出そうとしている。何十億ものセンサーが、天然資源、生産ライン、配電網、ロジスティックス・ネットワーク、リサイクル・フローに取り付けられ、家庭、会社、商店、乗り物、そして人間にすら埋め込まれつつあり、ビッグ・データをグローバル情報ネットワークに供給している。人々はネットワークに接続し、ビッグ・データ、分析、アルゴリズムを使用することができる。効率を加速化し、生産性を劇的に増大させ、広範囲の財とサーヴィスを生産し共有する限界費用をほとんどゼロにまで低減する――ちょうど今、情報財に関してしているように――ためにである。限界費用のこの低落は、一部は資本主義市場で一部は協働型コモンズであるような雑種経済を生み出しつつある。人々は、情報、娯楽、環境に配慮したエネルギー、3Dプリントされた製品を、限界費用ほとんどゼロで作って共有している。彼らは、車、家、衣服その他を、ソーシャル・メディア・サイト、レンタル店、リサイクル・クラブ、協同組合を通じて、低いかほとんどゼロの限界費用で共有している。学生は、限界費用ほとんどゼロで機能している無料オンライン講座に登録している。事業家は、生まれたばかりの共有経済で代替通貨を創り出すだけでなく、新規企業に融資するために銀行を回避して「クラウドファンディング」を使用している。この新世界においては、社会資本が金融資本と同じくらい重要で、アクセスが所有権を打ち負かし、持続可能性が消費主義の地位を奪い、協働が競争を追い出し、資本主義市場の「交換価値」が協働型コモンズの「共有可能価値」にぐんぐん取って代わられている。資本主義は残存するだろうが、主にネットワーク上のサーヴィスと債務履行の統括者としてだろう。われわれがますます相互依存するグローバルな協働型コモンズ（実質的に、「共産主義」のぎこちない翻訳に聞こえる語だ）でともに生きていくことを学んでいる、市場を越えた来たるべき社会において、それは力強い局所的なプレイヤーとなるであろう。

けれどもここで、われわれはデジタル時代の大いなる対立関係の一つに遭遇する。ユートピアの希望を支えるまさにその特質が新しい形態の疎外をも支えるのだ。問題は、ウェブの純粋な同時性（われわれはみな同時に接続しているように見えるので、物理的現実としてどこに位置していようが関係ない）と、ウェブの物質性の痕跡として残存するわずかな時間性との間の極小の時間差にある。『フラッシュ・ボーイズ』〔渡会圭子、東江一紀訳、文藝春秋、二〇一四年〕でマイケル・ルイス〔米国のジャーナリスト、一九六〇―〕が暴露したように、この微細な時間差を高頻度トレーダー（ＨＦＴ）が利用して、何十億ドルも稼ぐ。[6] 超速コンピュータとブローカーをつなぐ光ファイバー・ケーブルを使って、ＨＦＴは通信を傍受し、買い注文を出し、より高い値で株を買い手に売り戻し、そして差額を手にするのだ。株を買うブローカーから見るとこの過程は次のような感じだ。彼は画面の前に座り、受け入れ可能なオファーを見て、「イエス」ボタンを押す。わずかに高い値になるが、それで取引は瞬時に完了する。彼が知らないのは、「イエス」ボタンを押してから取引が完了する（彼には瞬時にそうなると思えた）までの千分の一秒の間に、ＨＦＴのコンピュータ（特殊なアルゴリズムで作動する）が彼の「イエス」を探知し、オファーされた値で株を自分で買い、わずかに高い値で彼に売り戻した、ということだ。時間差は極小なのでその全過程が気づかれない。こういうわけでＨＦＴは、シカゴからニュー・ジャージーまで山や川を越えてゆく八二七マイルのケーブルを密かに設置したのだ。これによりデータの移動時間は一七ミリ秒から一三ミリ秒に縮小した。また、ニューヨークとロンドンの間の取引でもうけたい者たちを五・二ミリ秒分有利にする大西洋横断ケーブルも目下設置されつつある。

『フラッシュ・ボーイズ』が出版されてから、いくつもの規制機関が行動を起こした。司法省、FBI、証券取引委員会、金融業規制機構が、インサイダー取引やその他のウォール街の規則に違反した疑いでHFTの会社や取引を捜査した。他人より数ミリ秒先に取引データを受け取ること――それがHFTの存在理由だ――は形式上合法なのに、なぜこんな抗議が起きたのか。理由は明白である。HFTがやっていることは次のことを証明している。株式市場は、先端を走るトレーダーが有利になり、他のプレイヤーたちが接続が遅いために騙し取られるよう細工されていて、その結果、開かれていて透明という株式市場の大切なイメージが台無しになってしまうのだ。だが別の理由もある。HFTのスキャンダルは、株式市場の排他的なインサイダーたちが、より良くより速い情報を得ることでつねに特権を享受してきたことの最新の証拠に過ぎない。とはいえ、平等なアクセスというフィクションは、カモをカジノに引き寄せ、市場が重い規制を逃れるのを確実にするために必要である。マット・タイービ〔米国のジャーナリスト、一九七〇―〕の『分断』(*The Divide*)のような本は、タイービが銀行家たちの悪事と強奪の記録を完全に詳述しているにもかかわらず、ルイスの本より注目度がはるかに低かった。略奪する貸し手、不正な借金取立て屋、違法な抵当権実行、債務返済補償保険のぼったくり、などの詐欺は金融業界では普通のビジネスと考えられており、その結果、アンドリュー・ロス〔米国の社会学者、一九五六―〕が簡潔に述べている通り、ルイスの物語におけるカモは、フラッシュ・ボーイズたちに出し抜かれるウォール街のブローカーやヘッジ・ファンド経営者で、タイービの本における犠牲者は彼らを除いた残りのわれわれということになる。つまり、HFTに焦点を合わせることで、周縁的現象が前景化され、それが限定された不正に見えるため、市場それ自体はバランスの取れた開放的メカニズムであるという神話をわれわれが捨てないですむことになるのだ。

だが、第三の、もっと根本的で、「形而上学的」でさえある理由がある。フランコ・ベラルディは、今日の不安と無能力の起源は、大文字の他者（われわれの生活の象徴的実体）の機能の爆発的スピードと人間の反応の遅さ（文化、身体性、病気などによる）にあるとしている。「長く続いた新自由主義のルールは、近代の進歩の核心だった社会文明の文化的基礎を掘り崩してしまった。この過程は元に戻せない。われわれはそれを直視せねばならない。[7]」HFTは、われわれの脳、精神活動が社会的＝象徴的システムの機能ともはや同時的でないことの極端な例ではないだろうか。あのミリ秒内に起こることは、端的にわれわれの通常の知覚領域を超えている。ブローカーにとって何が起きているか分からない主な理由は、過程が途方もなく複雑だからではなく、そこで具体化されるのが一種の極小の自己言及性だからである。つまり、私自身の行為（オファーに対する私の反応、私が「イエス」ボタンを押すこと）が、私が現実の状態だと知覚するもの（私が支払う価格）の中に、刻み込まれ、考慮されている――私が（買うと）決める、そして私の決定が私の買う物の価格を変化させるのだ。さらに、ある種の神秘的な同時性に依拠するどころか、HFTの行動が利用しているのは、まさにヴァーチャル・デジタル・スペースとその物質的具体化の間の極小の差である。われわれは、ネットサーフィンしている間、すべての参加者の接触が直接的な純粋な同時性の領域にいるという自発的幻想を持っている。よく言われるように、ウェブ上でコミュニケートしているときは私がどこにいようと関係ない。私のパートナーも隣の部屋に座っていてもいいし、ヒマラヤのどこかの山頂に立っていてもいい。それに対し、HFTの行動は、私がどこにいるかが関係あることを示している。これは、デジタルスペースにつきものの自発的な観念論的幻想に対する、一種の唯物論の復讐である。

HFTがやっていることには、一種の屈折した解放的ポテンシャルがある。マルクスを引用すれば、彼らの行動において起こっているのは、極小の「収奪者の収奪」である。つまり株式市場の投機家、裕福な投資家が当然の罰を受けているのである。おそらくこれこそ『フラッシュ・ボーイズ』があれほどの騒ぎになった理由である。ＨＦＴとともに、投機はその無意味な頂点に達し、投機の全構築を支えるナンセンスを明るみに出す。この意味で、ＨＦＴは、彼らの実際の価値に比して聡明過ぎると言ってもいい。

ドイツの週刊誌『シュピーゲル』は、一九九八年に記録された最大の愚行と失策の一つに次のような事件を挙げた。ある老婦人が駅のスピード写真ブースで自分の写真を撮ろうとしていたところ、ドイツ人の強盗が彼女の財布を取ろうとした。彼にとって不運なことに、四枚の写真のうちの一枚が、彼が財布をひったくろうと中へかがみこんだその瞬間に撮られていた。彼の顔と手ははっきり写真に写っており、犯行と犯人の直接的証拠を警察に提供することになった。ＨＦＴに関しても、われわれは似たようなことに出会っていないだろうか。そこにわれわれは、犯行がいかにして行われるかに関する直接的証拠を見ないだろうか。

しかし、ＨＦＴがやっていることには、さらに深い、まったく無意味な次元がある。市場が細工されていることを実証する彼らのやり方は、もっと根源的な存在論的行き詰まりを指示している。そこでは（われわれが経験する）現実それ自体が「細工されている」。つまり、われわれは現実を「客観的に」知覚しない、なぜならわれわれの行為はすでにわれわれが知覚するものの中に刻み込まれているからである。ＨＦＴはわれわれの現実の中で行動しているだけでなく、われわれが現実（として経験するもの）を知覚／構成するメカニズムそのものに介入してもいるかのようなのだ。行動と反応の間の最も自発的な連携（私がある取引に「イエス」ボタンを押す、すると取引がすぐに成立する）さえもすでに操作されているのだ。ところで、量子力学は、現実それ自体が同じように「細工されている」ことを考慮していないだろうか。

その最も大胆な部分で、量子力学は、現実的なものの知識を一時的に宙吊りにし、「忘れる」ことを見込んでいるようだ。翌日に巨額の財産を受け取るためにある日飛行機に乗らねばならないが、航空券を買う金がない、という状況を想像してみよう。そこであなたは発見する、航空会社の清算システムのせいで、目的地に到着後二十四時間以内に航空券代金を送金すれば、出発前に支払われていなかったことを誰にも知られない、ということを。同様に

> 粒子のもつエネルギーのゆらぎは、ごく短い時間スケールで見るかぎり激しいものでありうる。だから、先の航空会社の清算システムが、一定の期限内に返すかぎり飛行機のチケットを買うお金を「借りる」ことを「許す」ように、量子力学はハイゼンベルクの不確定性原理で決まる時間枠のなかで清算できるかぎり、粒子がエネルギーを「借りる」ことを許す。（…）しかし、量子力学にしたがえば、私たちはこのたとえを重要な形で一歩進めざるをえない。こんなことを想像しよう。借り借り病の人がいて、友達の間を金を貸してくれと頼んで回っている。（…）借りては返し、借りては返しをくり返す――変わらぬ勢いで何度でも、くり返しお金を借りては即座に返す。（…）ミクロの距離とミクロの時間間隔で宇宙を見ればエネルギーと運動量にも同様の乱高下が絶えず起こっている[8]。

宇宙の空白の領域においてさえ、このようにして、未来からエネルギーを「借り」、システムがこの借りに気づく前に（自分が消えることで）支払いながら、粒子が無から出現する。ネットワークの全体もこのように機能できる――借りと消滅のリズムの中で、一つが他から借り、負債を他に移転し、負債の償還を延期していく。まったく、粒子の領域が未来とウォール街のゲームをやっているようである。この前提に

なっているのは、直接的なむき出しの現実と、その現実が（大文字の他者の）何らかの媒体に登録されることの間に極小の差があるということである。後者が前者に対して遅れる限り、いかさまが可能である。というわけで、HFTの場合と同様、現実それ自体（われわれがそれを知覚するやり方）が、時間の中の知覚不能な間隙に生じる物事のせいで、「細工されている」のだ。

それゆえ、最新の技術的進歩とその社会的インパクトの最も重要な教訓は、その根源的両義性ということになる。ニューヨーク市立大学におけるジェイムソンとの討論で、スタンリー・アロノヴィッツ〔米国の社会学者、一九三三―〕は次のように主張した。この数十年の社会的ユートピアの衰退の主な理由は、技術的進歩のせいで、われわれの現実それ自体の中で（ほとんど）すべてのことが可能になったので、もはやユートピアに頼る必要がないということだ、と。けれども、この無制限の可能性の感覚には一群の不可能性が伴っている。今日、ラディカルな社会変革というアイデアそのものが不可能な夢のように見える。ここで、「不可能な」という言葉をじっくり考えるべきである。不可能性と可能性の配分は奇妙なものになっている。いずれも同時に過剰なものへと爆発しているからだ。個人の自由と科学テクノロジーの領域では、不可能はどんどん可能になっている（とわれわれは聞かされている）。「不可能なことは何もない。」あらゆる倒錯的なやり方でセックスを楽しめるし、音楽、映画、テレビのシリーズものがいくらでもダウンロードできるし、宇宙旅行が（金を持った）みんなにとって可能だし、ゲノムの操作によってわれわれの身体的、精神的能力を向上させたり、基本的性質を人為的に変更したりする見込みがあるし、われわれのアイデンティティを、一つのハードウェアから別のハードウェアへダウンロードできるソフトウェアに完全に転換することによって、不死を実現するというハイテク狂じみた夢さえある。その一方で、とりわけ社会―経済的関係の領域において、われわれの時代は、成熟の時代だと自己認識している。そこでは、共産主義国家の崩壊で、人類が千年来のユートピアの夢を捨て、あらゆる不可能性とともに現実（資本主義の社会経済的現実）の制約を受け入れたのだ。大規模な集団的行為（それは必然的に全体主義の恐怖に終わる）も、古い福祉国家にしがみつくこと（それは競争力を弱め、経済危機を招く）も、グローバル市場から自分を引き離すこともできない。（イデオロギー的に作用すると、エコロジーもまた、「専門家の意見」に基づいた不可能事、いわゆる閾値のリストを付け加える——摂氏二度以上の地球温暖化は不可など。[9]）その理由は、われわれが、経済が自然化されたポスト政治の時代に生きているからである。政治的決定は通例、純粋な経済的必要の問題だと提示されるので、緊縮政策が押し付けられるとき、繰り返し、これ以外に選択肢はないのだと聞かされる。このようなポスト政治的状況においては、権力の行使はもはや検閲に主に依存するのではなく、制約なき寛容に依存するのである。あるいはアラン・バディウが「現代芸術に関する十五のテーゼ」の第十四テーゼで述べているように、

帝国はもはや何も検閲しない。なぜならそれは、商業的流通と民主的コミュニケーションを支配する法を通じて、見えるものと聞こえるものの全領域を統制する自分の能力に確信を持っているからである。消費、コミュニケーション、享楽へのこの許可をわれわれが受け入れるとき、すべての芸術とすべての思想は崩壊する。われわれは自分自身の容赦ない検閲者になるべきである。[10]

今日われわれは実質的に、一九六〇年代のイデオロギーの対極に位置しているように思われる。自発性、創造的自己表現などのモットーはシステムが引き受けるようになった。つまり、主体の自発的衝動を抑圧し厳格に統制することによって自己を再生産してゆくというシステムの古いロジックは時代遅れになり、

疎外されない自発性、自己表現、自己実現などはみなシステムに直接奉仕するようになった。だから容赦ない自己検閲こそが解放の政治にとって必要不可欠なのだ。これが意味するのは、とりわけ詩の領域において、自己表現する態度、内奥の感情的混乱、欲望、夢を開陳する態度をすべて完全に拒絶すべきである、ということである。真の芸術は、むかむかするような感情の露出症とは一切関係がない。「詩的精神」の標準的な意味が内面の混乱を開陳する能力である限り、マヤコフスキーが個人的な詩から韻文での政治プロパガンダへの自分の転向について言ったこと（「私はミューズの喉を踏みつけねばならなかった」）こそ、真の詩人を構成する身振りなのだ。真の詩人をむかつかせることがあるとすれば、それは、親友が心を開き、彼の内面生活のあらゆる汚物を撒き散らすような情景だ。

キプリングの「もし」の二行――「もし退屈せずに待つことができるなら、もし夢に隷属することなしに夢みることができるなら」――は、共産主義にまだ忠実でありたい者にとって非常に適切なガイドであるように思える。私は、ジェイムソンの「アメリカのユートピア」を、われわれの夢を検閲するということした方向への大きな一歩だと考える。現状の制約の外に未来を想像し、古いタブーを容赦なく破る彼の功績は（少なくとも）三つある。これらのタブーの由来は、あらゆる歴史的状況には、自らのユートピア的視点、何がおかしいかに関する内在的ヴィジョン、どうやって変化を起こして状況をはるかに良くできるかに関する観念的表象が含まれているという事実である。それゆえ、ラディカルな社会変革への欲望が出現するとき、まずはこの内在するユートピア的ヴィジョンを実現しようとするのは論理的必然である。だから、それは破局に終わらざるを得ないのである。

色っぽいポルトガル人女性があるとき素敵な話をしてくれた。彼女の最新の愛人が初めて彼女の全裸を見たとき、彼は言った、もう一キロか二キロ減量したら、君の身体は完璧だろう、と。もちろん、もし本当に減量したら、彼女はもっと平凡に見えただろう、というのが真実だ——つまり、完璧を乱すかに見える要素そのものが、それが乱す完璧の幻影を創り出すので、その過剰な要素を取り去れば完璧そのものをも失うのである。マルクスの誤りもこのレヴェルで認識せねばならない。自己増殖する生産性の息を呑むような動力を資本主義がいかに解放したかを彼は知覚していた——資本主義において「あらゆる固定されたものがはかなく溶解する」こと、資本主義こそ全人類史における最大の革命であることに関する彼のうっとりした記述を見よ。他方で、この資本主義の動力が、自らの内部の障害や対立によって推進されることも、彼は明瞭に知覚していた。資本主義の（自己推進する資本主義の生産性の）究極の限界は資本それ自体である。つまり、資本主義による自らの物質的条件の絶え間ない発展と革新、生産性の無条件の上昇という狂ったダンスは、究極的には、自らを弱化させる内在的矛盾からの必死の脱出に他ならないのである。マルクスの根本的な誤りは、こうした洞察から、新しい、より高い社会体制（共産主義）が可能だと結論づけたことにある。それは、生産性の自己増殖的上昇というポテンシャルを維持するだけでなく、それをより高い段階にまで高め、事実上完全に解放するような体制である。そういうポテンシャルは、資本主義においては、自らの内在的障害（矛盾）のせいで、社会を破壊するような経済危機によって繰り返し妨害されるのだ。それでは、ジェイムソンが破るタブーとはどういうものだろう。

第一に彼は、二十世紀の国家《ステート》社会主義の二つの主な形態（社会民主主義的福祉国家とスターリン的一党独裁）だけでなく、ラディカル左翼が普通それら二つの失敗を測る基準そのもの——アソシエーション、マルティチュード、評議会、市民の恒久的コミットメントに基づいた反代表制的直接民主制といった、共産主義のリバタリアン的ヴィジョン——をも退ける。これは、われわれの普通の民主主義的姿勢には受け容れられない側面である。ジェイムソンとの討論でアロノヴィッツが、国民皆兵制というジェイムソンのユートピア的アイデアを、反乱を起こした人民軍と同様、人民（兵士）が評議会において自己組織化する反代表制的民主制の話に引き戻して矮小化しようと必死になったのも不思議ではない。そのような直接民主制は全社会の政治化の極致だが、ジェイムソンは、彼の国民皆兵制というアイデアは政治的次元そのものの消滅を目標にしていると繰り返し強調する。ジェイムソンのユートピア社会に残るのは、人民の恒久的コミットメントの必要がない軍事的に（つまり非政治的に）組織された経済と、セックスから芸術までの巨大で、これまた非政治的な文化的快楽の領域だけである。（われわれが認めねばならない真実は、もし代表制から直接民主制に移行したいなら、この直接民主制は、たとえば「権威主義的」指導者のような非代表制的な上位の権力によってつねに補完されねばならないということだ——ベネズエラにおいて、チャベスの強権的リーダーシップは、彼が貧民街《バリオ》で直接民主制を導入しようとしたことの必然的随伴物だった。）

トニ・ネグリにとって、検閲されるべき夢は、解放運動のゴールに関する彼の考えである。つまり、マルティチュードと国家機関が共存する「二重権力」が克服され、自己組織されたマルティチュードが、社会の生産と統制の全体を完全に引き継いだ状態のことである。最近のブラジルでの反乱と大規模デモにおいては、ルラ政権の長年のシンパだったネグリが、自分のメッセージを正しい形で送り返されたかのようである。つまり、ルラを引き継いだディルマ・ルセフ政権が、抗議するマルティチュードを抑え統合するのに、華々しく失敗したのだ。貧民と中産階級の生活はかなり向上したものの、この向上が、そして、排除されたマイノリティと対話し、自律的政治主体へと彼らを強化しようとした政府の試み自体が、裏目に出て抵抗を強めてしまったかのようなのだ。ウーゴ・アルバカーキ〔ブラジルの人権活動家〕はこの過程をネグリとの関係で簡潔に記述している。

中心的ポイントは、経済学者、社会学者、統計学者たちが信じさせようとしているように、人々が客観的に「生活を向上させた」ということではなく、むしろ、人々が欲望することを認可されていると感じ、それゆえ認可なしに欲望していることである。

この階級は名を持たない、なぜなら名を必要としないからだ。それは、自己充足し、ラベルとラベリングを超越し、単に生きている多くのマイノリティ——貧民、黒人、女性など——の表現そのものである。名を持たないこの階級にはある意味で命令することができない、なぜなら、名を持ち、それゆえ体制に従属する主体だけが命令を受け取ることができるからである。[11]

> そこで、この名のない階級の未来は
> それ自身の内部の充実と差異を肯定的に受容することにかかっている。官僚的真面目さの正常化ではなく、仮面と無秩序を伴うカーニヴァルが、これらの土地に未来をもたらすだろう。どんな抑圧的定式も強烈な欲望の投入を——少なくとも長くは——抑えることはできないだろう。[12]

この記述には確かに重要な真実がある。抗議者が状況を経験するときのリアリティと、物質的向上という「合理的」措置を通じて抗議を抑えることができない国家権力の絶望とをうまく伝えている。また、抗議するマルティチュードが、「進歩的」権力と満足のいく非敵対的な協力関係を結ぶのを妨げる次元が、正確に欲望と記述されている——ここでの問題を認識するためには、この欲望という言葉にラカン的重みのすべてを付与すべきである。欲望とはつねに、自らの不満足への欲望である。その究極の目的はつねに自らを欲望として再生産することである。だから、その基本的定式はいつも、「私はあなたからこれを要求する、だがあなたがそれを私に与えても私は拒否する、なぜならそれは私が本当にほしいものではないからだ」というようなものになる。つまり、欲望とは、あらゆる要求の核心にある裂け目、空虚なのである。要求と欲望のこの弁証法の模範例が、政府からXという措置（たとえば、新法の破棄や新税の廃止）を要求するけれど、政府がすぐに譲歩すると抗議者が不満に思い何か裏切られたような気がする抗議運動ではないだろうか。

しかし、抗議するマルティチュードを定義するもう一つのパラドックスがある。マルティチュードの呼び覚まされた欲望について語る先の引用は、彼らは「自己充足」し、「ラベルとラベリングを超越し、単に生きている」とも主張している——絶え間ない抗議に従事し、国家権力を挑発し、国家権力に要求の集中砲火を浴びせるマルティチュードが、どうやって「自己充足」しているなどと言えるのか。

おそらく、この見解の基本的座標軸そのものを問題化し、マルティチュードの流動的な生と国家装置の統制的、抑圧的権力という対立をひっくり返すべきなのだ。マルティチュードの脱領土化された流れを統制する機構としての権力という概念がひっくり返ったらどうだろうか。つまり、「自己充足」している社会生活の基本単位が、隔離された集団、安定し領土化された土台の中に「単に生きる」傾向があり、そして脱領土化する機構が国家装置そのものだったらどうだろうか。不安定をもたらす欲望の論理は流動的な政治的上部構造に属している——土台に対して過剰なのはこの上部構造なのだ。(…)ならば、二〇一五年一月のインタヴューで、ネグリが二つの「一般的提案」をして、自分の立場の変化を宣言したのも不思議ではない。一つ目は、二〇一一年以降、水平性は、明瞭かつ明確に批判され、克服されねばならない、ということ。(…)二つ目は、あの最も政治的な移行、すなわち権力の奪取を試みるのに状況がおそらく熟した、ということ。われわれは、権力の問題をあまりに長い間、過度に否定的な仕方で理解してきた。〔Slavoj Žižek, "Addressing the Impossible", in *Socialist Register 2017: Rethinking Revolution*, ed. Gregory Albo and Leo Panitch, Monthly Review Press, 2016, 343.〕

政治における代表制が、人々を受動化させる疎外であるという批判(他者が自分たちに代わって語るのを許す代わりに、人々はアソシエーションへと直接自己組織化すべきである)は、ここにおいて限界に達する。社会の全体をアソシエーションのネットワークとして組織するという考えは、三つの不可能性を見えにくくするユートピアである。[13]

(1)他者を代表する(他者に代わって語る)ことが必要なケースは無数にある——アウシュヴィッツからルワンダに至る大規模暴力の犠牲者(と心を病む者、子供——苦しむ動物は言うまでもない)も自己組織化し、自分で語るべきだと言うのはシニカルである。

(2)何十万人もの人が効果的に大量動員されて、水平的に自己組織化するとき(タハリール広場〔二〇一一年カイロでここから始まった反政権デモがムバラク政権を打倒した〕、ゲジ公園〔二〇一三年、イスタンブールのこの公園で反政権デモが発生し、トルコの春と呼ばれた〕)、彼らは少数派で、声なき多数派が外に代表されないままでいることを決して忘れるべきではない。(だから、エジプトでは、この声なき多数派がタハリール広場の群衆を打ち負かしてムスリム同胞団を選んだのだ。)

(3)政治的コミットメントの持続時間には限界がある。数週間で、あるいはまれには数ヶ月で、多くは離れていく。問題は、蜂起の結果を、物事が通常に戻るこの瞬間に守ることである。そう——恒久的動員と積極的参加へのラディカル左翼のいつもの要求に飽き飽きしたとしても、そこには本来的に「保守的」なものは何もないのだ。そういう要求は超自我の論理に従っている——それらに従えば従うほど、ますます罪悪感に駆られるのだ。戦いはここで勝利せねばならない、つまり、忘我の反乱の翌朝、物事が通常に戻るときの、市民たちの受動性の領域で。人々の崇高な合体という忘我の大スペクタクルを実現するのは（比較的）容易だが、普通の人々は普通の日常生活でどのようにして違いを感じるだろうか。保守派がときどき崇高な爆発を見たがるのも不思議ではない——何も実際には変わりえないこと、翌日には物事が通常に戻ることを人々に思い出させるからだ。映画『Vフォー・ヴェンデッタ』のラストシーンで、ガイ・フォークスの仮面を付けた何千もの非武装ロンドン市民が国会議事堂に向けて行進する。命令なしで、軍隊は群衆が議事堂を通るのを許可し、人民は権力を掌握する。フィンチがイヴィーにVの正体を尋ねると、彼女は答える、「彼は私たち全員だったのよ」。オーケー、見事な忘我の瞬間だったが、私は『Vフォー・ヴェンデッタ』の続編が見られるなら、母親を売って奴隷にしてもいいと思った。人民の勝利の翌日に、何が起こっただろうか。彼らは日常生活をどう（再）組織しただろうか。

そういうわけで、物事の「通常の」進行と、それを中断する出来事への忠誠を特徴とする「例外状態」との対立という主題は放棄すべきである（「脱構築」すべきとさえ言ってもよい）。物事の「通常の」進行においては、生活が惰性に従って単に続く。日常の関心事や儀式に埋没していると、何かが起こり、出来事による覚醒が生じる。それは奇跡の世俗版だ（社会の解放という爆発、トラウマ的愛との遭遇）。この出来事への忠誠を選択すれば、生活の全体が変わる。「愛の作業」に従事し、出来事をリアリティに刻み込もうと努める。そしてある段階で、出来事の継続が終止し、物事の「通常の」流れに戻る。だが、出来事の真の力が、まさにその消滅によって、つまり、出来事がその結果において抹消されたときに「通常の」生活に起きる変化によって、測られるならばどうだろうか。社会政治的出来事を取り上げよう。その忘我のエネルギーが涸渇し、物事が「通常」に戻った事後において、その何が残っているだろうか。この「通常」はどこが異なるのだろうか。

ジェイムソンの第二の功績は敵意という問題に関わっている。共産主義において、羨望は資本主義の競争の残余として置き去られ、連帯的協調と他者の快楽の享受によって取って代わられるだろうという有力な楽観主義を、ジェイムソンは完全に拒否する。この神話を退ける彼は、共産主義においては、まさにそれがより正しい社会であるがゆえに、羨望と敵意が爆発するだろうと強調する。ここで彼が参照しているのは、人間の欲望はあらゆる意味で他者の欲望であるというラカンのテーゼである。つまり、他者への欲望、他者に欲望されたいという欲望、そしてとりわけ、他者が欲望するものへの欲望である。(14) この最後のものが、敵意を含む羨望を生み出す。アウグスティヌスがよく知っていた通り、羨望と敵意はどちらも人間の欲望の構成要素である。ラカンがよく引用する『告白』の一節、母の乳を吸う兄弟に嫉妬する赤ん坊の描写を思い出そう。「私は、幼児が嫉んでいるのを見て、知っています。まだものもいえない年ごろでしたが、青白い顔にきつい目をして、乳兄弟をにらみつけていました」〔『告白』、山田晶訳、中公バックス世界の名著第16巻、一九七八年、七〇頁〕。

ソ連の作家ユーリ・オレーシャ〔一八九九―一九六〇〕は一九二〇年代後半に『羨望』〔木村浩訳、集英社世界文学全集31所収、一九六七年〕という短い小説を出版したが、これはソヴィエト共産主義の失敗という後の経験から再読するに価する。主人公ニコライ・カワレーロフは、想像力が王位を誇り、芸術が芸術である以外の目的を持たなかった消えゆく十九世紀に自己形成したため、自分が生きている世界、すなわち急速に産業化するソ連にひどく反発するしかない。飲み屋から追い出された後、彼はアンドレイ・バビーチェフに溝の中で発見される。バビーチェフは、安くておいしいので労働者の手に入りやすいソーセージを開発しているソヴィエトの実業家である。彼はカワレーロフに自分の家に住まわせ、ちょっとした仕事（食品処理マニュアルの編集）を見つけてやるが、カワレーロフはバビーチェフの卑俗な功利主義を忌み嫌っている。後半は性的喜劇に焦点が移るが、この小説が面白いのは、風刺のあいまいさゆえである。新しい社会に適応できない古いブルジョワ個人主義者の風刺的肖像として読むべきなのか（この読み方のせいで、この小説はソ連で人気があった）、あるいは、新しい卑俗な功利主義精神に対する風刺的断罪として読むべきなのか。言い換えるなら、誰が誰を羨望しているのか。カワレーロフが新しいソヴィエトの人間の社会的、性的成功を羨望しているのか、それとも、バビーチェフが、彼らの狭量な心では把握できないカワレーロフの繊細な想像力を密かに羨望しているのか。

この洞察に基づいて、ジャン＝ピエール・デュピュイは、ジョン・ロールズの正義論に対する説得力ある批判を提案している。公正な社会のロールズのモデルでは、社会的不平等が容認されるのは、不平等が社会の底辺にいる者を助けもし、また相続されたヒエラルキーではなく、生まれつきの不平等――偶然的で、功績ではないと考えられる――に基づいている場合だけである。[15] イギリスの保守党でさえ、今やロールズの正義観を支持しようとしているように見える。二〇〇五年十二月、新たに選ばれた党首デイヴィッド・キャメロンは、次のように宣言して、保守党を特権なき者たちの擁護者に転換する意志を表明した。「われわれの全政策の試金石は、最も持たざる人々、社会の底辺にいる人々に何をしてやるかだと思う」。だが、ロールズに見えていないのは、そのような社会は、ルサンチマンの際限のない爆発のための条件を創り出すだろうということだ。そういう社会では、私は自分の低い地位が完全に「正当化」され、それゆえ自分の失敗は社会の不正義のせいだと言い逃れる方便を奪われてしまうのである。つまりロールズは、ヒエラルキーが生まれつきの特質によって直接正統化される、恐ろしい社会モデルを提唱しているのだ。そこでは、スロヴェニアの農民に関する逸話が痛いほど明瞭にしてくれる単純な教訓が見逃されている。ある農民が善良な魔女からどちらかを選ぶように言われる。彼に一頭の牛、隣人に二頭の牛を彼女が与えるか、それとも、彼から一頭の牛、隣人から二頭の牛を彼女が頂戴するか。農民は直らに二つ目を選ぶ。ゴア・ヴィダル〔米国の小説家、一九二五―二〇一二〕が要点を簡潔に述べている。「私が勝つだけでは十分でない――相手が負けなければならない。」羨望／敵意の問題点は、それが、私の勝利が相手の敗北に等しいというゼロサム・ゲームの原理に従うだけでなく、これら二つの間のギャップを含意していることである。それは肯定的なギャップ（われわれ全員が勝って、敗者がまったくいない）ではなく、否定的なギャップである。自分の勝利と相手の敗北のどちらかを選ばなければならないとしたら、私は相手の敗北を選ぶ、それによって自分もまた損をするとしても。あたかも、相手の損から来る私の最終的な得が、私の勝利の純粋性を汚染する一種の病理学的要素として機能するかのようなのだ。

不平等は、もしそれが非個人的な盲目の力から来ると主張できるなら、はるかに受け入れやすくなることを、フリードリッヒ・ハイエクは知っていた。市場の「非合理性」、また資本主義における成功や失敗の「非合理性」の利点は、これのおかげで私の失敗や成功を「不相応」、偶然だと見なせることだ[16]。市場は測り知れない運命の近代版であるという古い考え方を思い出そう。こうして、資本主義は「公正」ではないという事実は、資本主義が大多数に容認される主な理由なのである。私の失敗は、私の劣等な性質ではなく運のせいだと知っているとき、私ははるかに容易に自分の失敗と生きることができる。

ニーチェとフロイトは、平等としての正義は羨望――われわれの持たないものを持ち楽しむ他者への羨望――に基づいているという思想を共有している。正義への要求は、それゆえ、究極的には、他者の過剰な楽しみが縮減され、みなが平等に享楽を経験できるようにせよという要求なのである。この要求の必然的帰結は、もちろん禁欲主義である。平等な享楽を押し付けることはできないので、代わりに平等に共有するよう押し付けられるのが禁止である。けれども今日、われわれの寛容とされる社会では、この禁欲主義は反対の形式をとる。つまり一般化された超自我の指令、「楽しめ！」という命令である。われわれはみなこの指令に呪縛されている。その結果、われわれの享楽は今までになく阻害されている。ナルシスティックな「自己実現」と、ジョギング、健康食品摂取などのまったく禁欲的な規律を組み合わせるヤッピーを見ればよい。おそらくこれはニーチェが最後の人間として思い描いたものだ。その輪郭は今日初めて、ヤッピーの快楽主義的禁欲という形で、本当に認識できるようになったのだが。ニーチェは単に禁欲主義に対して生の肯定を促していたのではない。ある種の禁欲は退廃的で過剰な官能性と不可分であることを、彼はよく知っていた。湿った官能性とほの暗い精神性の間を揺れ動くヴァーグナーの『パルジファル』への、またもっと広く、後期ロマン派のデカダンスへの彼の批判は、まことに適切で当を得ているのだ。[17]

ならば、共産主義はこの問題をどう扱うべきなのか。誰が支配者になるかを決める手続きにおいて選挙とくじを組み合わせるという、見たところ風変わりなアイデアを持つ柄谷行人が、おそらく一つの可能性を示している。このアイデアは外見以上に伝統的である（彼も古代ギリシャに触れている）――逆説的にも、これは君主制に関するヘーゲルの理論と同じ仕事を成し遂げるのだ。柄谷は英雄的なリスクを冒して、ブルジョワ独裁とプロレタリア独裁の差異に関する、クレージーに聞こえる定義を提唱している。「もし匿名投票による普通選挙、つまり議会制民主主義がブルジョア的な独裁の形式であるとするならば、くじ引き制こそプロレタリア独裁の形式だというべきなのである。[18]」

ここでわれわれは民主主義の問題に直面せねばならない。バディウが民主主義はわれわれのフェティッシュだと主張するとき、この言明を字義通り受け取らねばならない。民主主義は不可侵の絶対にまで祭り上げられたというあいまいな意味だけではなく、正確なフロイト的意味で。「民主主義」は、社会的領域を構成する「欠如」、「階級関係はない」という事実、社会的対立のトラウマに直面する前に見る最後のものである。あたかも、支配と搾取、残酷な社会闘争という現実に直面しても、いつでも「われわれには民主主義がある」と言い足せるかのようだ。そうすれば闘争を解消する、あるいは少なくとも制御する希望が生まれ、その破壊的な爆発を予防することができる。フェティッシュとしての民主主義の模範的な例が、『大統領の陰謀』から『ペリカン文書』に至るまでのベストセラー小説やハリウッドの大ヒット映画にある。数人の普通人が、大統領にまで関係するスキャンダルを発見し、大統領は辞任せざるを得なくなる。腐敗がトップにまで達していることが示されても、そういう作品は楽天的メッセージで終わり、そこにイデオロギーが機能している。われわれの国は何と偉大な民主主義国家なのだろう、君や僕のような普通の人間が、地上で最強の男、大統領を引きずりおろすことができるんだ！

というわけで、新しいラディカルな政治運動のための想像しうる最も不適切で、最も愚昧でさえある名前とは、「社会主義」と「民主主義」を組み合わせたものである。これは、現存する世界秩序の究極のフェティッシュを、重要な区別をあいまいにしてしまう言葉と事実上結びつけることになる。今日、ビル・ゲーツに至るまで誰もが社会主義者になれる——社会のある種の調和的統一、共通の善、貧しい者や虐げられた者への配慮の必要を唱えればよいだけだ——あるいは百年以上前にオットー・ヴァイニンガーが簡潔に言ったように、社会主義はアーリア的で共産主義はユダヤ的なのである。

今日の「社会主義」の模範例が中国である。中国では共産党が、次の三つのテーゼを推進する、自己正統化のためのイデオロギー運動に従事している。(1)共産党の支配だけが資本主義の成功を保証できる。(2)無神論の共産党の支配だけが真の宗教の自由を保証できる。そして最も驚くべきだが、(3)持続する共産党の支配だけが、中国が儒教の保守的価値(社会の調和、愛国心、道徳的秩序)でできた社会になることを保証できる。われわれは、こうした主張をナンセンスな逆説として拒否するのではなく、それらの理由を認識すべきである。党の安定化する力なしには、(1)資本主義の発展は爆発して、暴動と抗議の混沌を招くだろう、(2)宗教派閥の対立が社会の安定をかき乱すだろう、(3)制約なしに快楽を追求する個人主義が社会の調和を蝕むだろう。第三のポイントは重大である、なぜなら、自由、民主主義、人権、快楽を追求する個人主義といった西洋の「普遍的価値」が持つ腐敗的影響力への恐れが背景にあるからだ。究極の敵は資本主義そのものではなく、インターネットの自由な流れを通して中国を侵略する、根無し草の西洋文化なのである。それに対して中国の愛国主義で戦わねばならない——宗教でさえ、社会の安定を確保するために「中国化」されるべきである。新疆の共産党書記、張春賢は最近次のように述べた。「敵対的な勢力」が侵入を加速させているとき、宗教は、経済的発展、社会的調和、民族的統一、国家の統合に奉仕するために社会主義の下で働かなければならない。「人がよき市民であるときのみ、人はよき信者となれる[19]」。

だが、この宗教の「中国化」でさえ十分ではない。いくら「中国化」したとて、いかなる宗教も共産党党籍とは両立しないからだ。党の中央規律検査委員会のニュースレターには、「共産党員は宗教的であってはならないという根本的イデオロギー原理」のため、党員はいかなる宗教の自由への権利も享受しない、と書かれている。「中国人民は宗教的信条の自由を有するが、共産党員は通常の人民と同じではない。彼らは共産主義の意識のために戦う前衛である[20]。」だが、このように党から信者を排除することが、どうやって宗教の自由につながるのか。ここで思い出されるのが、一八四八年フランスの革命をめぐる政治的混乱の、マルクスによる分析である。与党秩序党は、二つの王党派、正統王朝派とオルレアン派の連立だった。二つの党は、定義上、王党主義のレヴェルでは共通項を見出せなかった、なぜなら王党派一般であることは不可能で、特定の王党を支持することができるだけだから。したがって、二つの党は、「名まえのない共和制という国」の旗印の下でだけ連携できた。言い換えるなら、王党派一般であるための唯一の方法は共和主義者であることなのだ。[21] 宗教にも同じことが当てはまる。宗教的一般であることはできず、特定の神(神々)を信じることができるだけだ。そして異なる宗教を統合するあらゆる努力の失敗は、宗教的一般でありうるのは、「名まえのない無神論という宗教」の旗印の下でのみである、ということを証明している。事実上、無神論の体制だけが宗教的寛容を保証できる。この中立的無神論の枠組みが消えるやいなや、異なる宗教間の闘争が爆発せざるを得ない。だから、イスラム原理主義者は神なき西洋を攻撃するのに、最悪の闘争が彼らの内部で続くのだ(ISはシーア派イスラム教徒を殺すことに専念している)。

しかし、共産党党員からこのように信者を排除することには、はるかに深い恐怖が働いている。党員が何も信じない、共産主義でさえ信じないなら、それは中国共産党にとって最善だっただろう。なぜなら、無数の党員が教会(そのほとんどがプロテスタント系だった)に入った原因は、まさに、彼らの共産主義の理想が今日の中国の政治から徹底的に消え去ったことへの彼らの失望だったからだ。[22]

つまり今日の中国の党指導への最大の反対者は、とりもなおさず、根っからの共産主義者なのだ。それは、とどまるところを知らぬ資本主義の腐敗に裏切られたと感じている年老いた、ほとんどは引退した幹部と、「中国の奇跡」のプロレタリアートの負け組からなる集団である。後者は、土地を失った農民、職を失って生存手段を求めて放浪する労働者、フォックスコン〔台湾に本社を置き、中国を主な生産拠点とする世界最大の電子機器会社〕や類似の企業に搾取された労働者など、不正と屈辱の犠牲になり誰にも頼れない者すべてである。前者も後者もしばしば、毛沢東の引用を掲げたポスターとともに大規模デモに参加する。経験豊富な元幹部と失うものは何もない貧民のこの組み合わせが、どんな爆発力を潜在させているかは想像できるだろう。中国は、調和を保証し、資本主義の動力を統制する権威主義的体制を持った安定した国ではない。毎年、労働者、農民、マイノリティなどの何千、いや何万もの混沌とした反乱を、警察と軍が鎮圧せねばならない。公式のプロパガンダが調和した社会というモチーフを偏執狂的に力説するのもうなずける。この力説それ自体が反対物、つまり混沌と無秩序の脅威を証し立てている。ここにはスターリン的解釈学の基本ルールを応用すべきだ。つまり、公的メディアはトラブルについておおっぴらに報道しないので、それを探知するには、国家のプロパガンダにおける肯定的な過剰を探り出すのが最も間違いない道である。調和が祝福されればされるほど、混沌と対立がある可能性が高いのだ。中国は、対立と、何とか抑えている不安定に満ちていて、それらはいつ爆発してもおかしくない。

　中国共産党の宗教政策はこういう背景を見ないと理解できない。信仰への恐れは事実上、共産主義の「信仰」への、共産主義の普遍的、解放的メッセージに忠実である者への恐れである。意味深長なことだが、党のイデオロギー運動の中では、労働者の抗議の形で毎日爆発しているこの基本的な階級対立がまったく触れられていない。「プロレタリア共産主義」の脅威については言及がなく、怒りはすべて外国の敵に向けられている。

　ある西洋の国々は自分たちの価値を「普遍的価値」として宣伝し、自由、民主主義、人権についての彼らの解釈が、他のすべての解釈を測る基準であると主張する。彼らは、地球上の隅々まで自分たちの商品を売り歩くのに余念がなく、見える所と見えない所の両方で、「色の革命」〔二〇〇〇年ごろから中東や旧共産圏で起きた反体制革命、二〇〇四年ウクライナのオレンジ革命など〕を扇動している。彼らの目的は他の体制に潜入し、それを破壊、転覆することである。国内外で、ある種の敵勢力が、中国共産党、中国的特質を持った社会主義、中国の主流イデオロギーを汚すために「普遍的価値」という言葉を用いている。彼らは中国を変えるために西洋的価値システムを用いようと画策しているが、その目標は、中国共産党の指導と中国的特質を持った社会主義を中国人が捨てるように仕向け、中国が再びどこかの先進資本主義国の植民地になるようにすることである。[23]

この引用にはいくつかの真実があるが、それらはグローバルな嘘を隠蔽する特定の真実として機能する。西洋によって推進される自由、民主主義、人権などの「普遍的価値」をナイーヴに信じることはできないし、信じるべきではないこと、それらの普遍性は、イデオロギー的偏見を隠した偽りのものであること、はもちろん正しい。しかし、西洋の普遍的価値が偽りなら、儒教的「中国の主流イデオロギー」のような特定の生活様式でそれに対立するだけで十分だろうか。異なる普遍主義、普遍的解放への異なるプロジェクトが必要ではないだろうか。ここでの究極のアイロニーは、「中国的特質を持った社会主義」とは事実上、市場経済を持った（資本主義的特質を持った）社会主義、すなわち、中国をグローバル市場に完全に統合する社会主義を意味しているということだ。グローバル資本主義の普遍性は無傷のまま、唯一可能な枠組みとして黙って受け入れられ、儒教的調和のプロジェクトは、グローバル資本主義の動力に由来する対立を統制するためだけに動員される。社会主義として残っているのは儒教的「ナショナル・カラー」だけであり、それは、党が資本主義のグローバル化の生み出す対立を抑えるのを可能にするはずなのだ。ナショナル・カラーを帯びたそのような社会主義――ナショナルな社会主義――は、ネーションを愛国的に増進させることを社会的展望として持つ社会主義であり、資本主義的発展によって生み出される内在的対立は、自分たちの社会の調和を脅かす外国の敵へと投影される。中国共産党がその愛国的プロパガンダ、「中国的特質を持った社会主義」と彼らが呼ぶもの、において目指すのは「異なる近代」、つまり階級闘争なき資本主義のもう一つのヴァージョンである。

今日の中国で進行するものが「資本主義的社会主義」と特徴づけられるならば、ボコ・ハラムのような原理主義運動をどう扱えばよいか。伝統的共同体生活の観点からすると、女性の教育は、西洋的近代化の破壊的影響の最たるものである。それは女性を家族の絆から「解放」し、第三世界の安価な労働力に加わるよう訓練する。女性の教育に反対する闘争は、したがって、マルクスとエンゲルスが『共産党宣言』で「反動的（封建的）社会主義」と呼んだもの、つまり共同体生活の伝統的形態による資本主義的近代の拒絶、の新しい形態なのである。しかし、より詳しく見ると、この見解の限界がはっきりする。ボコ・ハラムが何であれ、それは前近代的共同体生活への回帰を実践しない。なぜなら、それは（組織形態において）、占領地域の伝統的共同体生活に対して、暴力的に普遍的モデルを押し付ける極端に近代的な組織だからだ。ボコ・ハラムは、族長たちが集まって共同体の問題について熟議、決定する部族的ネットワークとしてではなく、リーダーたちが完全に支配する近代の中央集権化されたテロリスト／革命的組織として運営されている。また、それは完全に国際化されている。それは特定の生活様式や特定のエスニック・アイデンティティを無視して、普遍的モデルを追求する。つまり、ボコ・ハラムはそれ自体が倒錯した近代化の一形態なのだ。それは、西洋の資本主義的近代化以上に暴力的に伝統的な共同体の生活様式を破壊する。

ジェイムソンに戻るなら、これは次のことを意味している。われわれは、「異なる近代」（それは「資本主義なき資本主義」、その破壊的側面を抜いた資本主義に等しい）のすべての試みだけでなく、グローバル資本主義に対する潜在的「抵抗の場」として特定の伝統的生活世界（ローカルな文化）に頼るすべての試みも拒絶するべきである。

ジェイムソンの第三の功績は、生産と快楽（あるいは労働とエロス）の高次の統合としての共産主義という概念を拒否したことである。つまり、この最も基本的対立、疎外のゼロ・レヴェルが乗り越えられ、労働が快楽になるような社会といった考えである。生産を快楽（社会事業、私的生活に至るまでの文化、芸術などを含む）から隔てるギャップが徹底的に強調されるのは共産主義においてのみである。それに対し、資本主義では、最も私的な快楽でさえ商品化され資本主義的再生産の契機にされる。こういうギャップの強調の一端はすでに初期のボルシェヴィズムになかっただろうか。ボルシェヴィキの革命家たちの間の恋愛に関してわれわれが知るところによれば、そこで何かユニークなもの、愛のカップルの新形態が生まれた。つまり、恒久的緊急事態に生き、革命の大義にすべてを捧げ、その大義のためならあらゆる個人的性的満足も犠牲にする用意があり、革命が要求するならお互いを見捨て裏切る用意さえある、しかし同時に、お互いにすべてを捧げ、一緒にいられるまれな瞬間を極度の激しさで楽しむ、そういうカップルである。恋人同士の情熱は容認され、暗黙裡に尊敬されさえしたが、公的言説においては他人には無関係なものとして無視された。（レーニンとイネッサ・アルマンドの恋愛についてわれわれが知るところにさえこうしたことの痕跡がある。）

ジェイムソンは、彼のユートピア社会の基本特徴として、経済の領域（生産、財とサーヴィス）と文化的快楽の領域の徹底的分断を措定し、国民皆兵制、つまり軍隊モデルを、生産の領域の組織様式として掲げる。文化的快楽の領域の組織様式を考えるとき、彼はもちろん当然の候補を避けることができない。教会や、それに類似した宗教組織のことである。実際、フロイトの二つの人為的群衆の有名な例、軍隊と教会を思い出すやいなや、教会のことを考えざるを得なくなる。だがフロイトは人為的群衆の教会モデルと軍隊モデルを明確に区別できていない。必要な妥協を通じて平和と均衡を維持しようとするヒエラルキー的社会体制が「教会」で、内部のヒエラルキーではなく、自分たちを破壊しようとする敵への対抗によって定義される、闘争の平等主義的集合体が「軍隊」であるが、ラディカルな解放運動はつねに教会ではなく軍隊をモデルとし、理想社会を目指す教会は実は軍隊のように構造化されている。

ジェイムソンは、快楽を制御する機関としての教会に対して複雑な反対論を展開し、人々が羨望に屈服しないよう教育する（とりわけ、自分の羨望そのものの中に快楽を認知するよう教えることを通じて）ある種の精神分析機構の方がよいと述べる。だがこうした議論は本当に成立するだろうか。宗教の究極的機能は、まさに快楽の制御ではないだろうか。人々に快楽の技術を教えるよう定められた組織の要求を満たす精神分析機構など本当に想像できるだろうか。

さらに、ジェイムソンのユートピア的ヴィジョンから消えてしまうのは——彼はこれをよく承知しているし、これこそが彼の主張の主旨なのだが——政治そのもの、つまり、共同生活に関わる決定を下し実行する政治プロパーの過程である。生産と快楽の間の截然とした分離が、ここでは、政治的なものの消滅を保証している。この消滅に対してジェイムソンが支払う代価は、誰がどのように軍隊を指揮するのか、誰がどのように仕事を配分するのか、快楽を制御する精神分析機構はどのようにして権力を持つのか、などの基本的問題を彼が無視するということである。彼は、非政治的な発明と統制を夢みている——だから彼は、いかに経済を効率よく組織するかに関する、非政治的な新自由主義的思弁に、大いなる共感とともに言及し、本質的なこと（資本主義の私有財産）以外のすべてにそこでは同意すべきだと言うのである。

ジェイムソンのヴィジョンはユートピアと言うより、「いいとこ取り」したまったくの幻想である。その主要な前提は、必然性の王国と自由の王国、生産と文化／快楽の間の明確な分離である。生産が軍事化され誰もが仕事を割り当てられる一方で、この必然性の王国の外では、完全な自由が支配し、途方もなく多様な逸脱者たちが奇怪な快楽を組織する。（われわれはこの幻想の反対物に近いものを今日持っていないだろうか――規律と訓練、征服、男女間の闘争を要求する〈楽しむことの義務〉という形で現れる、市場経済の自由化、快楽の軍事化。）こうしたことは可能だろうか。卑猥な快楽は、義務としての規律された行動をつねにすでに汚染しているため、そういう行動に快楽を覚えることにならないだろうか。また逆に、軍事的規律は快楽をつねにすでに汚染しているため、快楽は課題としてなされる義務にならないだろうか。

ここでの基本的な謎は、なぜ軍隊なのか？ である。ジェイムソンの軍隊はもちろん「檻の中の軍隊」であり、戦争を行わない――戦争と英雄は空虚な儀式で祝福されるだけである（ここでわれわれは必然性の王国における快楽に遭遇する）。（この軍隊は、今日の多中心的世界においてますます現実味を帯びる実際の戦争で、どう動くのだろう。）ジェイムソンのユートピアにおいて軍隊がこの役割を与えられた原因は明確である。合衆国の軍隊は、無料の医療、無料の教育、職業の保証などが実践された最後の大機関だからだ。それでもなお、なぜ軍隊なのか？ 仕事を配分し完全雇用を保証する中央集権的に組織された経済ではなぜいけないのか？ 軍隊にすることでどういう余剰が付け加わるのか？ その余剰とは、闘争、緊急事態、敵との戦いという側面である。すでに触れたニューヨーク市立大学での討論で、国民皆兵制という彼のユートピアが実現されるのはどういう状況だと想像するかを訊かれたジェイムソンは、大規模なエコロジー的破局（これに深刻な経済危機や大規模な動乱を加えてもよかろう）がもたらす緊急事態を持ち出した。ここで大惨事を描く映画の伝統に触れることもできる。ジェイムソンも知っているように、それらの映画では、人類への脅威が連帯と協働の感覚を創り出し、それまでのヒエラルキー的その他の差異は無意味になるのだ。だが、この応答は、ラディカル左翼を救うのは大破局だけだという悲しい展望に依存してはいないか。ここでの余剰要素は謎であり、重大である。軍事化された形態こそが、排除された政治とその卑猥な快楽が、生産の、また財のサーヴィスの実際的領域で回帰する形態だとしたらどうなのか。

　しかし、ジェイムソンによる政治の拒否には重要な真実がある。解放の政治の究極の地平は、バディウが共産主義の概念の基本前提としたもの、「平等の格率」である。それと正反対に、マルクスにとって平等とは

> 純粋に政治的な概念で、また、政治的価値としてこれは明確にブルジョワ的価値である（しばしばフランス革命のスローガン、自由、平等、友愛と結びつけられる）。階級の抑圧を妨げるために使われる価値であるどころか、平等という概念は、実際にはブルジョワによる階級抑圧の手段であり、階級の廃止という共産主義の目標とはかなり違うものだとマルクスは考える。[24]

あるいはエンゲルスの言うところでは

> 社会主義社会を平等の国と考えるのは、古い「自由、平等、友愛」に結びついた一面的なフランス的

観念であって、その時代とその場所との発展段階としては正当でしたが、いまでは、初期の社会主義学派のあらゆる一面性と同様に、克服されねばならない観念です。というのは、それらの一面性は頭のなかに混乱をおこさせるだけだし、それに、問題のいっそう正確な表現方法が見出されているからです。[25]

これは、バリバールの「平等自由 égaliberté」からバディウまでの今日のフランス政治理論にも当てはまらないだろうか。マルクスに戻れば、彼はアレン・ウッド〔米国の哲学者、一九四二―〕が「平等主義的直観」と呼ぶものを明確に拒否している。平等主義的正義は、不平等な事例に平等な基準を当てはめるというまさにその理由で不十分なのだ。

権利はその性質上、等しい尺度をつかう場合にだけなりたちうる。ところが、不平等な諸個人（そしてもし不平等でないなら別々の個人ではないだろう）を等しい尺度で測れるのは、ただ彼らを等しい視点のもとにおき、ある一つの特定の面だけからこれをとらえるかぎりにおいてである。たとえばこの場合には、人々はただ労働者としてだけ考察され、彼らのそれ以外の点には目は向けられず、ほかのことはいっさい無視される。さらに、ある労働者は結婚しており、他の労働者は結婚していないとか、ある者は他の者より子供が多い等々。だから、労働の出来高は等しく、したがって社会的消費元本《フォンド》にたいする持分は平等であっても、ある者は他の者より事実上多く受け取り、ある者は他の者より富んでいる、等々。すべてこういう欠陥を避けるためには、権利は平等であるよりも、むしろ不平等でなければならないだろう。[26]

不平等な人々に平等な基準を当てはめるのは公正ではないと主張するマルクスは、ヒエラルキーを正統化する昔ながらの保守的議論を繰り返しているように見えるかもしれない。しかし、ここには考慮すべき微妙な差異がある。階級抑圧が不平等を重層決定する階級社会ではこの議論は誤りだが、ポスト階級社会においては正しい、なぜなら、そこでは不平等は階級のヒエラルキーや抑圧と無関係だからだ。だからマルクスは、「各人の必要に応じて各人へ、各人の能力に応じて各人から」という共産主義の格率を提唱するのである。ウッドによれば、普通マルクスと結びつけられるこの格率は、ルイ・ブラン〔フランスの社会主義者、一八一一―一八八二〕に始まり（彼は一八五一年に「各人の能力に応じて各人から、各人の必要に応じて各人へ」と書いた）、さらに新約聖書にまでさかのぼることができる。「信者たちは皆一つになって、すべての物を共有にし、財産や持ち物を売り、おのおのの必要に応じて、皆がそれを分け合った」（『使徒言行録』第二章第四四―四五節）〔『聖書　新共同訳』、日本聖書協会、一九八九年〕。

それゆえ、われわれは「平等は資本主義に固有の不可能点である」というバディウのテーゼに留保をつけねばならない(27)。その通りだが、この不可能点は資本主義の宇宙に内在しているし、資本主義の内在的な矛盾なのである。資本主義は民主的平等を唱えるが、この平等の法的形式はまさに不平等の形式なのである。言い換えるなら、資本主義に内在する理念的規範としての平等は、それが実現される過程において必然的に掘り崩されてしまうのである。この理由により、マルクスは「現実の平等」を求めなかった。彼の考えは、資本主義の現実の不可能としての平等が可能になるべきだ、というのではなかった。彼が唱えたのは、平等という地平そのものを乗り越える動きだった。

さらに言うなら、ある種の分野における「不可能点」は、根源的なユートピア的他者へと持ち上げられるべきではない。政治の偉大なる術とは、それをローカルに、つまり、単に不可能なのではなく、事実上不可能だが可能に見える一連の控え目な要求の中に、探知することである。主人公が開けるドアを間違える（あるいは押すボタンを間違える）と突然周囲の全現実が崩壊するSF小説に状況は似ている。合衆国においては、国民皆保険は明らかにそのような不可能点である。ヨーロッパでは、たとえば、ギリシャの債務の取り消しがそのようなものに思える。それは、（原理上）することができるが、事実上できないしやるべきでもないことだ――それを選択する自由があるが、実際にはそれを選択しないという条件の下ででである。ここに民主主義と民主的選挙の厄介な点がある。投票結果は神聖であり、国民主権の最高の表現だ――だが、もし、国民が「誤った」投票をし、資本主義システムの基本的座標軸を脅かすような措置を要求したらどうなのか。こうしたわけで、ギリシャでの急進左派連合勝利の脅威に対するヨーロッパの既成権力の反応から生じた理想は、次の『フィナンシャル・タイムズ』の見出しに最もよく集約されていることになる――「ユーロ圏最大の弱点は投票者だ。」[28]この理想世界では、ヨーロッパはこの「最大の弱点」を除去し、専門家が、必要な経済措置を直接押し付ける権力を掌握する――選挙があったとしても、その機能は、専門家の合意を承認することだけである。（ついでに言えば、東欧の共産主義体制にも同じことが言えた。公式イデオロギーと既存の法秩序にまったく合致する、明らかに控え目な要求――ある法を撤廃するとかあるトップの政治家を更迭するとか――の方が、体制転覆への直接要求よりも、はるかに大きいパニックを幹部たちに引き起こしたのである。一九七〇年代初めに、いわゆる「二十五人の議員事件」がスロヴェニアでスキャンダルになった。ある連邦政府の重職のためのスロヴェニアの公認候補が不人気だったので、別の人物に代えることを二十五人の国会議員が提案した。この行動は完全に合法だったし、別の人物もまた幹部内の高位にあったのに、ひどく暴力的な反動があり、二十五人の議員は辞職せざるを得なくなった。）

グローバル資本主義の必然的矛盾のため、この「不可能点」のパラドックスは自己言及にまで高まる。つまり、グローバル市場の不可能点とは、「自由な」市場関係そのものでありうるし、現にそうである。数年前、CNNがマリにおける国際的「自由市場」の現実を報道した。マリ経済の二つの柱は南部の綿と北部の牛だが、いずれも、西洋列強が第三世界に暴力的に押し付けようとするルールを西洋自らが破るために、困った状態にある。マリは最高級の綿を生産するが、問題は、米国政府が、マリの全国家予算以上の資金を使って自国の綿農家を援助していることにある。マリ人が米国の綿に太刀打ちできないのも当然である。北部においてはEUが犯人である。マリの牛肉は、手厚く保護されたヨーロッパの牛乳と牛肉と競争できない――EUは牛一頭当たりに毎年五百ユーロの援助をしているが、これはマリの一人当たりのGNPよりも多いのだ。経済大臣が次のように述べるのも不思議ではない。私たちは、国家による過剰な規制を廃止するメリットに関するあなた方の援助も助言も講義もいりません、ただ、自由市場に関するご自分のルールをどうかお守りください、そうすれば私たちの問題は基本的に終わるのですから。

資本主義の支持者はしばしば指摘する、あらゆる批判的予言にもかかわらず、資本主義は、グローバルに見るなら、全体として、危機に瀕しているどころかこれまで以上に進展している、と。これには同意せざるを得ない。資本主義は、中国からアフリカまで（大体）世界中で繁栄しており、まったく危機に瀕してなどいない。危機に瀕しているのは、この爆発的発展に捕獲されてしまった人々である。全体的に見ての爆発的発展とローカルな危機と悲惨（それはときどき全システムを揺るがす）の間のこの緊張は、資本主義の通常の機能の仕方に含まれている。資本主義は危機を通して自らを更新するのだから。

奴隷制を例にとってみよう。資本主義は、（市場交易の条件として）個人の自由を前提し推進する経済システムとして自らを正統化する一方で、自らの動力の一部として自発的に奴隷制をもたらした。中世末期に奴隷制はほぼ消えていたのに、初期近代から南北戦争まで植民地で爆発的に増えた。グローバル資本主義の新しい時代を迎えた今日、奴隷制の新しい時代も始まりつつあるという仮説をあえて提示できるかもしれない。奴隷化した個人という明確な法的地位はもはやないものの、奴隷制は無数の新しい形態を獲得する。基本的人権と自由を事実上奪われた、アラビア半島（アラブ首長国連邦、カタールなど）の何百万もの移民労働者、しばしば明確に強制収容所のように組織されるアジアの工場における何百万もの労働者に対する完全な統制、中央アフリカの多くの国（コンゴなど）での天然資源開発における大規模な強制労働など。だがそれほど遠くを見る必要はない。二〇一三年十二月一日、フィレンツェ中心部から十キロ離れたイタリアの町プラトの工業地帯で、中国人経営の衣料品工場が全焼し七人が死んだ。敷地内に即席で建てられた段ボール・ハウスから逃げ遅れた労働者たちだった。この事故は、衣料品工場が多数あることで知られるマクロロット工業地帯で起きた。地元の労働組合員リベルト・ピストニナは述べた。「この事故に驚いたとは誰も言えない、なぜなら、フィレンツェとプラトの間の地域で、何千とは言わずとも何百もの人々が奴隷に近い状態で暮らし働いていることを、みんなが何年も知ってきたからだ。」[29] プラトには、二十万に満たない総人口のうち少なくとも一万五千人の法的に登録された移民労働者がおり、中国人経営の会社は四千以上ある。だが、さらに何千もの中国からの移民が非合法に暮らし、安い衣料品を生産する問屋と工場のネットワークのために一日最長十六時間も働いていると信じられている。だからわれわれは、新しい奴隷の悲惨な生活を上海（やドバイやカタール）に探し出して、偽善的に中国を批判する必要はない——奴隷制はまさにここ、われわれの家の中にあるのだ。われわれにそれが見えないだけだ（あるいはむしろ、見えないふりをしているだけだ）。この新しい事実上のアパルトヘイト——事実上の奴隷制の多くの異なる形態がシステムによって爆発的に増加していること――は嘆かわしい偶然ではなく、今日のグローバル資本主義の構造的必然なのである。だからこれに対して当然生じる闘争は、グローバルな変化を引き起こすことができるのである。

だが、この戦略に対する強力な反論があるようである。これまで左翼は、資本主義のある特定の側面が資本主義システム全体の再生産にとって重要だという前提で、その側面との闘いに従事したものの、自らの誤りに後で気づいたことが何度もあった。マルクスが南北戦争で北部を支持したのは、南部の奴隷によって生産され、イングランドに輸出される安い綿は、イギリス資本主義の円滑な進行にとって重大であり、したがって、米国での奴隷制廃止はイングランドに危機と階級戦争をもたらすだろうという前提ゆえにだった。フェミニストと性解放活動家の前提は、家父長的家族は私有財産の再生産と継承にとって重要なので、家父長的体制が崩壊すれば資本主義的再生産の根元そのものが掘り崩されるだろう、というものだった。いずれの場合も、資本主義は何ら深刻な問題なしに、これらの変化を統合することができた。……しかし、この反論は本当に成立するだろうか。グローバル資本主義が労働者の権利の拡大を容認する余裕を持たないばかりか、多くの伝統的な社会民主主義的既得権をも廃止せざるを得ない今日、この反論は明らかに成立しない。

ここでわれわれはジェイムソンの軍事的ユートピアに引き戻される。グローバル資本主義の行き詰まりがますます明白になる一方、想像されるあらゆる「下からの」民主的＝マルティチュード的＝草の根的変革は失敗する定めにある――そこで、グローバル資本主義の悪循環を効果的に打ち破るには、ある種の「軍事化」を実行する、つまり、自己統制する経済の権力を一時停止するしかない、というわけである。この軍事化プロジェクトには、仮にそれが必要だと認めたとしても、短い移行期間の間だけ条件付で支持するのみだ、という当然の反論ができる。完全に開花した共産主義をこういう路線で想像することはありえないのだから。しかし、ここには大きな問題がある。伝統的マルクス主義において、この移行期間は「プロレタリア独裁」と呼ばれたが、この概念はいつも大いなる不満を引き起こしてきた。エティエンヌ・バリバールは、理論的困難を解消するために「中間段階」——資本主義と共産主義との間だけでなく、帝国主義と社会主義への移行との間にも——を増殖させる公式マルクス主義の傾向に注意を促した。「段階の形式的な数を物神崇拝的に重視」することはつねに、認められざる行き詰まりの徴候である、と彼は言う[30]。ならば、次のような考えはどうだろうか。「発展段階」の論理を転覆するには、この論理自体がわれわれが低い段階にいることの印であると認識すればよい、なぜなら、(現在の低い段階の犠牲と苦痛を通じて到達すべき)高い段階に関するあらゆる想像は、低い段階の視点によって歪曲されているのだから。正しいヘーゲル的方法では、われわれが高い段階に達するのは、低い段階を乗り越えるときではなく、次のような考え方自体を取り除かねばならないことを認識するときである。つまり、今やっていることに続く高い段階があるという考え、そして、この高い段階への期待が今低い段階でやっていることを正統化できるという考えである。簡単に言うなら、われわれはつねに「低い段階」にしかいないし、これからもずっとそうなのだ。

ジェイムソンはこの方向にかなり進み、多くのタブーを破っている。だが一つのタブーが残っているようだ。すなわち彼の反国家的ヴィジョン、国家装置を破壊するという彼の伝統的マルクス主義の発想のことである。おそらく、社会の生産を組織するためのモデルとしての軍隊は、究極的には代用国家である。だから、おそらく、この最後のタブーもまた破られるべきだ。そのとき見えてくる大きな課題は、国家をどのように考え直すかだ。少し中国に戻ってみよう。今日中国で権力が機能する仕方のもう一つの特徴に注意しよう。国家装置と法体系が、文字通り非合法な党機関によって二重化されているのである。北京大学法学院教授、賀衛方が簡潔に述べている。

党は組織としては存在しないし、また法の適用も受けません。訴えるには法的実体、言い換えれば、訴える相手が必要です。しかし党は組織として登録されてさえいないのです。中国共産党というのは、完全に法体系から外れた存在なのです。[31]

あたかも、ヴァルター・ベンヤミンの言う国家創設的暴力がまだ存在し、不明瞭な法的地位を持った組織に具体化されているかのようなのだ。

中国共産党ほどの巨大な組織を隠すことなど難しいように思えるだろうが、党は細心の注意を払って舞台裏での役割を強化している。人事やメディアを管理する党の核心部署は、できるだけ目立たない配慮がなされている。「領導小組」と呼ばれる党の委員会は、政府の各部に政策を指示・指導し、政府はその指示に従って仕事を実行するだけなのだが、この委員会の活動もほとんど知られていない。構成メンバーも、ひいてはその存在すら国営メディアが伝えたことはなく、ましてどのように政策が決定されたかなど論じられることなどあり得ない。[32]

表舞台は、「表向きは諸外国の政府と同じように機能している」「政府や政府機関」で占められている。財政部は予算案を提示し、裁判所は評決を下し、大学は教育して学位を与え、牧師でさえ儀式を執行する。[33]

だから、法体系、政府、選挙に基づく全国人民代表大会、司法制度、法の支配などがちゃんとある。しかし――どちらが先でどちらが次かを明確に表す「党と国家の指導」という公式に使われる用語を見れば分かるように――この国家権力の構造は、遍在するが背景に隠れている党によって二重化されているのだ。この二重化は、回折〔字義通りには、波が障害物に遮られたとき、その背後に波が回り込む現象〕のもう一つの事例ではないのか。「二つの真空」、つまり国家権力の「偽りの」頂点と党の「真の」頂点の間のギャップのもう一つの事例ではないのか。もちろん、半ば秘められたクラブやセクトが事実上政府をコントロールするような国家は、形式上民主主義の国家も含めて、数多くある。たとえばアパルトヘイト期の南アフリカでは、排他的なアフリカーナー同胞団が牛耳っていた。けれども中国のケースがユニークなのは、公的なものと隠れたものへの権力の二重化が、それ自体制度化され、おおっぴらになされているからである。

人々を要職（党と国家の機関だけでなく大企業のトップ経営者も）に指名する決定のすべては、まず党の中央組織部でなされるが、北京にあるその本部ビルには公開された電話番号がなく、看板も業務内容を示す表示もない。一旦決定がなされると、法的機関（政府機関、重役会議）が通達を受け、投票で承認するという儀式を行う。まず党が、次に国家が、というこの手続きは、あらゆるレヴェルで繰り返される。基本的な経済政策の決定に至るまでこれは同じで、まず党機関で議論され、決定が下ると、政府団体により公式に実現される。ここでわれわれは、二重権力というレーニンの昔の考えを再生するという、ジェイムソンのユートピアの重大なアイデアに呼び戻される。今日の中国にあるのは、意外にも二重権力なのではないか。そしてスターリニズムにも同じことが言えるのではないか。おそらく、スターリンの偏執狂的「官僚制」批判を真面目に受け取り、国家の官僚制によってなされる必要な仕事を新しい（ヘーゲル的な）やり方で認識し直すときが来ている。スターリン体制を「官僚制的社会主義」と見なす通常の見方は、まったく誤解と（自己）欺瞞を招く。実はこれは、スターリン体制そのものが自らの問題を、その失敗と困難の原因を認識するやり方なのである。店に十分な生産物がないとか、当局が人々の要求に応じないとかいうことがあれば、無関心でけちくさく傲慢な「官僚の」態度を責めることほど容易なことはない。一九二〇年代後半以降、スターリンが官僚制と官僚的態度を攻撃する文章を書いていたのは不思議ではない。「官僚主義」は、スターリン体制の機能の効果に他ならなかったのだ。だが、パラドックスは、これが究極の呼び誤りだということだ。スターリン体制に本当に欠けていたのは、まさに効率よい「官僚制」、非政治化された有能な行政機関だったのだから。つまり、スターリニズムの問題は、それが「国家的」――党と国家の完全な一致を含意する――であり過ぎたことではなく、逆に、党と国家が永久に分離していたことにある。その理由は、スターリニズム（そして、一般に、これまでのあらゆる共産主義の試み）は国家装置の基本機能を転換することが実はできず、したがって国家装置を統制する唯一の方法が、国家権力を「非合法の」党の権力で補完することだったからだ。この行き詰まりから抜け出る唯一の方法……ここで新しい「想像力の種子」がどうしても必要だ。

アメリカのユートピア　エピローグ

フレドリック・ジェイムソン

朝の古着。お望みなら、仕事着。ブルー・ジーンズ――仕事着のパスティーシュだ――がアメリカ最大の文化的輸出品に数えられることを思い出して。みなが朝とぼとぼ仕事に出かける情景は、たぶんノスタルジア映画みたいに見えるだろうが、結局のところ、ノスタルジックな美学あるいはポストモダン美学は、必要性を処理し美学化する新しいやり方なのだ――おかしなことは何もない。ところで、みなが合意しているのは、誰も仕事を好きではないということだ。ならば、政治の問題は、快楽をどうするか、いかにして仕事を（あらゆる精神分析的意味で）快楽にできるかということになるだろう。フーリエはこれについて深く考察した。ヘーゲルはこれを充足（Befriedigung）あるいは満足と呼ぶ方を好んだが、この概念は明らかに、仕事が自分のものであるか否かに関わっている。同一化、選択、強制、自分自身のために働くのか、（ドイツ人が好んで言うように）スペイン人やギリシャ人のために働くのか、あるいは（左翼の立場から）もっと良い言い方をすれば、働く必要がないから働かない人々のために働くのか、といったことである。みなが働かなければならないのなら、それほどいやな気分にならない、というのが人間心理である。ルドルフ・バーロは、東ドイツの偉大なユートピア構想において、共産党政治局員たち自身も毎週、たとえばゴミの収集のような肉体労働を――ただやっていることを見てもらうというアリバイ作りよりたぶん少しだけ多めに――やるべきだと主張した（彼はまた、どんなレヴェルにおいてもみなが同じ給料を支払われるべきだと考えたが、これは全員が労働する状況では、最低年間賃金の保証と同義になる）。これは必要を粉飾して見せたものだが、必要の真の指標は、われわれという地球の種族に要求されると言われている、一日三、四時間の労働である。

　このように考えるなら、農業の問題が必然的に鎌首――醜いか否かはともかく――をもたげてくる。歴史上のあらゆる生産様式にとっての躓きの石である。農民は他のみなと同様に意志で仕事を変えることができるか。緑の革命と農業ビジネスのポスト現代ヴァージョンは、農業そのものを廃止するだろうか。あるいは、こうしたことすべてをテクノロジーとロボットを持ち出して空想する方をお望みだろうか。熟練者、職業訓練、年功、労働見習い、経営、腰痛、生まれつきの才能やスキル、肉体労働対知能労働といったことをどうするのか。教練教官は、数時間かけて、チームを田んぼで鍛えるだろうか。仕事の疲れは、ＰＴＳＤの新ヴァージョンになるだろうか。

　『死者の暦』において、レスリー・マーモン・シルコウ〔米国の先住民作家、一九四八―〕は、本当の犯罪、唯一の真の犯罪は飢餓であると登場人物に言わせている。これこそユートピアとその他すべての真髄である。また社会主義の真髄である。労働、生産、土台が国民皆兵制の真髄でもある――つまり朝の三、四時間の労働だ――という私の元々の提案では、このことが十分に明確でなかったかもしれないと感じている。仕事の後は服を着替えて、ラブレーの古い僧院的ユートピアで言われたように、好きなことをすればよろしい。

もちろん、好きなことをするという新しい問題に直面すると、上部構造、文化が始まるが、そこには自然の解決などない。有機体の種は自らを再生産するという一つの課題を持っていた。その後で、自然は有機体を用済みにし、古い靴のように捨てた。こういう考え方はニヒリズムであるだけではない。真理と普遍性の体系への欲望という伝統的形態での哲学そのもの——今では形而上学という烙印を押されている——を、現代哲学が深いレヴェルで拒絶する理由を説明してくれるのだ。しかし、形而上学批判もまた哲学だった、ちょうど中心化された主体や表象の批判がそうだったように。これらすべての概念的ポジション——それらを信仰と呼ぶなら、昔の、今や時代遅れになった啓蒙主義の論争に退行することになろう——は、実際は、イデオロギーと呼ばれる必要があるし、そう呼ばれて初めて意味を持つ。プラグマティズム、生気論、かのようにの哲学、否定弁証法、いかなる真理も脱構築的に放棄すること、非あるいは反哲学、意味の「理論」としての言語ゲームの「哲学」、理論それ自体——難題を解決しようとするこれらすべてのポスト伝統的、ポスト体系的、ポストヘーゲル的試みは、結局、それ自体で新しい哲学、つまりイデオロギーとなるのだ。なぜなら、イデオロギー——あまりにも真理に深く満たされているため、みなが使うのを本能的に避けるような言葉の一つだ——とは、あらゆる思考とあらゆるポジション（どれだけ普遍化されているかに関わらず）の状況特定性を指し示すやり方だからだ。イデオロギーは、われわれのように個人から成り立っている種には自然にやってくるものだ。つまり、われわれは決して「普遍」に到達できないし、われわれが考えるすべては、われわれが形成される状況——実存的、精神分析的なものから、階級、ネーション、人種、ジェンダー等に至るまで——によって色づけされ条件づけられている。これが「形而上学」の、また「意味《ミーニング》」それ自体のより深い意味《センス》である。また、これが理由となって、すべての現代哲学は、あれらの肯定的に見えるポジションを避け、かわし、非難するよう、また、われわれがたぶんもはや真理と呼ぶ勇気がないものを投影するための適切に否定的な立場を見出すよう、デザインされているのである。マルクス主義は、自らの体系の内部にイデオロギーの理論そのものを含むことで、この難問の解決に最も近づいた。けれども、今日存在するマルクス主義が多数あることで直ちに分かるように、マルクス主義も他のすべてと同じくらい哲学することにかまけてきた。この「哲学の死」の帰結がニヒリズムであるなら、ニヒリズムもまた哲学、もう一つの哲学、イデオロギー、形而上学であると指摘してやればよい。「意味《ミーニング》」は、ハイデガーが実存と死はつねに私自身のもの、個人的なものと言うときの意味《センス》において、つねにイデオロギー的である。

この状況で言えることは、ジャンバティスタ・ヴィーコがそう最初に言った者の一人らしいが、自然は無意味でも歴史には意味がある、ということだ。もし意味がなくても、集合的にも個人的にも、企画と未来が意味を生み出すのだ。大いなる集合的企画には意味があり、それはユートピアという意味である。ただし、ユートピアの問題、集合的意味の問題は、個人的意味を見出さねばならないということだ。

種の再生産を確保すると、有機体――それを「むき出しの生」、ラカン的死の欲動、余暇の問題、善の性質などどう呼んでもよいが――は、何か他にすることを見つけなければならない。人間の歴史は、宗教と芸術に始まり、禁欲、断念、自傷、その他の快楽に満ちた非快楽あるいは反快楽の全部を含む、さまざまな解決法を満載した一大商店街を発展させてきた。自尊心を持つあらゆるユートピアはこれらを考慮に入れ、養育する義務がある。おそらく他の人々、大文字の他者、集合性はいつもその計画の一部分である。あらかじめ理論化したり予測したりはできないが、みなに影響を及ぼす一部分だ。ハイデガーの偉大な倫理――他者をしてその存在においてあらしめよ！――は私にとっていつも、忌まわしいと同時に理解可能で、魅力的でさえあるものの、不可能に思えた。

そういうわけでユートピアの省察――政治的省察は必然的にその部分集合である、金になるにせよならないにせよ――は二つの方向に引き裂かれる。不可能事の現実的、技術的細部と、われわれの主観性のための計画とに。その前者についてもう少し明確にしたい。

今日「土台」に関するいかなる議論も、おそらく社会主義の構築よりも高度資本主義の脱構築に関わるだろう。大いなる独占を国営機関――私の構想では軍隊の派生機関――に転換することは、すでに広く議論されているトピックだが、おそらく三つの分野で補完する必要がある。情報テクノロジー、金融資本主義の利潤志向の次元の排除、官僚制の衛生的監視である。しかし、歯磨きのような商品の耐え難い増殖を排除することとは、現代の日常生活により直接的なインパクトを与えるけれども、新参者たち――彼らがアメリカの手っ取り早く金持ちになる幻想によっていかに鍛えられているにせよ――の場所は確保されねばならない。それは、イノヴェーションのためだけでなく、今日ギャングやスポーツからコンピュータ・ゲームとビジネススクールに至るあらゆるものに流れているあの途方もない若いエネルギーの投資というさらに重要なことのためなのである。軍隊はかつて、そういうエネルギーの一部のための、大体において副次的な受け皿だった。今や軍隊は、物質的に生産的であると同時に精神的に刺激的であるような仕方で、そういうエネルギーのすべてを吸収し鼓舞せねばならない。マルクスはこれを新しい欲望の生産と呼んだが、彼が商品フェティシズムの転移形態――その徴候は、ドラッグストアの客もテレビのリモコンを操作する者も困惑させる――を念頭に置いていたはずはない。平和部隊型の利他主義は万人向けではないし、もちろんアリストテレスの精神の生活という理想は今日ではせいぜい専門分化した学問というイメージしか喚起しない。けれども、ボードリヤールやソンタグが美学的「規定食」で提唱したイメージ療法というピューリタン的解決を避けることが重要である。抑圧は脱昇華という形も取りうるのだ。抑圧からは何もいいことが出てこない。マルクーゼが教えてくれたように、抑圧は好きなようにさせて（交換、消費）、生産と分配だけを、厳格に、断固として強調すればよい。貨幣――ユートピア幻想と真剣な資本主義権力闘争にとってつねに中心的オブセッションだ――に関しては、終わりなき議論は哲学者に任せ、重くて不便なので特別な機会にしか使われない硬貨に使用を限定する。このトピックはそれ以外は、生産過程における原材料の移動、およびエコロジー的に貧しい地域への再分配（連邦制の中心的ディレンマ）という二重の問題を象徴的に代理している。人口移動は下部構造の問題なのか、上部構造の問題なのか。どんなユートピアもみなが浜辺に住むことを欲しないだろうし、都市に住むための公式許可システムの必要などもおそらく欲しないだろう。土地保有の問題が、そもそも政治理論が誕生した理由なのだが、残念なことに、それは実践的解決はおろか概念的解決も見出していないようだ。軍事基地のネットワークが私が提唱する解決だ。もっといい解決を聞こうではないか！　いずれにせよ、現在の後期資本主義のイメージを乗り越えることができる、ちょうどそんな感じの新しい幻想的イメージの流入なしには、社会主義は不可能であろう。

現在、宗教だけが勤勉にそういう路線を開拓しているように思えるが、ここでは精神分析が助けになるはずだ。今日の宗教の引力が、満足させてくれるという約束――それは貧弱になり、ほとんど願望充足ですらない――にではなく、規律と抑圧を提供してくれる点にあることは明らかだ。一九八〇年代という衰退期に私は、非マルクス主義者ロバート・ハイルブローナー〔米国の経済学者、経済思想史学者、一九一九―二〇〇五〕がマルクス主義と社会主義の変わらぬ妥当性を弁じたあっぱれな議論に感心した。彼は他の多くの者と同様、一九八九年にさじを投げたが、その最後の努力において、僧院と宗教的共和国が持つ一定限の魅力を指摘できたのだ（もちろん宗教的共和国は、トマス・モアの『ユートピア』の幻想的起源でもある）。とはいえ、マックス・ウェーバーが示したように、僧院的規律はまた、「資本主義の精神」の元来の試験場でもあった。イエズス会は間違いなく今でも、新しい種類の（共産主義）政党創造の可能性を考える場合に多くの価値ある教訓を与えてくれる。しかし、むろんわれわれは、唯一のオルターナティヴとして宗教に戻りたいとは思わない。教会か軍隊か、と集合性の分析においてフロイトは言った。それなら、どうあっても軍隊だ！（だが、資本主義は集合性の形態ではないことを忘れるな！）

けれども、これらは「有機的」集団（エスニシティー、農民、階級タイプなど）の名ではなく、むしろ、制度的機関（もちろんこれも独自の職業心理を時間をかけて生み出す傾向がある）の名だ。宗教組織における構造的修正が、非常に異なる、そしてときどき、労働司祭の場合のように、より進歩的な心理を生み出すのと同様、国民皆兵制も平等への志向（と偏見）を強化するであろう。

強調しなければならないのは、個人を記述するのに有用な精神分析システムと、集合性のために打ち出される理論的提案との間の根本的分離である。もちろんどちらもイデオロギー的だが、集合分析のシステムは、集団と集合性に関してわれわれが名を与えるすべての概念が必然的に欠陥と歪みを持つために、はるかに直接的に政治的で道具的である。集合性は表象できないので、できるだけ中立的にそれらを喚起するのが望ましい。一つ言えば、集合性に対するどんな唯物論的アプローチも、集合性を形成する構造——社会的であれ生物学的であれ——を同定しようと願う。しかしそのような唯物論的説明でさえ政治的含意を持つ。だから「人民《ピープル》」のような概念——同族の語だから分かるように、その成立はポピュリスト的である——は、歴史的、階級的内容を含んでおり、その内容は結局のところ、ル・ボンやカネッティ、それにフロイトさえもが利用した、群衆や暴徒などのはるかに明確に反動的な概念と同じように、理論的に受け入れがたい。ルソーの力業――一般意志――は、集合性を、社会的実体としてのその物理的不可能性を措定しつつ、名指そうとしたユニークな理論的、哲学的試みである。その他すべては経験的社会学だが、階級という概念だけが内部に自らの物質的決定を含むことに成功した。歴史も含むという代価を払ったけれど（階級それ自身と、それ自身のための階級との間の区別）。

他方、ラクラウとムフの「社会主義の戦略」に関する先駆的な書物以来人気のある「敵対」という概念も逆の理由で受け入れられない。つまり、これは、個人心理に関する観察を集合社会一般に拡張するものだからである。すべての他者性は根本的に対立であるというのは、共有すべき健全な確信であろう。しかし、社会的なものに応用すると、反ユートピア的武器となって、革命的戦略を阻害するか、よくても、ラディカルな政治をローカルな問題に限定するかしてしまう。この種のポップ心理学的概念の人気を見ると、かつての革命の過剰と失敗は、共鳴者たちにあれらの欠点を理解し修正するよう導いたのではなく、むしろ、ラディカルで体系的な社会変化の理想から完全に逃げるよう導いたのだ、と信じたくなる。そういうわけで、後期資本主義の心理的報酬が、革命の敗北の歴史的イメージと組み合わさって、歴史は終わり、（自然災害を除いて）変化はもう不可能だという確信を強めるのである。

特定の名を持つ集団に関しては、官僚制に対する私の先の「擁護」をもう一度述べておく価値があるかもしれない。社会学的に言って、軍隊自体が間違いなくこのカテゴリーに属するのだから。もちろん、今日最も強力で、最小限に機能的な官僚制的構造は、嫌われている国家や政府と結びついたものではなく、世界大の規模でさまざまな国家装置を現に超越している大企業と結びついたものである。現代のアナキズムは、国家による物理的暴力と抑圧の独占を、われわれの社会における官僚制の遍在へと無意識のうちに吸収したことによって、その力の多くを得ている。次のような役人たちに不満を言うよりも、全体主義を非難する方がまだ満足がいく。役人たちは、書類が不完全だとか欠けているとかでわれわれを却下するし、無愛想で、無理な規則や規制を押し付けることに独自の快楽を味わうし、例外を作らないし、個人の問題や事情に関心を持たないし、もうあまり我慢強くはない請願者の長い列があるのに「閉庁」という看板を出して業務を打ち切ってしまうのだ。もっと困難なのは、官僚制が英雄的になる事例への熱狂を呼び覚ますことだ――ソーシャル・ワーカー、教会区司祭、聖職者が支配していた時代の共和国に最初の世俗学校をつくった教師たち、組合の組織者、監視員と不正告発者、有権者登録や政党の勧誘員など。

官僚制批判は政治的に有益だろうか。答えは二重で、矛盾している。社会主義下では有益だろう、なぜなら、社会主義の合言葉の一つがこの種の集団（創始者たちは「党派《ファクション》」と呼んだ）の形成の回避だからだ。資本主義下では有益でないだろう、なぜなら、官僚制は階級ではなく、官僚制批判はどんな真正の階級政治にもほとんど寄与しないからだ。

私は、現在の議論において、共産主義という語よりも社会主義という語を好むとすでに言った。なぜなら、後者は前者より実践的で、政党形成、移行、私有化、国有化、金融など、共産主義の高遠な領域では避けてもいい問題を現に提起するからだ。とはいえ、社会主義では権力の掌握という問題は定義上すでに終わっており、それゆえ、そういう（ユートピア的？）状況では、「階級闘争」は、階級の敵の打倒よりも社会主義そのものの建設に関係するだろう。

この本の私の論文は実は一種の奇術である。軍隊の話かと思うと実際にはユートピアの話で、革命の話かと思うと、未来に深入りした、社会主義の問題の話である。あたかも、ジョナサン・スウィフトが、もし人々が自分の控え目な提案〔一七二九年、スウィフトはアイルランドの貧困を救うため、子供たちを食料として金持ちに売ってはどうかという風刺的提案書を出版した〕を真面目に考えてくれたなら、ジャガイモ飢饉の恐怖は避けられたのに、とぼやくかのようである。あるいは、アイゼンハワーの漫画をやや修正したものの方がいいかもしれない。そこでかの軍司令官は言う、「軍隊に入りたくないんなら、代わりに政党を作らせればいい！」ただし、「私がしたように！」と付け加える者はいないのだが。

原注

1

（1）このテーマに関する研究に不可欠のガイド役を果たしてくれたアルベルト・トスカーノとセバスティアン・バッジェンに感謝する。

（2）族長のこの機能については、Pierre Clastres, *La Société contre l'État*, Paris: Minuit, 1974〔ピエール・クラストル著、『国家に抗する社会』、渡辺公三訳、水声社、一九八九年〕の特に第二章を見よ。

（3）Terry Bisson, "This Month in History," *Locus*, August 2011, 19.

（4）こうしたすべてに関して以下を見よ。Jennifer Mittelstadt, *The Rise of the Military Welfare State*, Cambridge: Harvard University Press, 2015.

（5）Leon Trotsky, *Terrorism and Communism*, London: Verso, 2007, 132.〔トロツキー著、『テロリズムと共産主義』、根岸隆夫訳、現代思潮社、一九七五年、一八四頁〕

（6）Ibid.〔一八四頁〕

（7）Ibid., 160-1.〔二二八—二二九頁〕

（8）Barbara Goodwin, *Justice by Lottery*, Chicago: University of Chicago Press, 1992.

（9）Perry Anderson, "The Antinomies of Antonio Gramsci," *New Left Review*, no. I/100, November-December 1976.

（10）V. I. Lenin, *Essential Works of Lenin*, New York: Bantam, 1996, 349.〔レーニン著、『国家と革命』、宇高基輔訳、岩波文庫、一九五七年、一四二—一四三頁〕

（11）Ernest Laclau and Chantal Mouffe, *Hegemony and Socialist Strategy: Towards a Radical Democratic Politics*, London:

Verso, 1985.〔エルネスト・ラクラウ、シャンタル・ムフ著、『民主主義の革命――ヘゲモニーとポスト・マルクス主義』、西永亮、千葉眞訳、ちくま学芸文庫、二〇一二年〕

3

（1）被抑圧者の革命的同盟という観点から人民主権を議論するものについては、以下を見よ。Jodi Dean, *The Communist Horizon*, London: Verso, 2012.

（2）二重権力については以下も見よ。Susana Draper, "Within the Horizon of an Actuality: The State and the Commons in the Eternal Return of Communism," *South Atlantic Quarterly*, Fall 2014: 807-20.

（3）Jason E. Smith, "Contemporary Struggles and the Question of the Party: A Reply to Gavin Walker," *Theory and Event* 16. 4, 2013.

（4）Peter D. Thomas, "The Communist Hypothesis and the Question of Organization," *Theory & Event* 16. 4, 2013.

（5）同じ傾向の別の事例については以下を見よ。Ernesto Laclau and Chantal Mouffe, *Hegemony and Socialist Strategy*, London, Verso: 1985〔エルネスト・ラクラウ、シャンタル・ムフ著、『民主主義の革命――ヘゲモニーとポスト・マルクス主義』、西永亮、千葉眞訳、ちくま学芸文庫、二〇一二年〕; Jean Cohen and Andrew Arato, *Civil Society and Political Theory*, Cambridge, MA: MIT Press, 1992; and Félix Guattari and Antonio Negri, *New Lines of Alliance, New Spaces of Liberty*, New York: Autonomedia, 2010, originally published in French in 1985.

（6）Sigmund Freud, *Group Psychology and the Analysis of the Ego*, trans. by James Strachey, London: International Psycho-Analytical Press, 1922, 88.〔『フロイト著作集6　自我論・不安本能論』、井村恒郎、小此木啓吾他訳、人文書院、一九七〇年、二三五頁〕

（7）Elias Canetti, *Crowds and Power*, trans. Carol Stewart, New York: Farrar, Straus and Giroux, 1984, 15.〔エリアス・カネッティ著、『群衆と権力（上）』、岩田行一訳、法政大学出版局、一九七一年、三頁〕

（8）Ibid.〔同右〕

（9）Ibid., 17.〔同右、七頁〕

（10）Ibid., 18.〔同右、九頁〕

(11) 奇妙な誘因については、以下を見よ。Jodi Dean, *Democracy and Other Neoliberal Fantasies*, Durham, NC: Duke University Press, 2009, 67-70.

(12) Canetti, *Crowds and Power*, 29.〔『群衆と権力（上）』、二六頁〕

(13) Ibid.〔同右〕

(14) Ibid.〔同右〕

(15) Ibid., 20.〔同右、一一頁〕

(16) 「単独性の美学」（"Aesthetics of Singularity"）において、ジェイムソンは突発的暴徒を二〇一〇年五月の株式市場の瞬間暴落になぞらえている。*New Left Review* 92, March/April 2015, 101-38.

(17) 以下を見よ。Alain Badiou, *Theory of the Subject*, trans. by Bruno Bosteels, London: Continuum, 2009. 群衆の平等主義的解放に対する忠誠という観点から政党の理論を練り上げたものについては、以下の拙著を見よ。*Crowds and Party*, London: Verso, 2016.

(18) 集合性への集合的欲望の観点から共産主義の欲望を論じたものに以下がある。*The Communist Horizon.*

(19) Daniel Bensaïd, "Leaps! Leaps! Leaps!" in *Lenin Reloaded*, edited by Sebastian Budgen, Stathis Kouvelakis, and Slavoj Žižek, Durham, NC: Duke University Press, 2007, 158.

(20) Slavoj Žižek, *How to Read Lacan*, New York: Norton, 2006, 80.〔スラヴォイ・ジジェク著、『ラカンはこう読め！』、鈴木晶訳、紀伊國屋書店、二〇〇八年、一三九頁〕

(21) Ibid., 81.〔同右、一四〇―一四一頁〕

(22) Ibid., 28-9.〔同右、五六―五八頁〕

(23) Paul Mason, "The Best of Capitalism Is Over for Rich Countries — and for the Poor Ones It Will Be Over by 2060," *Guardian*, July 7, 2014.

(24) Slavoj Žižek, *The Sublime Object of Ideology*, London: Verso, 1989, 185.〔スラヴォイ・ジジェク著、『イデオロギーの崇高な対象』、鈴木晶訳、河出文庫、二〇一五年、三四三頁〕。別の所でジジェクは、知っていると想定される主体を「象徴の次元の根本的で根幹を成す姿」として把握する。*The Plague of Fantasies*, London: Verso, 1997, 106.〔スラヴォイ・ジ

ジェク著、『幻想の感染』、松浦俊輔訳、青土社、一九九九年、一六四頁〕

(25) Žižek, *Plague of Fantasies*, 106.〔『幻想の感染』、一六三頁〕

(26) Ibid., 107.〔同右、一六五—一六六頁〕

(27) ゼロ制度としてのウェブについての議論は以下を見よ。*Democracy and Other Neoliberal Fantasies*.

(28) Raphael Samuel, *The Lost World of British Communism*, London: Verso, 2006, 36. この本は、『ニュー・レフト・レヴュー』に一九八五年から一九八七年に発表された三つの論文から構成される。

(29) Ibid., 106.

(30) Ibid., 103.

(31) Ibid., 120.

(32) Vivian Gornick, *The Romance of American Communism*, New York: Basic Books, 1977, 109-10.

4

(1) Lenin, *Essential Works of Lenin*, 349.〔レーニン著、『国家と革命』、宇高基輔訳、岩波文庫、一九五七年、一四二頁〕

(2) Judith Butler, *The Psychic Life of Power*, Stanford: Stanford University Press, 1997, 119.〔ジュディス・バトラー著、『権力の心的な生——主体化＝服従化に関する諸理論』、佐藤嘉幸、清水知子訳、月曜社、二〇一二年、一四七頁〕

(3) Slavoj Žižek, *The Sublime Object of Ideology*, London: Verso, 1989〔スラヴォイ・ジジェク著、『イデオロギーの崇高な対象』、鈴木晶訳、河出文庫、二〇一五年〕; Mladen Dolar, "Beyond Interpellation," *Qui Parle*, Vol. 6, No. 2 (Spring/Summer 1993).

(4) Dolar, "Beyond Interpellation," 91.

(5) Žižek, *The Sublime Object of Ideology*, 40.〔『イデオロギーの崇高な対象』、八一頁〕

(6) Dolar, "Beyond Interpellation," 89.

(7) ラッツァラートは、いかに「時間のつながりがなく、可能性もなく、しかるべき断絶もない社会のなかで生きる」ことが「〈負債経済〉」であるのかを詳しく説いている。Maurizio Lazzarato, *The Making of the Indebted Man*, Los Angeles: SemioTexte, 2007, 47.〔マウリツィオ・ラッツァラート著、『〈借金人間〉製造工場——〝負債〟の政治経済学』、杉

村昌昭訳、作品社、二〇一二年、六五頁〕

（8） 対照的なものとして、アンドレイ・プラトーノフ〔ロシアの小説家、一八九九―一九五一〕による『土台穴』〔一九三〇執筆、一九八七発表〕などの小説は、ディストピアや世の終わりをユートピアの条件として想定していると言うことができる。どうやらわれわれが罠から逃れることを可能にするのは唯一、人間の生命の破滅直前の状態だけのようだ。この罠の中では、われわれの想像するいかなるユートピアも、つねに現在によって境界づけられており、ジェイムソン言うところの現在の流血の罪を背負っている。この点に関するジェイムソンの議論については、次を参照。*The Seeds of Time*, Irvine: Columbia University Press, 1994, 73-128.〔フレドリック・ジェイムソン著、『時間の種子――ポストモダンと冷戦以後のユートピア』、松浦俊輔、小野木明恵訳、青土社、一九九八年、一〇二―一七〇頁〕

（9） Fredric Jameson, *The Political Unconscious*, London: Routledge, 2006, 88.〔フレドリック・ジェイムソン著、『政治的無意識――政治的象徴行為としての物語』、大橋洋一、木村茂雄、太田耕人訳、平凡社ライブラリー、二〇一〇年、一七八頁。引用文中の〔 〕は、『政治的無意識』の訳者による注。〕

（10） Ibid.〔同右、一七七―一七八頁〕

5

（1） G. W. F. Hegel, *Encyclopedia of the Philosophical Sciences: Philosophy of Mind*, Oxford: Oxford University Press, 1971, 15.〔『ヘーゲル全集3　精神哲学』、船山信一訳、岩波書店、一九九六年、二五頁〕

（2） Paulo Arantes, *O novo tempo do mundo*, São Paulo: Boitempo, 2015.

（3） Slavoj Žižek, *The Sublime Object of Ideology*, London: Verso, 1989, 32.〔スラヴォイ・ジジェク著、『イデオロギーの崇高な対象』、鈴木晶訳、河出文庫、二〇一五年、六六頁〕

（4） See Karl Mannheim, *Ideology and Utopia: An Introduction to the Sociology of Knowledge*, New York: Mariner Books, 1955.〔カール・マンハイム著、『イデオロギーとユートピア』、高橋徹、徳永恂訳、中公クラシックス、二〇〇六年〕

（5） たとえば、以下を見よ。Fredric Jameson, *Archaeologies of the Future: The Desire Called Utopia and Other Science Fictions*, London: Verso, 2005.〔フレドリック・ジェイムソン著、『未来の考古学I――ユートピアという名の欲望』、秦邦生訳、作品

社、二〇一一年。『未来の考古学Ⅱ――思想の達しうる限り』、秦邦生ほか訳、作品社、二〇一二年〕

（6）Fredric Jameson, "The Future City," *New Left Review* 21, May-June 2003.

（7）Karl Marx, *Capital*, Vol. 1, London: Penguin, 1976, 171.〔エンゲルス編、『マルクス　資本論（一）』、向坂逸郎訳、岩波文庫、一九六九年、一四一頁〕

（8）Ibid., 172.〔同右、一四二頁〕

（9）Alain Badiou, *The Meaning of Sarkozy*, London: Verso, 2008, 113.〔アラン・バディウ著、『サルコジとは誰か？――移民国家フランスの臨界』、榊原達哉訳、水声社、二〇〇九年、一七五頁〕

（10）Slavoj Žižek, "How to Begin from the Beginning?" in *The Idea of Communism*, edited by C. Douzinas and S. Žižek, London: Verso, 2010.〔スラヴォイ・ジジェク著、「始めからやりなおすには」、コスタス・ドゥズィーナス、スラヴォイ・ジジェク編、『共産主義の理念』、長原豊監訳、沖公祐、比嘉徹徳、松本潤一郎訳、水声社、二〇一二年、三五三―三八二頁〕

（11）V. I. Lenin, "The Dual Power," 1917, marxists.org.〔『レーニン全集24』、マルクス＝レーニン主義研究所、レーニン全集刊行委員会訳、大月書店、一九五七年、二一―二四頁〕

（12）Marx, *Capital*, Vol. 1, 929.〔エンゲルス編、『マルクス　資本論（三）』、向坂逸郎訳、岩波文庫、一九六九年、四一五頁〕

（13）V. I. Lenin, "Imperialism: The Highest Stage of Capitalism," in *Essential Works of Lenin*, New York: Dover, 1987, 269.〔レーニン著、『帝国主義』、宇高基輔訳、岩波文庫、一九五六年、二〇四―二〇五頁〕

（14）Marx, *Capital*, Vol. 1, 92.〔エンゲルス編、『マルクス　資本論（一）』、向坂逸郎訳、岩波文庫、一九六九年、一六頁〕

（15）Karl Marx, *Capital*, Vol. 3, London: Penguin, 1991, 953.〔エンゲルス編、『マルクス　資本論（九）』、向坂逸郎訳、岩波文庫、一九七〇年、七頁〕

（16）Ibid., 969.〔同右、三四頁〕

（17）Karl Marx, *Grundrisse: Foundations of the Critique of Political Economy*, London: Penguin, 1993, 265.〔『マルクス　資本論草稿集①』、資本論草稿集翻訳委員会訳、大月書店、一九八一年、三一二頁。引用文中の〔　〕はこの著作の翻訳者による。〕

（18）Žižek, "How to Begin from the Beginning?" 219.〔『共産主義の理念』、三七一頁〕

（19）Alain Badiou, *Of an Obscure Disaster — On the End of State-Truth*, Maastricht: Jan van Eyck Academie and Arkzin,

2009, 5-6.
(20) Gabriel Tupinambá, "What Is a Party a Part Of?" *Crisis and Critique* 1 (1), 2014, 226, crisiscritique.org.
(21) Ibid.〔同右〕
(22) Kojin Karatani, *The Structure of World History: From Modes of Production to Modes of Exchange*, Durham, NC: Duke University Press, 2014, xi-xii.〔柄谷行人著、『世界史の構造』、岩波現代文庫、二〇一五年。ただしこの引用と次の引用は英語版に付された「英訳版への序文」からのものであり、日本語書籍にはない。〕柄谷にとって、「様式Aへの回帰」はカント的形式で行われることに注意すべきである。
(23) Ibid.〔同右〕
(24) Ibid., 290.〔同右、四六六―四六七頁〕

6

(1) 「戦争と死に関する時評」、森山公夫訳、『フロイト著作集5』、人文書院、一九六九年、四一九頁。
(2) 同右、四〇八頁。
(3) 「快感原則の彼岸」、小此木啓吾訳、『フロイト著作集6』、人文書院、一九七〇年、一六三頁。
(4) 「マゾヒズムの経済論的問題」、本間直樹訳、『フロイト全集18』、岩波書店、二〇〇七年、三〇〇頁。

7

(1) Theodor W. Adorno, *History and Freedom: Lectures 1964-1965*, Cambridge: Polity, 2006, 68
(2) Alain Badiou, "True and False Contradictions of the Crisis," *Liberation*, trans. David Broder, May 29, 2015, http://www.versobooks.com/blogs/2014-alain-badiou-true-and-false-contradictions-of-the-crisis.
(3) Fredric Jameson, "An American Utopia."
(4) ここではジェイムソンの次の古典を思い出しておけばよい。Fredric Jameson, *Marxism and Form: Twentieth-Century Dialectical Theories of Literature*, Princeton, NJ: Princeton University Press, 1974.〔フレドリック・ジェイムスン著、『弁

証法的批評の冒険――マルクス主義と形式』、荒川幾男、今村仁司、飯田年穂訳、晶文社、一九八〇年〕

（5） この力学に関して、（たぶん）多少複雑な例を挙げる。共産主義が歴史的に失敗しそれゆえいかなる共産主義形態の組織も実現不可能であるとする歴史的に特定の主張は、それ自体が歴史的主張である（この教訓は歴史から学んだ）と標榜しているにもかかわらず、実は歴史から非歴史的結論を引き出している。すなわち、共産主義には欠陥があり、それは最初から概念的に（または実質的に）失敗する運命にあった、したがって本質的に不可能なものであるという具合に。

（6） ここにいう状況の観点以外に別の観点があるのか、ありえる（ない）のかという問題には後で戻るが、最終的に私は、そういう観点があるものの、特別に不可能なものであると主張するつもりだ。

（7） これはしたがって、ジャン＝ピエール・デュピュイ〔フランスの科学哲学者、フランス放射線防護原子力安全研究所（IRSN）倫理委員会委員長。一九四一―〕によって見事に表現された論理に従っている。彼はかつて次のように指摘した。「ある対象が属性ｘ」――たとえば可能ないし思考可能という属性――「をｔのときまで持っている。ｔの後では、その対象はもう属性ｘを持っていないだけではない。それがいかなるときでもｘを持っていたということが正しくなくなるのだ。「対象Oは属性ｘを瞬間ｔに持っている」という主張の真理値は、したがって、その主張が発せられる瞬間に依存していることになる」。同じことは、「対象Oは思考可能である／思考可能ではない」という主張についても当てはまる。以下を見よ。Jean-Pierre Dupuy, "Quand je mourrai, rien de notre amour n'aura jamais existé," unpublished typescript, cited in: Slavoj Žižek, *Absolute Recoil: Towards a New Foundation of Dialectical Materialism*, London: Verso, 2014, 187.

（8） 私の見解では、こういうわけでジェイムソンは、この無人地帯を「二重権力のそれでもある」と正当にも言うことができる。

（9） ここで私が、不可能性の種々の側面を説明する意味は、アラン・バディウが「（ある状況の）状態 the state（of a situation）」と呼ぶものに非常に近い。以下を見よ。Alain Badiou, *Being and Event*, London: Continuum, 2005, 81-112.

（10） Fredric Jameson, "Totality as Conspiracy," in *The Geopolitical Aesthetic: Cinema and Space in the World System*, Bloomington: Indiana University Press, 1995, 9.

（11）Fredric Jameson, *The Political Unconscious: Narrative as a Socially Symbolic Act*, New York: Routledge, 1983, 171.〔フレドリック・ジェイムソン著、『政治的無意識――政治的象徴行為としての物語』、大橋洋一、木村茂雄、太田耕人訳、平凡社ライブラリー、二〇一〇年、三〇二―三〇三頁〕ここで重要なのは、ジェイムソンが象徴界《シンボリック》の次元――つまり彼にとっては再現／表象――を抜かしていると指摘しておくことである。これについては後述する。

（12）「左翼」の飽和という診断は、もう一方の側つまり右翼の飽和という診断によって補完しうるし、私はそうすべきだと考える。右翼は、現状に対抗し、また何ができて何ができないかという、非イデオロギー的、プラグマティズム的「リアリズム」と彼らが称するものに対抗するため、一種の――一般にファシスト的――実体論（人種、宗教などに関する）への回帰を選んでいる。

（13）革命／改良主義の区別の限界に関する以上の説明は、ここで扱っている不可能性が、⑴歴史的に特定のもので、⑵ある物事を思考不可能なものにし、よって⑶存在論的に不可能に見えるのだという主張と調和している。これはまた、⑷実際的効果を生み出すが、この効果は⑸想像界《イマジナリー》を決定づけることでもたらされるのだ。

（14）Fredric Jameson, *The Seeds of Time*, New York: Columbia University Press, 1994, 75f.〔フレドリック・ジェイムソン著、『時間の種子――ポストモダンと冷戦以後のユートピア』、松浦俊輔、小野木明恵訳、青土社、一九九八年、一九四―一九五頁〕

（15）Antonio Negri, *Insurgencies: Constituent Power and the Modern State*, Minneapolis: University of Minnesota Press, 1999.〔アントニオ・ネグリ著、『構成的権力――近代のオルタナティブ』、杉村昌昭、斉藤悦則訳、松籟社、一九九九年〕

（16）Fredric Jameson, *Archaeologies of the Future: The Desire Called Utopia and Other Science Fictions*, London: Verso, 2005, 232.〔フレドリック・ジェイムソン著、『未来の考古学Ⅰ――ユートピアという名の欲望』、秦邦生訳、作品社、二〇一一年、三八五頁〕

（17）Jameson, "An American Utopia." これと似た主張――今日誰もがマルクス主義者になった――は、レーニンの『国家と革命』の冒頭数頁にすでに見られる。これについての詳細な分析は拙論を参照のこと。Frank Ruda, "Was ist ein Marxist? Lenins Wiederherstellung der Wahrheit des Namens," in *Namen. Benennung, Verehrung, Wirkung (1850-1930)*, ed. Tatjana Petzer, Sylvia Sasse, Franziska Thun-Hohenstein, and Sandro Zanetti, Berlin: Kadmos, 2009, 225-42.

（18）現代社会における「スキャンダル」の遍在性について考えよ。それはどこにでもある――それが好む領域は、印象的なことに、相変わらずスポーツ競技であるが。スキャンダルの機能に関しては、以下を見よ。Alain Badiou, *A la recherché du réel perdu*, Paris: Fayard, 2015.

（19）このテーゼは、アレンカ・ジュパンチッチによるジャン・ジュネの『バルコン』の素晴らしい読解の中で発展する。以下を見よ。Alenka Zupančič, "Power in the Closet (And Its Coming Out)," podcast recording, Backdoor Broadcasting, May 21, 2015, backdoorbroad-casting.net.

（20）それは「誤謬をよく知っている（…）にもかかわらず、それを放棄しない」。Slavoj Žižek, *The Sublime Object of Ideology*, London: Verso, 2008, 26.〔スラヴォイ・ジジェク著、『イデオロギーの崇高な対象』、鈴木晶訳、河出文庫、二〇一五年、五九頁〕

（21）これは、ジェイムソンの次の主張を別の仕方で解釈するものだ。すなわち後期資本主義とは、全体性という概念を思考、想像不可能にし——ジェイムソンの診断では、ポストモダニティとその理論によって強化された効果だ——、それによってそれ自体をも（グローバル化したシステムとして）思考、想像不可能にするシステムなのだという主張である。この点の一つの解釈としては、以下を見よ。Fredric Jameson, "Cognitive Mapping," in *Marxism and the Interpretation of Culture*, ed. C. Nelson and L. Grossberg, Urbana-Champaign: University of Illinois Press, 1990, 347-60.

（22）このイデオロギーの魅力的かつ論争的な批評は、以下に見られる。Alain Badiou, *Saint Paul: The Foundation of Universalism*, Stanford, CA: Stanford University Press, 2003, 9ff.〔アラン・バディウ著、『聖パウロ——普遍主義の基礎』、長原豊、松本潤一郎訳、河出書房新社、二〇〇四年、一九頁以下〕マルクスについては、以下を見よ。Frank Ruda, "Who Thinks Reductively? Capitalism's Animals," *Crisis and Critique*, Vol. 3, Issue 2, forthcoming.

（23）理論の分野におけるこのような立場の好例としては、以下を見よ。Elie Ayache, *The Blank Swan: The End of Probability*, Sussex: Wiley, 2010. 著者アヤシュに対する私の批評も参照のこと。Frank Ruda, "The Speculative Family, or: Critique of the Critical Critique of Critique," in *Filozofski Vestnik*, Vol. XXXIII, No. 2, 2012, 53-76.

（24）ここでは、いかにして不可能性の五つの側面が第一の側面に関連づけられ、そこへ回帰しているのかが確認できる。つまり、不可能性の次元の連鎖に関して、歴史的に特定の類型の主観性があるのだ。

（25） Jameson, "An American Utopia."

（26） これは明らかに資本主義を自然化し、人間性の中に固定化するものだ。この点は、アダム・スミスが、動物とは異なり人間は交換する動物なのだと主張したことにもすでに見出せる。犬が二つの小さな骨を一つの大きな骨と交換する姿を見た者はいないが、人間はそういうことをするのである。それゆえ、交換はわれわれの本性に属することなのだ——これはまさに、歴史的に特定の主張が、自然化を通して、存在論化されることを理解する一つの方法に他ならない。以下を見よ。Adam Smith, *The Wealth of Nations*, New York: Bantam Bell, 2003, 22-26.〔アダム・スミス著、『国富論I』、大河内一男監訳、中公文庫、一九七八年、二四—三〇頁〕

（27） Fredric Jameson, *Archaeologies of the Future: The Desire Called Utopia and Other Science Fictions*, London: Verso, 2005, 128.〔『未来の考古学I——ユートピアという名の欲望』、二二一頁〕

（28） 資本主義によって生産されたにもかかわらずあたかも人間の歴史を永久に決定づけてきたかのように機能するカテゴリー、概念、理論的想定についての有益な詳述は、以下に見られる。Slavoj Žižek, *Living in the End Times*, London: Verso, 2011, 181-243.〔スラヴォイ・ジジェク著、『終焉の時代に生きる』、山本耕一訳、国文社、二〇一二年、二六〇—三四〇頁〕

（29） Alain Badiou, *The Meaning of Sarkozy*, London: Verso, 2008, 34f.〔アラン・バディウ著、『サルコジとは誰か？——移民国家フランスの臨界』、榊原達哉訳、水声社、二〇〇九年、五六—五七頁〕

（30） Jameson, "An American Utopia." ジェイムソンは以下の著作で、この概念の有益な文脈化を行っている。*Valences of the Dialectic*, London: Verso, 2009, 267-78.

（31） Alain Badiou, *Peut-on penser la politique?* Paris: Seuil, 1985, 101.

（32） Bertolt Brecht, "Der Kommunismus ist das Mittlere," in *Die Gedichte*, Frankfurt am Main: Suhrkamp, 2000, 182, translated and cited in Alain Badiou, "Poetry and Communism," in *The Age of the Poets and Other Writings on Twentieth-Century Poetry and Prose*, ed. and trans. Bruno Bosteels, London: Verso, 2014.

（33） ヴァルター・ベンヤミンが書いているが、かつてブレヒトは、この線に沿って、次のように述べた。「共産主義はラディカルなものではない。ラディカルなのは資本主義だ」。Cf. Walter Benjamin, *Understanding Brecht*,

London: Verso, 2003, 33.〔ヴァルター・ベンヤミン著、『ヴァルター・ベンヤミン著作集9　ブレヒト』、石黒英男、野村修、川村二郎訳、晶文社、一九七一年、六四頁〕

（34）Jürgen Habermas, *The Theory of Communicative Action, Vol. 1: Reason and the Rationalization of Society*, Boston: Beacon Press, 1984, 28.〔ユルゲン・ハーバーマス著、『コミュニケイション的行為の理論（上）』、河上倫逸、M・フーブリヒト、平井俊彦訳、未来社、一九八五年、四九頁〕

（35）より正確に言えば、ユートピア主義がつねに提案するのが問題なき解決策であるのに対し、その相手方たる政治理論は解決策なき問題を明確化するのである。どちらを選ぶべきかは一目瞭然だ。

（36）Alain Badiou, "'We Need a Popular Discipline': Contemporary Politics and the Crisis of the Negative," *Critical Inquiry* 34（4）, 2008, 645-59.

（37）Sigmund Freud, *Introductory Lectures on Psycho-Analysis*, New York: W. W. Norton & Company, 1966, 59.〔『フロイト著作集1　精神分析入門（正・続）』、懸田克躬、高橋義孝訳、人文書院、一九七一年、三七頁〕

（38）ここでジェイムソンは、量が質に転化するというヘーゲルの悪名高い見解に共鳴する主張を行っている——国民皆兵制には（量的に）非常に多くの人々が動員されるので軍隊の概念を質的に変化させ、結果的に軍隊は管理できないものとなるだろうというのだ。この主張は立派なものだが、どうして国民皆兵制に動員された多数の人々が必然的にこの軍隊を管理できないものとするのかが必ずしも判然としない——これは重要な点なのだ。なぜなら、ここからジェイムソンは、その軍隊が外国での戦争やクーデタを行うことはできないだろうと推論しているからである。これはまた、政治的指導者のようなもの——たぶん一種のヘーゲル的君主？——が存在する余地が残るかどうかという問題とも関連している。

（39）Jameson, "An American Utopia." 思うに、どういうわけかいまだに「何か」の周囲を強迫的に旋回しているが、それを「対象化」していない非フェティシスト的な集合的政治行動や組織を想像しようとするのは興味深いかもしれない。だが、この議論については別稿に譲ることにする。

（40）Jameson, "An American Utopia." ここで想起すべきことは、かつてジェイムソンが、ウォルマート〔米国のディスカウント・ストア〕のありうる再機能化と関連して、別の種類のユートピアを提案したことであるが、これはそれなりにコミックである。以下を見よ。Jameson, *Valences of the Dialectic*, London: Verso, 2010, 410-34. おそらくこれら二つのコミック・ユートピアを併読し、以下の公式を提案すべきだろう。国民皆兵制＋再機能化されたウォルマート＝共産主義？

(41) ジョークと喜劇の相違をここで論じることはできないが、喜劇について研究する者は誰でも、この区別を見事に詳述した次の本を参照しないわけにはいかない。Alenka Zupančič, *The Odd One In: On Comedy*, Cambridge: MIT, 2008.

(42) Zupančič, *The Odd One In*, 218.

(43) Ibid.〔同右〕

(44) Jameson, *Valences of the Dialectic*, 153.

8

(1) 本章は、この問題を扱った二つの拙論——今やなき雑誌 *Soft Targets* 初出の "Dual Power Revisited" とオンライン雑誌 *Période* に掲載した "Tragédie et transition" ——を、修正を加えて再構成したものである。書誌情報に関して、セバスチャン・バッジェンに感謝する。

(2) 以下を見よ。Pablo Iglesias, *Politics in a Time of Crisis: Podemos and the Future of Democracy in Europe*, trans. Lorna Scott Fox, London: Verso, 2015.

(3) Fredric Jameson, "Lenin and Revisionism," in *Lenin Reloaded*, ed. Sebastian Budgen, Stathis Kouvelakis, and Slavoj Žižek, Durham, NC: Duke University Press, 2007, 69.

(4) 移行のプロジェクトという点において、ユーロからの戦略的離脱が非改良主義的改革の地平の役割を担いうるかという、最近コスタス・ラパヴィツァスが論じたような問題について、私はここで論じるつもりはない。以下を見よ。S. Budgen and C. Lapavitsas, "Greece: Phase Two," *Jacobin*, March 12, 2015.

(5) 抑制力《カテコン》としての改良主義については、拙論を見よ。"Reforming the Unreformable," in *What Are We Struggling For? A Radical Collective Manifesto*, London: Pluto, 2012.

（6） 共産化に関する私の議論は、以下を見よ。"Now and Never," in *Communization and Its Discontents*, ed. Benjamin Noys, New York: Autonomedia, 2011, and the problem of transition in "Transition Deprogrammed," *South Atlantic Quarterly* 113. 4, 2014.

（7） ここで、ジェイムソンが権力に対する政治的恐怖をミシェル・フーコーの著作と関連させていることに私は異議を唱えたい。確かに、衰退している新左翼という視点からは、『監獄の誕生――監視と処罰』〔一九七五〕の牢獄のパノラマは、権力の息苦しいヴィジョンを告知し、その過程で無政府主義の炎を再びつけたかもしれない。しかし、主観的自由を前提とする「行為の統制 conduct of conduct」としての権力に注目するフーコーの新自由主義講義をめぐって現れた真の研究は、体系的権力への対抗を――しばしばそういう権力を名づける能力とともに――普及させる機能を果たしてきた。

（8） 以下の素晴らしい本を見よ。Richard Stites, *Revolutionary Dreams: Utopian Vision and Experimental Life in the Russian Revolution*, Oxford: Oxford University Press, 1991.

（9） V. I. Lenin, "The Dual Power," April 9, 1917.〔『レーニン全集24』、マルクス＝レーニン主義研究所、レーニン全集刊行委員会訳、大月書店、一九五七年、二一頁〕

（10） Riccardo Guastini, "Materiali per una teoria del doppio potere," in *I due poteri: Stato borghese e stato operaio nell'analisi marxista*, Bologna: Il mulino, 1978.

（11） V. I. Lenin, "The Tasks of the Proletariat in Our Revolution［Draft Platform for the Proletarian Party］," September 1917.〔『レーニン全集24』、四五頁〕

（12） V. I. Lenin, "Has Dual Power Disappeared?"〔同右、四七六頁〕

（13） Antonio Negri, *Factory of Strategy: 33 Lessons on Lenin*, trans. Arianna Bove, New York: Columbia University Press, 2014, 123-4.〔アントニオ・ネグリ著、『戦略の工場――レーニンを超えるレーニン』、中村勝己、遠藤孝、千葉伸明訳、作品社、二〇一一年、一八六頁〕

（14） René Zavaleta Mercado, *El poder dual en América Latina: Estudio de los casos de Bolivia y Chile*, México: Siglo XXI, 1974, 18.

（15） Negri, *Factory of Strategy*, 142.〔『戦略の工場』、二〇九頁〕

（16） 以下を見よ。Daniel Bensaïd, "On the Return of the Politico-Strategic Question," August 2006, marxists.org. これのオリジナルは英語で書かれた。"The Return of Strategy," *International Socialism* 113, January 2007; *La politique comme art stratégique*, Paris: Syllepse, 2010. また、「ノイベルク」の署名で書かれたコミンテルンのマニュアル、『武装蜂起――コミンテルンの軍事教程書』〔一九二八〕〔A・ノイベルク著、革命軍事論研究会訳、鹿砦社、一九七三年〕についての以下の考察も見よ。Ben Brewster, "Armed Insurrection and Dual Power," *New Left Review* 66, 1971.

（17） Michael Hardt and Antonio Negri, *Multitude: War and Democracy in the Age of Empire*, New York: Penguin, 2005, 81.〔アントニオ・ネグリ、マイケル・ハート著、『マルチチュード（上）――〈帝国〉時代の戦争と民主主義』、幾島幸子訳、ＮＨＫブックス、二〇〇五年、一四六頁。〕

（18） 「市民社会」については、第二ラカンドン密林宣言（一九九四）を見よ。

（19） Judith Palmer Harik, *Hezbollah: The Changing Face of Terrorism*, London: I. B. Tauris, 2005.

（20） バディウは、この区域《ゾーンズ》の問題を以下の講義録で強調している。*Images du temps présent (2001-2004)*, Paris: Fayard, 2014.

（21） Alondra Nelson, *Body and Soul: The Black Panther Party and the Fight against Medical Discrimination*, Minneapolis: University of Minnesota Press, 2013; Joshua Bloom and Waldo E. Martin, *Black Against Empire: The History and Politics of the Black Panther Party*, Berkeley: University of California Press, 2014.

（22） Eric Hazan and Kamo, *Premières mesures révolutionnaires*, Paris: La Fabrique, 2013. このパンフレットへの非常に明快な批判は、以下の長い書評を参照のこと。Jason E. Smith, "The Day after the Insurrection: On *First Revolutionary Measures*," *Radical Philosophy* 189, 2015.

（23） 一九七七年の彼らの議論を見よ。"The State and the Transition to Socialism," now in *The Poulantzas Reader: Marxism, Law and the State*, ed. James Martin, London: Verso, 2008.

（24） 当然、政党は二重権力に関する古典的レーニン主義理論の要素であり、他の三つの要素、すなわち危機的状況、国家への挑戦、権力の萌芽形態に対して、ラカンのいうクッションの綴じ目《ポワン・ド・キャピトン》のようなものとして機能するのだ。

(25) 以下を見よ。Panagiotis Sotiris, "Neither an Instrument nor a Fortress: Poulantzas's Theory of the State and His Dialogue with Gramsci," *Historical Materialism* 22. 2, 2014, 135-57.

(26) 以下を見よ。Franck Gaudichaud, ed., *¡Venceremos! Analyses et documents sur le pouvoir populaire au Chili* (*1970-1973*), Paris: Syllepse, 2013.

(27) ロッサーナ・ロッサンダ〔イタリアの左翼政治家、ジャーナリスト、一九二四―〕――彼女はまた、「有限理論としてのマルクス主義」に関するインタヴューにおいてアルチュセールの対談者でもあったが、その中で彼は奇妙にも類似の見解を披露した――に応じて、サルトルは述べている。「とにかく、あなたの図式の中で私に興味深く見えるのは、それが予示する権力の二重性です。これはつまり、階級の政治的組織化に陥る一元的契機と、自治、評議会、溶融集団の契機の間の開かれた、還元不可能な関係です。私は「還元不可能」という点を強調します。なぜならその二つの契機には恒久的な緊張しかありえないからです。政党はつねに、その運動に自らが「奉仕している」と思いたい限り、解釈と発展の自らの図式へとそれを還元しようとするでしょう。一方で自治の契機はつねに、生ける局所性を、社会組織の矛盾した複合体へと投影するのです。相互的変容の始まりが表れうるのは、たぶんこの闘争においてでしょう」。Jean-Paul Sartre, "Masses, Spontaneity, Party," *Socialist Register*, 1970.

(28) 特に以下の刺激的分析を見よ。George Ciccariello-Maher, "Dual Power in the Venezuelan Revolution," *Monthly Review* 59. 4, 2007.

(29) Franco Fortini, "Translating Brecht," trans. Michael Hamburger, in *Poems*, Todmorden: Arc, 1978.

9

(1) Fredric Jameson, "Progress versus Utopia; or, Can We Imagine the Future?" *Science Fiction Studies* 9 (2), 1982, 153.〔フレドリック・ジェイムソン著、『未来の考古学II――思想の達しうる限り』、秦邦生、河野真太郎、大貫隆史訳、作品社、二〇一一年、九五頁〕

(2) Fredric Jameson, "'If I Find One Good City I Will Spare the Man': Realism and Utopia in Kim Stanley Robinson's Mars Trilogy," in *Learning from Other Worlds: Estrangement, Cognition, and the Politics of Science Fiction and Utopia*, ed. Patrick Parrinder, Durham: Duke University Press, 2001, 231.〔同右、三二一頁〕

(3) Fredric Jameson, *Marxism and Form: Twentieth-Century Dialectic Theories of Literature*, Princeton, NJ: Princeton University Press, 1971, 145-6.〔フレドリック・ジェイムスン著、『弁証法的批評の冒険――マルクス主義と形式』、荒川幾男、今村仁司、飯田年穂訳、晶文社、一九八〇年、一〇五頁〕

(4) Fredric Jameson, "Utopia as Method, or, the Uses of the Future," in *Utopia/Dystopia: Conditions of Historical Possibility*, ed. Michael D. Gordin, Helen Tilley, and Gyan Prakash, Princeton, NJ: Princeton University Press, 2010, 29.

(5) Karl Marx, *Capital*, Vol. III, trans. David Fernbach, London: Penguin, 1981; Jameson, "Utopia as Method"; Donna Haraway, "A Manifesto for Cyborgs: Science, Technology, and Socialist Feminism in the 1980s," *Socialist Review*, 80 1985, 65-107.〔巽孝之編、ダナ・ハラウェイ、サミュエル・ディレイニー、ジェシカ・アマンダ・サーモンスン著、『サイボーグ・フェミニズム　増補版』、巽孝之、小谷真理訳、水声社、二〇〇一年、「サイボーグ宣言」、二七―一四三頁〕

(6) ユートピア小説のファンへ。労働という概念において、つまりそれ自体および余暇との関係性において、「アメリカのユートピア」はモリス派よりもベラミー派の側に立つ。

(7) Matt Richtel, "Housecleaning, then Dinner? Silicon Valley Perks Come Home," *New York Times*, October 19, 2012.

(8) Melissa Gregg, *Work's Intimacy*, Cambridge: Polity, 2011.

(9) Melissa Gregg, "Getting Things Done: Productivity, Self-Management, and the Order of Things," in *Networked Affect*, ed. Ken Hillis, Susanna Paasonen and Michael Petit, Boston: MIT Press, 2015, 187-202."

(10) Friedrich Nietzsche, *The Gay Science*, trans. Walter Kaufmann, New York: Vintage Books, 1974, 259.〔『ニーチェ全集 10 華やぐ知慧　メッシーナ牧歌』、氷上英廣訳、白水社、一九八〇年、二九八頁〕

(11) Krisis-Group, "Manifesto against Labour," 1999, www.krisis.org/1999/manifesto-against-labour.

(12) Rob Lucas, "Dreaming in Code," *New Left Review* 62, 2010, 125.

(13) Krisis-Group, "Manifesto against Labour."

(14) この議論は、私が次の論文で概説した主張を補足したものである。Kathi Weeks, “Imagining Non-Work,” *Social Text Periscope*, March 28, 2013.

(15) Franco “Bifo” Berardi, *After the Future*, ed. Gary Genosko and Nicholas Thoburn, Oakland, CA: AK Press, 2011, 138; Ivor Southwood, *Non-Stop Inertia*, Winchester, UK: Zero Books, 2011, 84, 88.

(16) Jonathan Crary, *24/7: Late Capitalism and the End of Sleep*, London: Verso, 2013, 126〔正しくは 125-126〕.〔ジョナサン・クレーリー著『24/7――眠らない社会』、岡田温司監訳、石谷治寛訳、ＮＨＫ出版、二〇一五年、一五九頁〕

(17) Jon Elster, “Self-Realisation in Work and Politics: The Marxist Conception of the Good Life,” in *Alternatives to Capitalism*, ed. Jon Elster and Karl Ove Moene, Cambridge: Cambridge University Press, 1989, 127-58; Michael Walzer, “A Day in the Life of a Socialist Citizen,” in *Radical Principles: Reflections of an Unreconstructed Democrat*, New York: Basic Books, 1980, 128-38.

(18) Karl Marx, *The Economic and Philosophic Manuscripts of 1844*, trans. Martin Milligan, New York: International Publishers, 1964, 150.〔マルクス著、『経済学・哲学草稿』、城塚登、田中吉六訳、岩波文庫、一九六四年、一五三―一五五頁〕

(19) Ibid., 148.〔同右、一五〇頁〕

(20) 労働のための非労働《ノンワーク》については、以下を見よ。Bob Black, “The Abolition of Work,” in *Reinventing Anarchy, Again*, ed. Howard J. Ehrlich, Oakland CA: AK Press, 1996, 237. 十九世紀の生産的余暇活動に対する要求に関する批判的説明については、以下を見よ。Benjamin Hunnicutt, *Free Time: The Forgotten American Dream*, Philadelphia: Temple University Press, 2013. 余暇のネットワーキングに関する最近のディスコースへ無批判に貢献するものとして、以下を見よ。Tom Peters, “The Brand Called You,” *Fast Company* 10, 1997, 83-94.

(21) Terrell Carver, *The Postmodern Marx*, University Park: Pennsylvania State University Press, 1998, 106.

(22) Fredric Jameson, *The Seeds of Time*, New York: Columbia University Press, 1994, 60.〔フレドリック・ジェイムソン著、『時間の種子――ポストモダンと冷戦以後のユートピア』、松浦俊輔、小野木明恵訳、青土社、一九九八年、八七頁〕

(23) Marx, *Economic and Philosophic Manuscripts*, 95〔正しくは 150〕.〔『経済学・哲学草稿』、一五三―一五四頁〕

(24) Ibid., 94〔正しくは 148〕.〔同右、一五〇頁〕

（25） Ibid., 96〔正しくは 151〕.〔同右、一五六頁〕
（26） Ibid., 95-6〔正しくは 150〕.〔同右、一五四頁〕
（27） Ibid.〔同右〕
（28） Ibid., 99〔正しくは 155〕.〔同右、一六二頁〕
（29） Ibid., 97〔正しくは 151-152〕.〔同右、一五七頁〕
（30） Shulamith Firestone, *The Dialectic of Sex: The Case for Feminist Revolution*, New York: Farrar, Straus and Giroux, 2003, 203.〔S・ファイアストーン著、『性の弁証法——女性解放革命の場合』、林弘子訳、評論社、一九七二年、二七六頁〕
（31） Ibid., 183, 207.〔同右、二五一頁、二八二頁〕
（32） Ibid., 11.〔同右、一七頁〕
（33） Ibid., 216.〔同右、二九三頁〕

10

（1） とりわけ以下を見よ。Kim Jong Il, *On the Art of the Cinema*, Honolulu: University Press of the Pacific, 2001, 13-23.
（2） Stefan Stanford, "Are the Wal-Mart Closings in Jade Helm 15 States a Sign We've Sold Them the Rope They'll Use to Hang Us with by Shopping at Wal-Mart All These Years?" *All News Pipeline*, April 14, 2015, allnewspipeline.com.
（3） Matthew Yglesias, "The Amazing Jade Helm Conspiracy Theory Explained," *Vox*, May 6, 2015, vox.com.
（4） Rhiannon Williams, "Prisoners 'Could Serve 1, 000 Year Sentence in Eight Hours,'" *Telegraph*, March 14, 2014. ちなみにこれは『スタートレック、ディープ・スペース・ナイン』にもあったプロットだ。
（5） Ibid.
（6） ここで私が依拠しているのは、『ガーディアン』紙（二〇一四年五月十六日）の、アンドリュー・ロスによる『フラッシュ・ボーイズ』の書評である。
（7） Franco Berardi, *After the Future*, Oakland: AK Press, 2011, 177.
（8） Brian Greene, *The Elegant Universe*, New York: Norton, 1999, 116-9.〔ブライアン・グリーン著、『エレガントな宇宙——

超ひも理論がすべてを解明する』、林一、林大訳、草思社、二〇〇一年、一六八―一七四頁〕

（9）このアイデアはアレンカ・ジュパンチッチに負っている。

（10）Alain Badiou, "Fifteen Theses on Contemporary Art," *Lacanian Ink* 22, 2003, lacan.com.

（11）Hugo Albuquerque, "Becoming-Brazil: The Savage Rise of the Class without Name," *South Atlantic Quarterly* 113-4, Fall 2014, 856-7.

（12）Ibid., 861.

（13）ここで私は以下に依拠している。Rowan Williams, "On Representation," presented at the colloquium *The Actuality of the Theologico-Political*, Birkbeck School of Law, London, May 24, 2014.

（14）Jacques Lacan, *Ecrits*, Paris: Editions du Seuil, 1966, 689-98.

（15）Jean-Pierre Dupuy, *Avions-nous oublié le mal? Penser la politique après le 11 septembre*, Paris: Bayard, 2002; John Rawls, *A Theory of Justice*, revised edition, Cambridge, MA: Harvard University Press, 1999.〔ジョン・ロールズ著、『正義論』改訂版、川本隆史ほか訳、紀伊國屋書店、二〇一〇年〕

（16）Friedrich Hayek, *The Road to Serfdom*, Chicago: University of Chicago Press, 1994.〔F・A・ハイエク著、『隷属への道』、西山千明訳、春秋社、一九九二年〕

（17）Alenka Zupančič, *The Shortest Shadow*, Cambridge, MA: MIT Press, 2006.

（18）Kojin Karatani, *Transcritique: On Kant and Marx*, Cambridge, MA: MIT Press, 2003, 183.〔『定本柄谷行人集3　トランスクリティーク――カントとマルクス』、岩波書店、二〇〇四年、二八四頁〕

（19）Josh Rudolph, "Xinjiang Party Chief Calls for the 'Sinicization' of Religion," *China Digital Times*, June 15, 2015, http://chinadigitaltimes.net/2015/06/xinjiang-official-sinicize-religion-to-combat-hostile-forces/.

（20）Xin Lin and Hai Nan, "Warning over Religious Believers in Chinese Communist Party Ranks," trans. Luisetta Mudie, *Radio Free Asia*, May 25, 2015, rfa.org.

（21）Karl Marx and Friedrich Engels, *Collected Works*, Vol. 10, London: Lawrence and Wishart, 1978, 95.〔マルクス著、『フランスにおける階級闘争』、『マルクス・エンゲルス全集7』、大内兵衛、細川嘉六監訳、大月書店、一九六一年、五六頁〕

（22） Zorana Bakovic, “Kako bo bog postal Kitajec?” *Delo*, June 17, 2015（スロヴェニア語）.

（23） Samuel Wade, “Unraveling China's Campaign Against Western Values,” *China Digital Times*, March 5, 2015.

（24） Allen Wood, “Karl Marx on Equality,” n. d., http://philosophy.as.nyu.edu/docs/IO/1908/Allen-Wood-Marx-on-Equality.pdf.

（25） Karl Marx and Friedrich Engels, *Collected Works*, Vol. 24, London: Lawrence and Wishart, 1978, 73.〔エンゲルス著「ベーベルへの手紙」、『マルクス・エンゲルス全集19』、大内兵衛、細川嘉六監訳、大月書店、一九六八年、七―八頁〕

（26） Ibid., 86.〔マルクス著、『ゴータ綱領批判』、『マルクス・エンゲルス全集19』、大内兵衛、細川嘉六監訳、大月書店、一九六八年、二一頁〕

（27） Alain Badiou, *A la recherche du réel perdu*, Paris: Fayard, 2015, 55.

（28） Gideon Rachman, “Eurozone's Weakest Link Is the Voters,” *Financial Times*, December 12, 2014.

（29） James MacKenzie, “At Least Seven Dead in Italian Textile Factory Fire,” Reuters, December 1, 2013, reuters.com.

（30） Etienne Balibar, *Sur la dictature du prolétariat*, Paris: Maspero, 1976, 148, 147.〔エティエンヌ・バリバール著、『プロレタリア独裁とはなにか』、加藤晴久訳、新評論、一九七八年、一八六、一八五頁〕

（31） Richard McGregor, *The Party*, London: Allen Lane, 2010, 22に引用。〔リチャード・マグレガー著、『中国共産党――支配者たちの秘密の世界』、小谷まさ代訳、草思社、二〇一一年、五一頁〕

（32） Ibid., 21.〔同右、四九頁〕

（33） Ibid., 14.〔同右、四〇頁〕

訳者あとがき

ここに訳出したのは、アメリカのマルクス主義文芸批評家フレドリック・ジェイムソンの論文「アメリカのユートピア」とそれに対する九人の論者の応答をスラヴォイ・ジジェクが編集した書物の全体である。YouTube上では、ジェイムソンがニューヨーク市立大学でこの論文の短いヴァージョンを講演する模様が二〇一四年三月二〇日に公開されているので、おそらくそのしばらく前に書いたのだろう。

ジェイムソンのユートピアへの関心は少なくとも最初期の『マルクス主義と形式』（一九七一年、邦題『弁証法的批評の冒険』）以来、陰に陽に彼の著作を貫くライトモチーフの一つとなってきたが、二〇〇五年の『未来の考古学』の前半部分（『ユートピアという名の希望』、秦邦生訳、作品社、二〇一一年）において原理的な総括がなされることとなった。ここで彼はユートピアという主題に関して、トマス・モアから現代ＳＦまでを俎上に載せ、かつ近現代の政治思想、政治状況をも歴史的に考察しながら、徹底的な理論的分析を施している。

しかし、そこではユートピア的ヴィジョンが現代においても必要であることは唱えられているものの、具体的な提案らしきものはなされていない。十年近くが経って書かれた本論文で、ジェイムソンはアメリカにおいて徴兵制を再導入するという驚くべき提案をしている。それが「政治的プログラムなのかユートピア的ヴィジョンなのかははっきりさせられない。私の考えではいずれももはや不可能なはずなのだ」と言いながら。

本論文の核になる新しい視点は「二重権力」という概念である。公式の政府と並行して統治が成立するこの状態こそ、共産主義と社会民主主義の失効の中で資本主義を抜け出す第三の道だとジェイムソンは言う。二重権力が目指すのは、金融の国営化、公教育と医療の無料化を始めとする伝統的な左翼の目標である（ジェイムソンは驚くほど素朴にこれらの目標を語って見せる）。そして現代社会において二重権力の候補となりうるものとして労働組合、郵便局、専門職、宗教を否定した後に持ち出してくるのが軍隊なのだ。資金不足であるとはいえ、すでに軍隊は医療国営化に類するものを実現しているではないか。軍隊を再国営化することで様々な社会主義的施策を実現してゆくことができるのではないか。

このような話を聞いて著者が本気なのか疑う読者も多いだろう。しかしジェイムソンが途中で言っているようにもはや政治理論ではなくユートピア主義が必要なのだ（「知性のシニシズム、意志のユートピアニズム」）。なぜなら後者こそ現実の限界にとらわれることなくシステムの根本的変容を企図するからであり、その意味でそれは「革命的思考の兄弟」なのだ。ジェイムソンは政治的プログラムとユートピア的ヴィジョンを往復するように議論を進めているが、つまるところ徴兵制再導入は、やはりユートピア的提案と言うほかないのであって、彼はそれを提案すること自体によって現代におけるユートピア的ヴィジョンを活性化しようとしているのだ。そもそも、この軍隊は戦争のためのものではない。国民全員が軍人となれば、そんな軍隊は管理不能であり戦争などできるはずはないからだ。

しかし、この論文を受け止めるには、同時に、アメリカ特有の事情を考慮しなければならない。軍隊は、合衆国憲法とそれが生み出す州の境界という「反革命的」くびきを超越するという特質を持ち、だからこそ二重権力として有効だとジェイムソンは述べているが、この感覚はわれわれ日本人には理解しづらい。また、本論文で触れられている、ニクソン大統領が学生のヴェトナム反戦運動を抑えるために徴兵制を廃止したことに関連して、先に挙げたニューヨーク市立大学での講演で対話者の社会学者スタンリー・アロノヴィッツは、志願制はファシズムへの誘惑であり、徴兵制があれば民主主義的に戦争を拒否できると述べている。なぜなら国民皆が兵士にさせられれば反戦の気運も当然強まるからである。ヴェトナム戦争の前線で現に兵士たちは戦争に反抗していた――。このようなアメリカのコンテクストはジェイムソンの提案をある程度はリアルに見せるかもしれないが、軍隊や戦争に対する考え方が根本的に違う日本のコンテクストには置き換えにくいのも確かである。

ジェイムソンは、表面だけとれば右翼に歓迎されかねない軍隊の評価を通じて、現代のアメリカと後期資本主義の勝利に対して強烈な否を突き付けている。このほとんど破れかぶれの戦略は、彼が『ユートピアという名の希望』という理論書を書くだけでは飽き足らず、あけすけに具体的な提言をしたくなった、あるいはそうするよう強く促されたことを示唆していると私は感じる。たとえば、本書でジジェクも言及しているが、ニューヨーク市立大学での講演の最後に、ジェイムソンは質問に答えて、自分の提案した国民皆兵制の構想は、国家のエコロジカルな緊急事態においてのみ実現するだろう、そしてそのような事態は早晩来るだろうから自分の構想はそれほど空想的ではない、と大真面目に述べている。ユートピア的ヴィジョンの必要性を受け入れるとしてもなお現実離れしていると思われるかもしれない彼の提言の根底に、現代世界に関する深刻な危機意識があるのは間違いない。

本書全体に関して言えば、ジェイムソン論文を政治プログラムとしてまともに受け止めて、そういうものとして批判、論評するのが主調音になっている。それは既成の政治理論に対するジェイムソンの介入の具体性や、今述べた彼の危機意識の深刻さからすれば無理もない。また、ジェイムソンへの様々な応答を通じて、現代の最先端の左翼理論がどのような境地にあるのかを概観することができるのも本書の魅力である。しかし、ジェイムソンの論文は同時に「ユートピア的ヴィジョン」であり、また、彼がエピローグの最後で書いているように、スウィフトの「控え目な提案」のような風刺でもあるのだから、まともなアプローチをすり抜けるずるい側面を持っている。そもそも彼の提案の政治プログラムとしての欠陥はあまりにも明らかである。何しろ政治的に考えること自体をやめようと途中で提言しているのだから。従って、本書の多くの論者がしているようにこの「政治の消滅」を真面目に受け止めて批判するだけではなく、たとえば、ジェイムソンが愛好するSF小説やフーリエなどの系譜を念頭に、純粋に文学批評の立場から、この論文をユートピア文学、風刺文学として読むような視点があってもよかったように思う。それは結局、『未来の考古学』を読み返して、ユートピアという〈形式〉を再考したり、同書後半でフーリエとSF作家たちを個別に論じた各論部分（『思想の達しうる限り』、秦邦生ほか訳、作品社、二〇一二年）を吟味したりする作業を要請するだろう。

以下、他の章に関して簡単にコメントしておく。

第二章「マットとジェフはボタンを押した」　キム・スタンリー・ロビンソン（一九五二―）は『火星』三部作などで知られるアメリカのSF作家。ジェイムソンは『未来の考古学』の後半『思想の達しうる限り』で一章を割いて『火星』三部作を論じている。本書のために特別に書かれたこのSF短編は、ジェイムソンの議論の趣旨をユーモラスに取り入れた、楽しめる読み物となっている。

第三章「二重権力再び」　ジョディ・ディーン（一九六二―）はアメリカの政治哲学者、ニューヨークのホバート・アンド・ウィリアム・スミス・カレッジ政治学部教授。政治理論の著書多数。彼女は、ジェイムソンが政治的なもの、とりわけ政党を考慮から外そうとしていることを一貫して強く批判し、今日の政治状況はむしろ政党の可能性を肯定的に考え直すことを要請していると主張する。カネッティの群衆論との比較は興味深いし、ジェイムソンによるラカンの応用の限界を指摘している所などは鋭いが、最後に出てくる昔の共産党員の活躍へのノスタルジックな回顧には抵抗を感じてしまう。

第四章「ユートピアの幸運な偶然」　サロジ・ギリはインド、デリー大学政治学部助教授。この論文はジェイムソン論文を大量に引用しながら、自分なりに主要な論点をまとめ直そうとした一種のレジュメである。だが決して分かりやすくはない。ジェイムソンの二重権力は同時並行的だが、レーニンのそれは資本主義の内的矛盾に発して内部から国家権力を撃退するものであった、と両者の違いを強調し、あくまでもレーニンの伝統的アプローチにこだわろうとしている点で、ジェイムソンの問題関心とはそもそも次元がすれ違っている。

第五章「他のシーンから他の国家へ」　アゴン・ハムザはスロヴェニア科学芸術アカデミーの研究員。ジジェク、アルチュセールに関する著書がある。いきなり現在の左翼の全面的無効を宣告し、資本の克服という共産主義の原点に回帰する必要を述べることから始まるこの論文は、ジェイムソンのユートピア的ヴィジョンを共産主義プログラムとして歓迎するが、それが前提する「生の官僚的形式」には反対し、「生の政治的形式」を対置する。集合的な政治参加が必要だからだ。そしてそれは国家に代わる普遍的政党組織として共産主義を考えることにつながる。しかしこの強力で一元的な組織も結局強権的国家と同じように抑圧的になるのではないかという疑念が残る。

第六章「日本のユートピア」　柄谷行人（一九四一―）は、周知のように、日本を代表する思想家であり、その主要な著作が英訳され世界中で読まれている。特に『トランスクリティーク――カントとマルクス』、『世界史の構造』は左翼理論を刺激している。本論文は、ジェイムソン論文に触発されて日本の憲法第九条を考察している。憲法第九条の戦争放棄の実行は、ジェイムソンの国民皆兵制の提案が事実上、戦争廃止を含意しているという意味で、共通するものを持つし、そもそも第九条はアメリカ人が自国で実行できないユートピアを日本に書き込んだものなのである。さらに柄谷はフロイトを援用して第九条が日本人の無意識に定着したメカニズムを明晰に説明し、最後にカントの世界平和論の可能性について触れ、「カント＝マルクス的な結合」こそ世界同時革命につながると結論づける（これらの論点は『憲法の無意識』（岩波新書、二〇一六年）で詳述されている）。本論文は一見ジェイムソン論文から遠く離れたように見えるが、革命の可能性に関して代替案を明確に提示している点では、他の論文以上にジェイムソンの精神に近いことを忘れるべきではない。

第七章「ジェイムソンと方法」　フランク・ルーダはドイツの哲学者で、ヘーゲルとバディウに関する著書にはジジェクが序文を寄せている。バディウとランシエールの独訳者でもある。本論文は、ジェイムソン論文がユートピアでも政治プログラムでもないという不可能性の意味を（いかにもドイツ的に）精密に検証していく。その際、他の多くの論者と違って、ジェイムソンの言説の〈形式〉を重視しているのが重要である。不可能性の元凶としてシニシズムを指摘した上で、〈不可能なユートピアが、それが提案されるやいなや可能な政治プログラムであり続けてきたことが分かる〉という形でジェイムソンの方法論を取り出す手際は明晰だし、笑いの要素に注目している論文も他になく、全体として本質を突いた有益な論考になっている。

第八章「十月の後、二月の前」　アルベルト・トスカーノ（一九七七―）はイギリスの社会理論家、哲学者でロンドン大学社会学部准教授、バディウの英訳者としても知られている。本論文は、ジェイムソン論文にある移行と二重権力の問題に関して、レーニンのテクストに遡り、またネグリの理論も踏まえつつ問題点を丹念に検証している。その過程で生権力を主題化したり（「二重権力とは生権力である」）、タイトルにあるようにわれわれの状況は十月革命後だが、二月革命以前でもあると診断したりしている。本書中でおそらく最も難解だが、同時に、二重権力の理論と実践に関する深い学識に裏付けられた批判的検証は、特に左翼理論に詳しい読者には読み応えがあるだろう。

第九章「ユートピア的セラピー」　キャシー・ウィークスはデューク大学教授（ジェンダー、セクシュアリティ、フェミニズム研究）。ジェイムソンの同僚である彼女はマイケル・ハートと『ジェイムソン読本』（二〇〇〇年）を編集しているだけあって、本論文もジェイムソンの過去の業績をきちんと踏まえているし、〈形式〉の重要性にも意識的である。最初の方にある、ジェイムソンのユートピア論の中に「アメリカのユートピア」を位置づける部分は短いが有益。しかし、本論文の主題は、ジェイムソンによる労働と非労働の峻別から出発して、われわれを呪縛する「労働倫理」を批判し、ポスト労働社会の構想を提示することにある。労働に関する現在の理論に関して啓発される所が多い。

第十章「想像力の種子」　本書の編者スラヴォイ・ジジェクは、始めに現代の後期資本主義の状況に関して機知に富んだ観察を長々と展開した後、ジェイムソン論文が急進左翼のタブーを破った功績を三つ挙げ、それぞれについて論評しつつ自由に自説を開陳している。その三つとは(1)アソシエーション型の直接民主制的組織を退け、国民皆兵制を導入していること、(2)共産主義社会において敵意と羨望が爆発するだろうと予測していること、(3)共産主義社会では労働と快楽の対立はなくなるという考えを拒否していること。(3)に関しては他の多くの論者と同様ジジェクも政治の消滅を批判し、生産（労働）と文化（快楽）の明確な分離に懐疑的だが、政治の拒否はマルクスの平等に関する考えと通じるという一定の理解は示している。最後に中国が共産党と国家からなる二重権力であると指摘し、ジェイムソンは国家装置を破壊するというタブーをも破るべきだったと示唆している。全体に、映画から哲学へ、ジャーナリズムから政治理論へ、自由に横断する才気に満ちたジジェク節が顕著で、幅広い視野から柔軟に現代の世界情勢を考えるように促される。

論文「アメリカのユートピア」がまだ刊行されていない段階で、私はジェイムソンの原稿を元にその約四割にあたる部分を雑誌『社会運動』二〇一五年七月号に訳出している。この「訳者あとがき」の前半は、そのときの「訳者あとがき」と大部分が重複していることをお断りしておく。

本書の翻訳は、序言、第一章、第十章、エピローグを田尻が、第二～五章、第七～九章は小澤が担当し、最終的に田尻が表記の統一などを行った。また、第六章は、柄谷行人氏が自ら日本語版を提供してくださった（従ってこの章は原著の翻訳ではない）。この場を借りて厚く御礼申し上げる。

最後に、本書の意義を早くに認識され、編集を担当された清藤洋氏にも深い感謝の意を表明する。

二〇一八年二月一四日

田尻　芳樹

出版物名・作品名

わ 行

略 号

や　行

ら　行

ま　行

な 行

は 行

た　行

さ　行

か　行

索　引

人名・事項

あ　行

著者紹介

Fredric Jameson（フレドリック・ジェイムソン） 1934年生まれ。アメリカのマルクス主義文学批評家。デューク大学教授。『弁証法的批評の冒険』（1971）、『政治的無意識』（1981）、『のちに生まれる者へ』（1988）、『ポストモダニズム』（1991、未邦訳）、『未来の考古学』（2005）など著書多数。

編者紹介

Slavoj Žižek（スラヴォイ・ジジェク） 1949年生まれ。ラカン派精神分析に基づいた哲学論、政治理論、大衆文化論で知られるスロヴェニアの哲学者。リュブリアナ大学社会学・哲学研究所上級研究員。『イデオロギーの崇高な対象』（1989）、『汝の症候を楽しめ』（1992）、『パララックス・ヴュー』（2006）など著書多数。

訳者紹介

田尻芳樹（たじり・よしき） 1964年生まれ。東京大学教授。専攻、イギリス文学。著書に *Samuel Beckett and the Prosthetic Body*（Palgrave Macmillan, 2007）、『ベケットとその仲間たち』（論創社、2009）、共編著に『混沌と抗戦——三島由紀夫と日本、そして世界』（水声社、2016）、訳書にJ・M・クッツェー『世界文学論集』（みすず書房、2015）など。

小澤央（おざわ・ひさし） 1983年生まれ。明治大学専任講師。専攻、イギリス文学。論文に“John and Ishi, ‘Savage’ Visitors to ‘Civilization’: A Reconsideration of Aldous Huxley’s *Brave New World*, Imperialism and Anthropology”（*Aldous Huxley Annual* Vol. 12/13, 2014）、“Identity Paradoxes: The Self and Others in the Literature of Aldous Huxley”（Ph. D. Thesis, King’s College London, 2016）など。

アメリカのユートピア　二重権力と国民皆兵制

刊　行　2018年4月
著　者　フレドリック・ジェイムソン ほか
編　者　スラヴォイ・ジジェク
訳　者　田尻芳樹・小澤央
刊行者　清藤　洋
刊行所　書肆心水

135-0016 東京都江東区東陽 6-2-27-1308
www.shoshi-shinsui.com
電話 03-6677-0101

ISBN978-4-906917-78-5 C0010

乱丁落丁本は恐縮ですが刊行所宛ご送付下さい
送料刊行所負担にて早急にお取り替え致します